Das literarische Menü

zusammengestellt
von Alain Claude Sulzer
und aufgetragen
von Eckart Witzigmann

Insel

Erste Auflage 1997

Satz: Hümmer GmbH, Waldbüttelbrunn
Druck: Wagner, Nördlingen
Printed in Germany

Inhalt

Vorspeise

Terrine von Gänseleber und Morcheln

Fünfzehn Portionen

Zutaten:
800 g Gänsestopfleber
2 cl weißer Portwein
Salz, Pfeffer, Muskat
300 g gleich große Morcheln
1 Schalotte, gewürfelt
1 EL Butter
2 cl Madeira
2 cl roter Portwein
3 schwarze Trüffeln,
ca. 35 g pro Stück
1 EL Butter

Für das Gelee:
7 dl Consommé, geklärt
1 dl weißer Portwein
9 Blatt Gelatine

Für die Garnitur:
Trüffelwürfel, Morcheln
Vinaigrette

Die Gänsestopfleber enthäuten und sorgfältig parieren, entsprechend der Terrinenform in gleichmäßige Scheiben schneiden. Mit Portwein, Salz, Pfeffer und Muskat etwa sechs Stunden marinieren. Die Leberabschnitte durch ein feines Sieb streichen und das Püree abschmekken.

Die Morcheln unter fließendem Wasser vorsichtig waschen und in einer Salatschleuder sofort trocknen. Die

Schalottenwürfel in aufschäumender Butter in einer breiten Pfanne andünsten. Die Morcheln nebeneinander hineinlegen, kurz anziehen, mit Madeira und Portwein ablöschen. Unter Schwenken die Flüssigkeit vollkommen einkochen kann. Die Morcheln aus der Pfanne nehmen und mit einer glatten Spritztülle das Leberpüree in die Pilze füllen.
Die Trüffeln unter fließendem kaltem Wasser bürsten, in Scheiben schneiden und in geschmolzener Butter bei schwacher Hitze kurz schwenken. Für das Gelee die Consommé mit dem Portwein aufkochen, die kalt eingeweichte, gut ausgedrückte Gelatine hineinrühren und im Wasserbad abkühlen.
Wenn das Gelee zu stocken beginnt, in eine Terrine (ca. 2 Liter) gießen, Boden und Ränder der Form mit einer 0,5 cm dicken Geleeschicht überziehen.
Die gefüllten Morcheln dicht nebeneinander in die Terrine legen, knapp mit Gelee bedecken und fest werden lassen. Abwechselnd Trüffel-, Gänseleber- und wieder Trüffelscheiben einlegen. Jede Schicht mit Gelee bedekken und das Gelee fest werden lassen, bevor die nächsten Scheiben folgen. Die Terrine mit den restlichen Morcheln abdecken, mit Gelee verschließen und zugedeckt im Kühlschrank gut durchkühlen.

Kurz vor dem Servieren aufschneiden und die Scheiben mit Trüffelwürfeln, Morcheln und etwas Vinaigrette anrichten.

Spargelmousse auf kalter Krebssauce mit Krebsen und Spargelspitzen

Vier Portionen

Zutaten:
Für die Spargelmousse:
500 g Spargel
180 g Béchamel-Sauce
150 g Geflügelaspik
(oder Fertig-Gelee)
Salz, Cayenne
einige Tropfen Zitronensaft
und Worcestersauce
½ - ¾ l Sahne

Für die Béchamel-Sauce:
25 g Butter
20 g Mehl
1½ dl Milch, Geflügel-
oder Spargelbrühe
Salz, Cayenne

Für die Krebse:
16 Krebse (ca. 1 kg)
1 Bund Dill
1 EL Kümmel
Salz, Cayenne

Für die Krebssauce:
500 g Krebskörper
4 EL Olivenöl
1 dl Cognac
1 dl Weißwein

1 dl Noilly Prat
1 EL englischer Sellerie
1 EL Karotten
1 EL Zwiebeln
30 g Dillstengel
100 g feines Tomatenpüree
1 l Wasser oder Geflügelbrühe
1 dl Sahne
Salz, Cayenne
Dill

Vorbereitung:
Béchamel-Sauce: Butter zerlaufen lassen, das gesiebte Mehl beigeben und 10 Minuten langsam anschwitzen, ohne daß es Farbe annimmt. Mit Spargelbrühe oder Milch auffüllen, glattrühren, mit Salz und Cayenne abschmecken und 15 Minuten köcheln lassen.

Spargelmousse: Den Spargel schälen, die Köpfe 4 cm lang abschneiden. Anschließend die Stiele im Dämpfer weichkochen, ausdrücken und im Mixer zusammen mit der Béchamel-Sauce mixen. Danach durch ein Sieb streichen, den lauwarmen Geflügel-Aspik unterrühren und mit Salz und Cayenne, Zitrone und Worcestersauce abschmecken. Kurz vor dem Erkalten wird die halbsteife Sahne unter die Spargelmousse gezogen. In eine tiefe Schüssel füllen und kalt stellen.
Die Spargelspitzen in Salzwasser knackig kochen. Den Dill waschen und zupfen.

Krebse: Krebse waschen und in kochendem Salzwasser zusammen mit Dill, Kümmel und Cayenne 4 Minuten garziehen. Abkühlen lassen und ausbrechen.

Zubereitung:
Krebssauce: Die Krebskörper werden in Olivenöl angeröstet. Danach das Öl abschütten und den Fond mit Cognac, Weißwein und Noilly Prat ablöschen und völlig einkochen. Nun Sellerie, Karotten, Zwiebeln, Dill und das Tomatenpüree dazugeben, mit Wasser oder Geflügelbrühe auffüllen und 20 Minuten kochen lassen. Anschließend durch ein Sieb passieren und nochmals auf die Hälfte reduzieren. Auf Eis stellen, die Sahne unterrühren, mit Salz und Cayenne abschmecken.

Anrichten:
Die Sauce wird auf vier kalte tiefe Teller verteilt. Mit einem Löffel, der zuvor in heißes Wasser getaucht wurde, sticht man Nocken von der Spargelmousse ab und verteilt sie auf die Teller. Mit Spargelspitzen, Krebsschwänzen und Dill garnieren.

(Man kann die Spargelmousse auch ohne Béchamel-Sauce zubereiten. In diesem Fall muß man jedoch mehr Gelatineblätter verwenden.)

Joseph Berchoux
Die Feinschmeckerei

Erster Gesang
Geschichte der Küche im Altertum

Gewiß bin ich nicht neidisch auf den, der, recht begabt,
Sich, wie es scheinen will, an der Rhetorik labt;
Erfüllt von seiner Sache, die ihn so rühmlich kleidet,
Spricht er mit vollem Mund, selbst wenn er Hunger leidet.
Vergils Rivale mag, verliebt in Feld und Auen,
Den Mann der Fluren bitten, Luftschlösser zu erbauen;
Wie man beim Schach gewinnt, mag er ihn unterrichten;
Von lieblicheren Dingen werd' ich jedoch berichten.
Der Stoff, den ich behandle, ist von besond'rer Art:
Ich lob den Essenden, erzähl, wie gaumenzart
Die Mahlzeit schmecken kann, wenn man sie mit Inbrunst
Bereitet, und erzähle von der geheimen Kunst,
Bei Tisch Freundschaft zu pflegen, zum Frohsinn stets bereit...
Sich albern zu benehmen, in sanfter Trunkenheit.
Fremd war Euch, was ich ford're, denn habt Ihr nicht bis jetzt
Wahllos, klaglos gegessen, was man Euch vorgesetzt?
Ihr, deren Appetit Gewohnheit unterlag,
Beargwöhnt nicht die Kunst, die vielerlei vermag,
Wichtige Lektionen werd ich Euch nun diktieren,
Besucht nur meine Schule, ich werde euch erziehen!
Brauch' ich denn einen Gott, da ich selbst vieles weiß;
Eingebung fehlt mir nicht, Eifer empfind ich heiß!
Doch nicht erwarte hier die Gottheit, der beim Fest

Ehre erwiesen wird, daß man gering sie schätzt.
Tritt näher, Komos, Gott der Mythen und Geschichten,
Enthülle mir dein heit'res, pausbäckiges Gesichtchen,
Sei meinem Plan gewogen, beschütze mein Gedicht,
Damit es deiner wert sei, der Reime nicht gebricht.
Mit dichterischem Feuer, dank deiner werten Gunst,
Erhebe ich das Kochen nun in den Rang der Kunst.

Nicht sprechen werde ich von der unsel'gen Zeit,
Da man verachtete die Frucht der Feldarbeit,
Als nur das Himmelszelt dem Menschen Schutz gewährte,
Und er sich bloß von dem, was er vorfand, ernährte.
Über so finst're Zeiten mag ich kein Wort verlieren,
Dem Chaos zu verwandt, sind sie verschloss'ne Türen,
Die aufzustoßen man sich heute gern versagt;
Der Zeit Hesiods gedenken, heißt schon genug gewagt;
Hesiods, dem jener Dichter sich als würdig erwies,
Der Götter und Trojaner, ja selbst die Frösche pries.

Der Herd wurde mißachtet, die Küche galt nicht viel,
Auch ohne Schmeichelei gelangte man ans Ziel;
Kunstlos und unverfeinert kam alles auf den Tisch,
Allein der Appetit würzte das Fleisch, den Fisch.

Homer hat uns vermittelt, was Griechen häuslich pflogen,
Worein er sehr geschickt die Taten hat verwoben,
Die diese tapfern Krieger mutig und kühn vollbrachten,
Ohn' vielfacher Gefahren, die lauerten, zu achten;
Sie haben mit Vernunft zwar Griechenland regiert,
Ein *coulis d'ècrevisses* jedoch nicht ästimiert.
Es weiß ja jedes Kind, wozu der griech'sche Koch
Imstande war; die Griechen als Helden aßen's doch.
Sowohl Patroklus' Tafel als auch des Peleus' Tisch
War'n selten reich gedeckt, man war nicht wählerisch:
Ein Hammel oder Hirsch für Helenas Befreier:

Die gaben sich zufrieden mit solcher Siegesfeier.
Mit Schweinen hat Eumaios Odysseus, heimgekehrt,
Bewirtet, kroß gebraten – ihr Fleisch hat ihn genährt.
Mehr Müh' verwandte Ajax auf jenen Stier, der ihm
Für seine starken Gäste wohl angemess'ner schien ...
Milch, Käse, Honig, kurz: was auf dem Felde stand,
Nichts and'res kannte man im alten Griechenland.
Nicht halb so derb jedoch war'n Asiens Küchengeister.
Die Orientalen mischten, geschickt und etwas dreister,
Was sie bereitet hatten, auf ungewohnte Art:
Das Frikandeau entstand, wohlschmeckend und sehr zart.
Sie preßten Obst zu Säften und aßen gerne Speck,
Erfanden neue Braten und mancherlei Gebäck.
Den Luxus und die Küche brachten die Perser dann
Nach Griechenland und lehrten, daß man auch ausruh'n kann.
Ein Mann aus Lakädämon glaubte sich dann berufen,
Den Fortschritt des Genusses, die Kochkunst zu verrufen.
Dem alten Legislator, vom Stamm der Herakliden,
Gelang es über Esser und Mägen zu gebieten;
Wonach man hungrig war, bestimmten Paragraphen,
Wer jetzt zu Hause aß, den durfte man bestrafen.
Wer aß, der mußte sich vor allen andern zeigen,
Mußt' öffentlich verzehren sein Brot, Käs', Wein und Feigen,
Die Brühe ebenfalls, die viel Anseh'n genoß,
Und die zu essen die Spartaner nie verdroß.
Die sonderbare Sauce, ein widerlich Gemisch
Aus Essig und aus Salz, kam täglich auf den Tisch.
Es wird erzählt, daß ein Monarch, der gerne speiste,
Die Suppe kosten wollte, deshalb von weither reiste;
Man mußt' nicht lange suchen, um einen Koch zu finden,

Dem es sogleich gelang, die schwarze Brüh' zu binden.
Man reichte ihm die Speise. Doch, Götter, welch ein Schreck!
Kaum hatt' er sie genossen, schob er sie von sich weg,
Sie war ihm so zuwider, daß er in einem fort
Ausrief: »Verrat, Verrat! Man tut es mir zum Tort!«
»O Herr«, sagte der Koch, »es fehlt diesem Ragout
Noch ein wichtig' Gewürz!« – »So füge er's hinzu!«
»Es fehlt, Seigneur, gestatten, vorab an jenen Dingen,
Die wir unseren Körpern seit Jahren schon abzwingen;
Doch braucht Ihr Vorbereitung und Leibesübung nicht
Wie wir; Eurotas Bäder rufen Euch nicht zur Pflicht.«
Athen, die schöne Stadt, in deren Mauern ja
Sämtliche Künste blühten, war glücklicher als Sparta.
Hier wußte man zu schätzen desjen'gen Fähigkeiten,
Dem es gelang, Köstliches aus vielem zu bereiten.
Es wandten kluge Männer, gesegnet mit Genie,
Ihr Wissen an und brachten der Küche die Chemie;
Die kühnen Neuerer war'n nicht darum verlegen,
Den Appetit der Bürger im Lande anzuregen.
Ihr großes Wissen wandten sie auf all jenes an,
Was Meer und Erde uns an Nahrung bieten kann,
Unzählige Zutaten mengten sie ins Ragout,
Vermischten tausend Dinge und fügten viel hinzu.
Es floß die erste Tinte zum Gegenstand, wie man
Fleich, Obst oder Gemüse schmackhaft bereiten kann;
Man schrieb über Gewürze, verschied'ne Früchte, Stärke,
Wer nennt uns die Verfasser dieser seltenen Werke?
Die Namen von Actides, Philoxenes, Mitoecos,
Von Timbro von Mykene und Hegemon von Thasos
Und jenes Archestratos, des kochenden Poeten,
Den man mit Lorbeer kränzte und pries wie die Athleten?

Der Küche Lob und Ehre will ich wie dieser singen,
Mag auch, wie er zu loben, mir nicht immer gelingen ...
Kann ich mich denn dem Ruhm der Nachwelt anvertrauen,
Auf den glücklose Dichter mit ein'ger Hoffnung bauen?
Es mischte vieles sich zu neuem Amalgam;
Es fand sich Majoran vereint mit Kümmel, Sesam,
Mit Thymian und Quendel und andern Ingredienzen;
Man füllte Puter, Tauben, man füllte Lämmerränzen.
Die Zubereitungsarten für Fische aus dem Meer
Und solche aus den Seen veränderten sich sehr.
Heringe, Aale, Brassen in anderer Gestalt,
Gefüllt, neu komponiert, gewannen an Gehalt ...
Doch über all die Saucen, Füllungen und Pürees
Werd ich mich nicht auslassen, so viele waren es,
Die jener Geist erfand, den der Geschmack erhellte.
Ein Meister war Thearion, der Backwaren herstellte;
Was er an Teig auch mischte mit Händen zart und fein,
Im Ofen gingen auf: Krapfen, Waffeln, Küchlein.
Die Kappadozier gaben ihm ihr Geheimnis preis,
Kuchen zuzubereiten wie Milch so rein und weiß;
Honig vom Berg Hymettos, den heut' keiner mehr kennt,
Und den die Griechen schätzten, wurde hineingemengt;
Vergeblich sucht die Biene ihn noch an jenem Ort,
An dem nun nichts mehr wächst, als wär'n die Götter fort.
Vorherrschend bei den Festen der Griechen jener Zeit
War'n Anmut, Feingefühl und viel Aufmerksamkeit.
Ernannt wurde ein König: sein glückseliges Volk
Befolgte sein Gesetz mit Freuden und Erfolg.
Er herrschte mild und weise über den Gang der Mahlzeit,
Rügte, wenn nötig, Laster- und Überheblichkeit,

Wollt', daß man trank: war streng, was diesen Punkt
betraf.
Wer da nichts trinken wollte, den traf sehr harte Straf':
Wer sich dem Wein entzog, wurde des Tischs verwiesen,
Der schuld'ge Magen mußte für die Verweig'rung
büßen...
Von Rom muß jener reden, der Griechenlands
gedenkt,
Denn lang genug hat Rom fremdes Geschick gelenkt;
Hundert verschied'ne Völker haben es schwer erlitten.
Bald aber schwor Rom ab den derben, groben Sitten
Und wählte neue Führer nach anderen Gesetzen,
Die Numas strenge Regeln durch freiere ersetzten.
Männer, dank Beutezügen reich über alle Maßen,
Wollten so viel ausgeben als wie sie jetzt besaßen.
Die Herrschaft der Tarquinier, so leidvoll sie auch war,
Ließ eine Kunst erblühen, die findig war, fruchtbar.
Aus all jenen Konsuln und Helden Roms ragt hier
Einsam hervor... Lukullus, flößt heiligen Respekt mir
Und Achtung ein, ich beuge mein Knie, wenn man ihn
nennt;
Bewund'rung hege ich für sein selt'nes Talent.
Er unterwarf Tigranes, doch ist er unvergessen
Als nimmersattes Schleckmaul; so gut hat er gegessen.
Hamilkar, Mithridates bezwang er, doch vergeblich;
Sein Ruhm als General bleibt dennoch unerheblich.
Was kümmert uns, daß er Asiens Fürsten bezwang,
Den großen Gasterei'n verdankt er seinen Rang.
Pompejus, Cicero war'n oft Lukullus' Gäste;
Und wurden so für uns zu Zeugen dieser Feste.
Allein saß er bei Tisch, als ihm ein Koch vorschlug,
Er möge wen'ger essen, die Hälfte sei genug:
Reichliche Auswahl, sprach er, ist mir ein Hochgenuß;
Es speiset nämlich heute Lukullus bei Lukullus.

Gesättiget von Siegen, von militär'schen Ehren,
Sucht' er nur seiner Feste glänzenden Ruhm zu mehren.
Die Erde zollte ihm den köstlichsten Tribut:
Sie gab ihm ihre Früchte, ihr ganzes Hab und Gut.
Sie ordnete sich unter seine Feinschmeckerei'n …
Und er führt' in Europa die ersten Kirschen ein.
Seit damals sieht man Köche durch Anstellung gebunden;
Truchsesse auch, die Lohn bei Herrschaften gefunden.
Man sah in ihnen nun nicht Söldner mehr, da sie
Gehalt empfingen und reich wurden wie noch nie;
Gerühmt und hochgeehrt, von vorteilhaftem Stande,
Wurden sie nun geschätzt als wären sie Beamte.
Es schenkte Marc Anton, ein Freund von feinen Speisen,
Großzügig wie er war, anstatt ihn nur zu preisen,
Nach einem großen Mahl, Kleopatra zu Ehren,
Berauscht vom guten Essen, dem Künstler, dem's gelungen,
Ja, wahrlich, eine Stadt samt ihren Umgebungen.
Der Größe Roms wohl würdig erwies sich dies Präsent,
Dem Manne überreicht als höflich' Kompliment.
Es blieb Apicius' Name für lange Zeit gebunden
An jene neuen Speisen, die er in Rom erfunden;
Es bildeten sich Sekten, Anlaß war'n seine Saucen,
Befürworter und Gegner stritten um jenen Großen.
Nicht minder als ihr Appetit ist allgemein bekannt
Der röm'schen Kaiser Feste und beispielloser Aufwand.
Einer von ihnen hat durch ein einziges Essen
Zweier Provinzen Einkunft an einem Tag verfressen.
Trotz flatterhafter Macht bestritt Vitellius
Die kurze Zeit der Herrschaft in Ehren, mit Genuß.
Nichts kommt dem Mahle gleich, das er in großer Menge
Dem Bruder vorgesetzt mit festlichem Gepränge.

Es bogen sich, liest man, die übervollen Tische
Unter der Last der Vögel und der zweitausend Fische:
An nichts wurde gespart. Seine Verschwendungssucht
War maßlos, ohne Grenzen, und wurde oft verflucht.
Ich weiß, er war ein Mörder, grausam, Verführer auch,
Doch urteile ich anders, betracht' ich seinen Bauch.
Er saß bereits bei Tisch, wenn sich die Sonne hob
Und sang bis in den Abend des Schlemmers sattes Lob.
Neros Stiefvater Claudius legte wohl mehr Gewicht
Statt auf die Ehre auf ein köstlich Pilzgericht.
Tiberius, als er nach Capri sich begab,
Lebte wie vordem weiter, was man ihm nicht vergab.
Dem Pferde Incitatus, dem Stolz Caligulas',
Wurde ein Mahl bereitet, wie es kein zweites fraß.
Auch Getas strenge Regel will ich hier nicht vergessen.
Sein Appetit ließ ihn nur alphabetisch essen.
Es sprach Domitian vor dem Senat erregt:
»Ihr Väter, hier versammelt, ernst ist, worum es geht.
Ich bin nicht hergekommen, um Euch Vorschläg' zu machen,
Wie man es anstell'n soll, über das Reich zu wachen,
Ich will Euch nicht aufstacheln noch will ich von euch wissen,
Was aus Rom werden soll bei all den Ärgernissen;
Ich will nicht über Krieg, nicht über Frieden sprechen,
Nicht über uns're Stärke noch über uns're Schwächen.
Es geht um den Steinbutt; geruht, daß man berate
In welcher Sauce man ihn dünste oder brate.«
D'rauf wurde im Senat darüber abgestimmt,
Daß der Steinbutt durch Schärfe und Würzigkeit gewinnt.
Mit Tausenden nicht minder reizvollen Einzelheiten
Könnt' ich meinen Gesang um manche Verse weiten;
Unzählige Chroniken könnt' ich ins Auge fassen:

Doch Roms und Hellas Küchen will ich nunmehr
verlassen . . .
Von Griechen mußt' ich sprechen, von römischem
Gebaren;
Doch meine Zeitgenossen wollen noch mehr erfahren.
Zeit ist es, dies Jahrhundert an unsern Tisch zu bitten;
Zu sehr verachten Dichter der Küche leck're Sitten.
Gewiß, sie glauben, daß sie ihr Talent preisgeben,
Kalliope entehren, wenn sie nicht aufwärts streben;
Es sind ihrem Apoll, der in den Wolken thront,
Die Orte kaum bekannt, an denen man hier wohnt:
Die stolzen Reiter sitzen auf Pegasus und meinen,
Auf dem Olymp zu sitzen als einer von den Seinen.
Ländliches Leben liebend, einfache Gegenstände,
Bind' ich wohlweislich meiner bescheid'nen Muse
Hände.

In edlen, schönen Worten malte Delille ein Bild
Vom Leben auf dem Lande; das Licht fiel warm und mild;
Beschrieben wird ein Mensch, der träumend sich ergeht,
Von Feld und Bach umgeben, von guter Luft umweht;
Zu Haus' erwarten ihn Tricktrack und Lottospiel.
Die hübsche Landpartie ist ein erfreulich' Ziel;
Doch sieht man ihn niemals, bei Tische sitzend, essen;
Ihn so zu zeigen hat man offenbar vergessen.
Mögen die Leser, die auf meinen Versen wandeln,
Was ich hier wiedergutmach', mit Duldsamkeit
behandeln.

Das Universalkochbuch des 18. Jahrhunderts

Küche

Küche heisset derjenige Theil eines Gebäudes, wo gekocht und gebraten wird, oder dasjenige Gemach, worinnen die Speisen zu- und angerichtet werden. Dieser Ort muß allerdings nach der Grösse der Haußhaltung, und zum Gebrauche des darinnen nöthigen Aufgangs angeleget, und abgetheilet seyn. Eine andere Lage und Beschaffenheit erfordern die grossen Hof- und zum Theil adelichen Küchen, vor denen gemeinen bürgerlichen, auch unter diesem ist nach denen Umständen ein mercklicher Unterscheid zu machen. Ein anders sind die Feld-Küchen und Gar-Küchen; ein anders die Prunck- und Nutz-Küchen. Zu einer brauchbaren, welche überall Feuer-feste und wohl verwahret seyn soll, gehöret überhaupt zuförderst ein geschickter Heerd, der über dritte halben Fuß nicht hoch seyn, und entweder gantz frey stehen, damit man Rings herum gehen könne, oder doch nicht mehr als mit einer Seite an die Wand stossen solle; über diese aber, daß sie nicht finster sey, sondern sowohl der Heerd, als der Anricht-Tisch sein gehöriges Licht habe. Daß der Rauch-Fang und die Feuer-Mäuer den Rauch starck gnug an sich ziehe, damit es in der Küche nicht rauche; welches letzte um so viel eher zu verhindern, wenn man nicht überflüßige Öffnungen, und sonderlich nicht zwey Thürm, die einen gewissen Zug haben können, darinnen verstattet; zu behöriger Bequemlichkeit wird ferner erfordert, daß Köthen oder Schräncke und Regale darinnen seyn, damit das Küchen-Geschirr in gehöriger Ordnung gehalten werde, und daß ein Speise-Gewölbe, oder eine Kammer, wo möglich gleich an der Küche, oder doch nicht weit davon gelegen sey, damit man geschwinde aus dieser in jene kommen könne. In der Küche und Kammer soll alles reinlich und sauber zugehen, die Küchen-Geschirre allezeit, nachdem sie gebraucht worden, gescheuret, gesäubert, gespühlet, und die Speisen, damit man sie ohne Grauen und Eckel mit Lust geniesen könne, sauber bereitet werden. Zu welchen Ende auch die Speise-Cammer, das Speise-Gewölbe und der Keller, nebst allen was daraus in die Küche und auf den Tisch gehöret, rein gehalten und verwahret werden soll.

Sperone Speroni
Der Koch

Der Koch soll mäßig sein und nicht zu viel von dem essen, was für seine Herrschaft bestimmt ist; doch darf er es hinwiederum nicht unberührt lassen, sondern muß von allem kosten. Er muß den Mut haben, furchtlos Fleisch und Fisch zu zerschneiden; er muß verstehen, sein Feuer zu unterhalten. Seine Gerechtigkeit muß nicht nur den Gästen gleichmäßig Stücke zuteilen, sie muß sich auch darin bewähren, daß er den verschiedenen Fleischsorten jeweils den Geschmack verschafft, der ihnen zugehört, so, daß er brät, was zu braten, und kocht, was zu kochen ist. Vorsichtig stelle er alles zu seiner Zeit aufs Feuer und erhitze die Speisen weder zu lange noch zu kurz, setze auch stets gerade genügend Wasser zu. Je nach dem Mittagessen der Herrschaft gestalte er die Abendmahlzeit davon verschieden, mildere die Gerichte, wenn Frauen dabei sind, und verstärke sie für die Männer, koche reichlich für viele und genügend für wenige. Freigebig, nicht geizig, aber auch nicht verschwenderisch sei er in Spezereien, Salz, Zucker, Öl, Essig und Gemüsen. Behend sei er beim Herunterholen der Teller von der Anrichte, hurtig, wenn er Katzen und Hunden das Fleisch aus dem diebischen Maul reißt, eifrig, wenn er sich mit den Dienern herumschlagen muß, die nur aufs Stehlen aus sind; auch vermeide er es, sich beim Zubereiten des Fleisches in den Finger zu schneiden. Er sei reinlich, damit die Gäste sich nicht ekeln und er das gute Fleisch nicht durch seinen eigenen Schmutz besudle. Er sei bereit in der Verteidigung, falls man ihn beschuldigen sollte, er esse selber die besten Bissen und habe nicht acht aufs Kochen. Er sei Dichter, daß er Verse singe, um jeder Langeweile und Ermüdung zu begegnen. Er sei Geometer beim Auslesen und Ordnen der runden, viereckigen, hellen und dunklen Stücke je nach Gericht und Platte. Er sei Mathematiker beim Zählen seiner Hafen und Töpfe, Maler beim Durchfärben seiner Braten, Saucen und Tunken, Arzt in der Kenntnis des leicht und schwer Verdaulichen, auf daß die Speisen jeweils in richtiger Reihenfolge auf den Tisch kommen und er gut tranchiert! Philosoph sei er in der Kenntnis der Natur der Speisen, der Jahreszeiten, des mehr oder weniger starken Feuerelementes, des Blasentreibens beim kochenden Wasser, des Spießdrehens an der richtigen Stelle, des günstigen Aufsetzens und Abnehmens der garen Gerichte, der röschen Mehlspeisen und Backhendeln. Er sei heiter wie seine Kunst, süß und bitter zugleich.

Allgemeines deutsches Reimlexikon

Herausgegeben von Peregrinus Syntax

essen – Zuckerfresser

éssen

essen
abessen
aufessen
ausessen
durchessen
mitessen
nachessen
überessen
veressen
voressen
wegessen
zusammenessen
das Essen
Abendessen
Allerleyessen
Alltagsessen
Bescheidessen
Beyessen
Einschiebessen
Fastenessen
Festessen
Feyertagsessen
Hauptessen
Herrenessen
Heuschreckenessen
Hochzeitsessen
Kindtaufsessen
Kirmesessen
Leckeressen
Lehressen
Leibessen
Leichenessen
Leidessen
Meisteressen
Mittagsessen
Morgenessen
Nachessen
Nachtessen
Nebenessen
Richtessen
Sauessen
Schauessen
Schlachtessen
Schützenessen
Schweinessen
Sonntagsessen
Taufessen
Unteressen
Verschlagessen
Voressen
Zwischenessen
den Essen
Essen
Uebelessen
den Abscessen
– Accessen
die Addressen

– Baronessen
– Blessen
der Blessen
die Caressen
– *Chanoinessen*
– Compressen
einen compressen
die Comtessen
den Congressen
die Cypressen
dessen
gegendessen
indessen
unterdessen
vordessen
den Discessen
die Dogaressen
– Dressen
– *Duchessen*
den Excessen
die expressen
– Finessen
– Forteressen
fressen
abfressen
anfressen
auffressen
ausfressen
befressen
durchfressen
einfressen
fortfressen
mitfressen
nachfressen
niederfressen
überfressen
um sich fressen
unterfressen
verfressen
vorfressen
wegfressen
wettfressen
zerfressen
zusammenfressen
das Fressen
Grasfressen
Hundefressen
Menschenfressen
Saufressen
Hessen
die *Hessen*
Rheinhessen
den Ingressen
– Insessen
die Kressen
– Messen
messen
abmessen
anmessen
aufmessen
ausmessen
bemessen
beymessen
durchmessen
einmessen
ermessen
fortmessen
nachmessen

übermessen
vermessen
vormessen
wegmessen
zumessen
zurückmessen
zusammenmessen
gemessen
angemessen
unangemessen
das Ermessen
sich vermessen
vermessen
das Feldmessen
die Mätressen
– Maressen
– Politessen
den Possessen
die Pressen
pressen
abpressen
anpressen
aufpressen
auspressen
bepressen
durchpressen
einpressen
entpressen
erpressen
festpressen
nachpressen
niederpressen
umpressen
vorpressen
wegpressen
zerpressen
zurückpressen
zusammenpressen
das Futterpressen
– Matrosenpressen
ressen
verressen
die ressen
– Rimessen
besessen
ersessen
gesessen
angesessen
unangesessen
aufgesessen
burggesessen
eingesessen
erbgesessen
schloßgesessen
versessen
tschessen
– Tressen
betressen
vergessen
dankvergessen
ehrvergessen
eydvergessen
geldvergessen
gottvergessen
pflichtvergessen
schwurvergessen
selbstvergessen
unvergessen

zuchtvergessen
wessen?

éssend

essend
fressend
fleischfressend
geldfressend
herzfressend
messend
gleichmessend
pressend
ressend
tschessend
betressend
vergessend

éssens

des Essens
– Blessens
– Fressens
– Messens
– Ermessens
ein angemessen's
des Pressens
– Ressens
ein besessen's
des Betressens
– Tschessens
– Vergessens
ein vergessen's

éssenst

angemessenst
besessenst
vergessenst

ésser

ein Esser
Fischesser
Fleischesser
Leutesser
Mitesser
Musesser
Obstesser
Speckesser
Suppenesser
Vielesser
Wildesser
besser
– compresser
– Expresser
der Fresser
Amberfresser
Ameisenfresser
Bienenfresser
Blattlausfresser
Brotfresser
Eisenfresser
Feigenfresser
Fleischfresser
Gabenfresser
Hautfresser
Holzfresser
Hühnerfresser
Kaldaunenfresser
Kernfresser
Kienfresser
Kinderfresser
Kleisterfresser
Kohlfresser
Kornfresser
Krabbenfresser
Krebsfresser

Madenfresser
Menschenfresser
Pfannkuchenfresser
Rattenfresser
Reißfresser
Speckfresser
Spinnenfresser
Steinfresser
Tickenfresser
Vielfresser
Warzenfresser
Weltfresser
Wespenfresser
Zuckerfresser

Poggio Bracciolini
Verlegenheit eines jungen Mannes, der bei einem Gastmahl auf die Tafel pinkelte

Ein vornehmer junger Ungar war von einem Mitglied des hohen Adels, mit dem er verwandt war, zum Mahl geladen worden und kam, da die Entfernung groß war, zu Pferde an, gefolgt von seinen Dienern. Als er aus dem Sattel stieg, kamen ihm die Herren und Damen des Hauses entgegen und führten ihn, da es schon spät war, gleich an den gedeckten Tisch. Nachdem er sich die Hände gewaschen hatte, wurde er an die Tafel zwischen zwei schöne Mädchen, die Töchter des Wirts, gesetzt. Gepeinigt von dem Bedürfnis, auszutreten, das er aus Scham verschwiegen hatte, und ohne eine Möglichkeit zu sehen, auf einen Augenblick zu verschwinden, litt er während des Essens derartige Qualen, daß er nicht imstande war, einen Bissen zu sich zu nehmen. Alle bemerkten, daß er sich bedrückt fühlte und keine Speisen zu sich nahm, und man forderte ihn auf, doch zuzugreifen. Endlich ließ er, von Schmerz getrieben, seine Rechte unter den Tisch verschwinden, zog heimlich sein Glied heraus und ließ in einen seiner Stiefel laufen, was da laufen wollte. Da rief das Mädchen zu seiner Rechten: »He! Iß doch!«, faßte dabei plötzlich seinen Arm und zog die Hand samt dem, was sie hielt, in die Höhe, so daß der Tisch überflutet wurde. Dieses unerwartete Schauspiel erregte allgemeine Heiterkeit, und der junge Mann wurde purpurrot.

Paul Reboux
Silvestermahl des Intellektuellen

Bekanntlich sind die gegenwärtigen sozialen Zustände der Schriftstellerzunft nicht hold. Wenn der Handelsmann die zunehmenden Steuern bezahlen soll, braucht er nur seine Preisauszeichnungen umzuschreiben. Aber der Schriftsteller ist das beklagenswerte Opfer des Steigens der Papierpreise, das für Verleger und Zeitungen einen Zwang zum Einsparen bedeutet. Er mag seine Anstrengungen verdoppeln, eine Riesenarbeit verrichten, seine zwölf Stunden am Tag schuften, die Aussicht, seine Manuskripte loszuwerden, wird immer geringer.

Und wenn er sich endlich entschließt, auf eine Erhöhung seiner Bezüge zu dringen, fällt man ihm ins Wort und schlägt ihm in irgendeiner hinterhältigen Art – Herabsetzung vor.

Und auf die geht er ein...

Denn sagt er »nein«, so springen alsbald zwanzig »Amateure«, Söhne wohlhabender Leute, für ihn ein und tun seine Arbeit umsonst.

Aber auch die Intellektuellen essen gerne was Gutes. Sie haben ebensoviel wie die Köche dazu beigetragen, unser gastronomisches Wissen und den großen Ruf unserer heimatlichen Kochkunst über die Welt zu verbreiten.

Wenn also einer von jenen Schriftstellern beim Herannahen des 31. Dezember seine Sparbüchse aufbrechen und sich der Illusion hingeben will, er lebe noch in den glücklichen Vorkriegszeiten, so gestattet er mir wohl, einige Vorschläge beizusteuern.

Sie wollen also, bester Kollege, ein Neujahrsessen veranstalten! Hier haben Sie nun ein paar Gerichte, die Ihnen und Ihren Freunden mit Erfolg vorspiegeln dürften, Sie hätten gute Küche vor sich. Wenn Hummer auf (armoricaine-)bretonische Art nicht in Betracht kommen kann, bereiten Sie eben eine Aalraupe (Rutte) auf diese Weise zu. Dieser Fisch ist zwar weit und breit bekannt, aber er steht nicht eben in hohen Ehren. Ein alter Spruch sagt:

»Für eine gebratene Rutte führ' jedes Weib aus der Kutte.«

Das mag wohl sein. Es hängt dies damit zusammen, daß das schöne Geschlecht, besonders wenn es der heutigen Mode frönt, geneigt ist, sich auf die geringste Veranlassung hin der Kleider zu entledigen. Aber sei's wie es wolle. Die Rutte (oder Aalraupe) läßt sich noch erschwingen. Sie hat bisher die »Hausse« des Seehechts nicht mitgemacht, der 1914 noch als Plebejer unter den Fischen galt und heute zum typischen Fisch des bürgerlichen Tisches geworden ist.

Und dann geben Sie Mastleber.

Ich meine nicht etwa Gänseleber ... die Gänse, die gar nicht so dumm sind, haben es weit gebracht: Man kann sich ihnen heute nur mehr mit einem Scheckbuch in der Hand nahen; die Leber, die ich im Sinn habe, ist aber gleichwohl etwas sehr Gutes ... Und dann steht doch wohl den Herren von der Feder der Urquell der Einbildungskraft zur Verfügung, mit dem sie den versagenden materiellen Einkommensquellen nachhelfen können, nicht wahr?

Ein verschmitzt zubereiteter Salat soll diesem Chaufroix[1] als Beilage dienen. (Sie sehen, ich bin nicht so einfältig, »chaud-froid« zu schreiben.) Chaud-froid bezeichnet eine Krankheit[2] »Chaufroix« aber kommt von dem Familiennamen Chaufroix; im 18. Jahrhundert gab es einen berühmten Küchenmeister dieses Namens, der solche Zubereitungen erfunden hat.

Als Nachspeise verwenden Sie am besten zerstückte, verzuckerte Kastanien, die Sie entweder zu Weihnachten geschenkt bekommen haben oder etwa (unverzagt) kaufen.

Für die Kehle würde ich Anjou-Wein empfehlen.

Und hiermit gebe ich Ihnen die Versicherung, daß Ihr Neujahrsessen in Hinsicht auf Genüsse die jener Toren weit übertreffen wird, die ihre hundert Franken zahlen, um in einem elenden Nachtlokal eine Banane zu essen, nachdem sie eine Stunde lang auf einen Tisch gewartet haben.

Kurt Guggenheim
Skala der Gefühle

An einem Morgen, oder besser am Ende eines Vormittags – es muß gegen Ende November gewesen sein –, die Luft war frisch, ein leichter Nebel lag über der Limmat, verließ ich das Rauchzimmer der Museumsgesellschaft und wanderte den Quai aufwärts dem See zu. Ich hatte am Morgen noch, in der Konditorei Heget-

1 Anm. d. Übers.: eigentlich eine Art, Geflügel zuzubereiten.
2 In Lothringen: Schnupfen.

schweiler im Helmhaus, eine Tasse Kaffee getrunken und einen Gipfel gegessen. Auf der Museumsgesellschaft, wo ich an einem Klapptischchen am Fenster zu arbeiten pflegte, hatte ich mein Päckchen Zigaretten aufgeraucht, und nun besaß ich kein Stück mehr und, buchstäblich, nicht mehr die kleinste Münze. Das war mir auch schon widerfahren. Etwa, daß ich mir einen kleinen Vorrat an Eßwaren angelegt hatte, in meiner Wohnung, Konservenbüchsen mit Linsen oder Bohnen, Brot, Tee, Butter, Käse, Haferflocken – genügend Speisen, um in der belagerten Festung auszuharren und bessere Zeiten abzuwarten. Meistens war ja irgend etwas unterwegs, ein Honorar für einen Artikel oder irgendeine andere Dienstleistung, die Aufsetzung eines Inseratentextes oder die Übersetzung einer welschen Broschüre über die Kindermilch Soundso ins Deutsche, Beträge in der Größenordnung von elf Franken fünfzig bis sechsunddreißig Franken (es ist mir nie gelungen, die Berechnungsarten herauszufinden). Die Morgenstunden der vier vergangenen Tage hatte ich damit zugebracht, dem Geldbriefträger, der zugleich auch Paketträger war, zuerst aufzulauern und dann aber entgegenzugehen. Der gelb gestrichene Handwagen am Straßenrand verriet mir das Haus, in dem er sich aufhielt. Da mein Bangen nach Geld immer dringender wurde, stand ich immer früher auf und wanderte auf immer weiteren Wegen dem Boten entgegen, dessen Morgentour von der Post am Kreuzplatz bis an die Plattenstraße mir auf diese Weise ganz vertraut wurde. Er war ein freundlicher Mann mit einem Sprachfehler, der natürlich meinen Kommers bald durchschaute. Wurde er meiner ansichtig, so streckte er leider in diesen Tagen seinen Zeigefinger in die neblige Luft und bewegte ihn nach der Art einer Zeigerkelle hin und her, wenn der Schütze eine

Null geschossen hat, und dann mußte ich mich sehr zusammennehmen, um den guten Mann nicht zu hassen.

Es waren also meine Vorräte aufgebraucht, das Geld ebenfalls, und es näherte sich die Mittagszeit. Wie alle Menschen besaß auch ich Freunde, Bekannte, sogar Verwandte, bei denen ich mir ein wenig Geld hätte ausborgen können – aber an diesem Vormittag spürte ich auf einmal mit Schrecken: ich hatte den psychologischen Moment dazu verpaßt. Ich hätte das früher tun sollen, zu einem Zeitpunkt, da ich noch gleich auf gleich mit den anderen reden, da ich eine Verweigerung noch hätte ertragen können. Aber natürlich, solange ich noch ein paar Franken besaß, schob ich die unangenehme Angelegenheit hinaus. Jetzt aber, da ich buchstäblich nichts mehr besaß und es bei einer solchen Anfrage noch einzig auf die Antwort des Angefragten ankam, war ich vor mir selbst in die Lage nicht eines Darlehenssuchers, sondern eines Bettlers hinabgerutscht. Den Schritt konnte ich nicht tun. Ich kannte ja die Veränderung der Gesichtszüge wohl, die eintritt, sobald Geld verlangt wird, auch rechtmäßig verdientes und geschuldetes Geld. Es hört eben dann, wie der Volksmund ganz richtig sagt, die Gemütlichkeit auf, es wird ungemütlich. Diesen peinlichen Vorgang aber als Darlehenssucher für ein Mittagessen erleben zu müssen, überstieg meine Kraft, das spürte ich.

Die Straßen waren leer geworden, es ging gegen ein Uhr. Mir schien, man sehe es den Häusern förmlich an, wie sie vollgepfropft waren von Menschen, die sich sättigten. Ich sah im Geiste die Familientische, auf denen die Suppen dampften, die Küchen, in denen erregte Köchinnen an aromatischen Töpfen hantierten, Kinder, wie ich einst eines gewesen war, die nicht essen wollten. Hier draußen im Freien war alles glasig und hatte haarscharfe Umrisse. Dem ganzen Seeufer entlang war kein

Mensch zu sehen; eilig, als hätte ich ein Ziel, wanderte ich neben dem gußeisernen Geländer einher. Das war es also. Ich hatte keinen Hunger, ich litt Hunger. Es war eine völlig andere Art von Hunger als jene, die man verspürt, wenn man aus religiösen oder hygienischen Gründen fastet. Das Gebot eines Glaubens oder die Vorschrift des Arztes sind Mächte, denen wir uns freiwillig, aus Entschluß und Einsicht unterziehen. Der Hunger aus Armut kommt ganz woanders her. Es entsteht in uns, wenn wir diese Art von Hunger haben, auch eine Nüchternheit, eine Ernüchterung von besonderer Art. Dieser Hunger ist eine Schuld, die uns unser Körper rücksichtslos vorwirft. Wir haben die ersten und einfachsten Pflichten verletzt, die das Leben uns stellt. Da sind der Mund und die Zähne, der Magen, und ihre Funktion ist, daß Nahrung hineinkommt, die Beine sollen hingehen, wo es Speise gibt, die Arme, die Hände, sie sollen zugreifen und sie ihnen zuführen. Und der Kopf soll denken, wie es anzustellen sei, dazu ist er ja da. Was Hunderttausende können, das solltest auch du können: deinem Körper für regelmäßiges Essen sorgen. Wenn dein Beruf dich hungern läßt, so ist es ein falscher Beruf, dann gib ihn auf. Tu ein Werk, das Nahrung bringt, Brot, so spreche ich, dein Körper.

Aber dennoch – auch dies zu sagen gebietet die Aufrichtigkeit – brachte dieser Zustand nicht nur Demütigung und beißende Reue. Seltsam frei, klar und von erstaunlicher Gelassenheit blieb der Kopf. Ich verlor die Übersicht nicht, ich wußte, daß ich mich in einer sehr unangenehmen Situation befand, nicht in einer wirklichen Gefahr, aber in einer mißlichen, selbstverschuldeten Lage, und was unausweichlich drohte, war dies: daß ich mir dies von fremden Menschen oder befreundeten oder von Verwandten ins Gesicht sagen lassen mußte.

Neben einem zimperlichen, übertriebenen Selbstbedauern rührte sich aber noch etwas anderes: eine Art süßschmerzlichen Stolzes, daß mir dies wirklich begegnet war, daß ich es erlebte und erlitt, weil ich eine Entscheidung auf mich genommen hatte, ein Wagnis, ein Abenteuer: ein freier schweizerischer Schriftsteller zu sein.

Es wird behauptet, nach einer gewissen Zeit des Hungerns beginne der Körper aus seinen eigenen Vorräten zu zehren, es stelle sich die Glykogenernährung ein. Solches muß sich bei mir vollzogen haben an jenem Tage; das Hungergefühl schwand – und wie durch eine Erleuchtung zeigte sich mir ein Weg, wie ich noch einmal entschlüpfen könnte, ohne Demütigung. Lebhaften Schrittes, dieses Ziel vor Augen, begab ich mich in meine Wohnung, ergriff das Köfferchen mit der Portable-Schreibmaschine und begab mich zur Pfandleihanstalt der Zürcher Kantonalbank an der Löwenstraße, die ich dann, ledig meines schriftstellerischen Handwerkzeugs, aber einen mir wieder Selbstsicherheit und für ein paar Tage Ruhe verschaffenden Geldschein auf der Brust, verließ. Solche Auswege des geringsten Widerstandes bergen in sich die Gefahr, daß man, da keine augenblickliche Notlage mehr vorliegt, die Lösung des eigentlichen Problems wieder auf sich beruhen läßt. Das tat auch ich, wenigstens an diesem Tage. Ich begab mich in das Bahnhofbuffet zweiter Klasse und verzehrte zu einer für solche Mahlzeiten ungewohnten Stunde das damals berühmte, drei Finger hohe Filetbeefsteak mit Mark und Kräuterbutter und eine Portion Nüßlisalat und trank ein Glas Beaujolais; und als ich aus dem Gebäude kam, war wahrhaftig noch etwas Verwegenes und Herausforderndes in mir. Die Skala der Gefühle während eines einzigen Tages ist sehr groß, und namentlich ist nie vorauszusehen, in welcher Reihenfolge sie erscheinen.

Hans W. Fischer
Vom gewaltigen Essen

Hast du einen Magen mit Zinkeinsatz? Dann schlage dir den Bauch dreist voll, daß sich sein Fell wie das einer Trommel spannt. Ein Gericht, das aber gründlich; ein Gericht, das Kraft und Masse paart.

Eisbein, strammes Fett, das nicht schwappt, glatte Fleischkerne hineingebettet, getürmt auf Erbspüree und Sauerkohl; Grünkohl, kurz und krüselig gekocht ohne überflüssiges Wasser, durchsäftet von der massiven Bremer Pinkel, deren grütziges Füllsel aus der krossen Pelle quillt, und der geschmeidig gekringelten Brägenwurst, von deren rotem Fleisch zarter Knoblauchduft aufschwebt, überstreut mit gebräunten Zuckerkartoffeln; Kartoffelbrei, auf dem ein klarer Buttersee spiegelt, mit köstlichen gebratenen Zwiebeln umkränzt, dazu krustige Fleischklöße; Rauchfleisch, in ganz kurzer Brühe mürbe gemacht, dazu Hefenklöße, tellergroße, hochaufgegangene, seidenflockige, deren sanftes Weiß übergossen wird mit zähflüssiger, fast pechschwarzer Tunke aus türkischen Pflaumen; weiße Bohnen mit Speck; Nudelsuppe mit fettdurchwachsener Rinderbrust, die nachher mit einer glattgerührten, schneeweißen, tränenreizenden Meerrettichsauce gegessen wird; Schweinebraten mit eingekerbter Knusperschwarte, dazu Rotkohl, ein wenig strähnig, leicht pfefferig, wohl beapfelt, und brave schlesische Kartoffelklöße, die keinen weiteren Ehrgeiz haben als den, vorzügliche Saucenträger zu sein; Schnittbohnen, denen Pfefferkraut die Würze gibt, mit einem Zacken Hammelfleisch, oder Kohlrabi mit daumesdicken Schnitten Rindfleisch, beides hauchzart, beides trefflich in gewaltigen Mengen zu essen; Kalbshaxe, braun glasiert, mit glitschigem Kartoffelsalat; oder auch jenen warmen Kartoffelsalat, dem Hering, Äpfel, Zwiebeln, saure Gurke, Fleisch- und Bratenreste, Pfeffer, Essig und heißes Wasser, zuletzt gebratene Speckwürfel mit dem ausgelaufenen Schmalz beigemischt sind, dazu jene warmen Würstchen, die leicht nach Majoran und anderen edlen Kräutern duften; Gänsebraten endlich, die Krone dieser riesenschlangenmäßigen Genüsse.

Dieser wackere Vogel sei nicht allzu fett. Wenn du das Messer ansetzst, um die Schenkel vom Rumpf zu lösen und die Brusthälften vom Gebein, muß es leise knistern, dann beim Durchqueren der dünnen Fettschicht sanft zischen, endlich den Weg durch das schmelzende Fleisch lautlos gleitend vollenden. Die Leibeshöhe sei mit Äpfeln vollgestopft, nur mit ihnen, beileibe nicht mit Pflaumen oder gar Rosinen, die viel zu pimplig sind für das stolze Tier; mit Äpfeln, deren Duft mit dem des Fleisches zu edler und kraftvoller Harmonie zusammenklingt. Um und um sei der Leichnam wohl gebräunt; wo der Knochen aus dem Fleische tritt, umrande ihn geronnener Saft, und der Bürzel strecke sich dir entgegen als eine goldige Lockung. Betrachte ihn mit Ehrfurcht, ehe du ihn genießest: einst enterbte ein Rentier in Eisenberg seinen Schwiegersohn, weil ihm der, als er zufällig einen Augenblick mit der Gans alleingelassen wurde, den Leckerbissen hinterlistig wegfraß. Zur Gans gehören Thüringer Klöße, jene Kanonenkugeln aus rohen, durch athletischen Druck entwässerten Kartoffeln, die grünlich schimmern und im Inneren ein Häufchen gerösteter Semmelbrösel einschließen. Sie haben etwas von lebendiger Pflanze, was sich der Übermacht des träufelnden Fettes siegreich entgegenstemmt. Eine mittelgroße Gans kann von drei kräftigen Männern wohl gemeistert werden, ohne ihren Überwindern mehr als ein sanftes Stöhnen zu entlocken. Den durch sämtliche Hohlräume trompetenden Fanfarenklang des Gerichts dämpft man, so es nottut, mit kaltem Apfelmus.

Es ist wahrlich ein Hochgenuß, sich einmal unbändig satt zu fressen. Wir fühlen den Wolf in uns; den Jakuten, der einen Hammel auf einen Sitz vertilgt; den pantagrueIischen Riesen, der Kutteln muldenweise verdrückt. Wir wahren das Gesicht, zerreißen die Speise nicht mit den Fingern, stecken das Messer nicht in den Schlund, kleckern oder schmatzen höchstens im Übereifer ein bißchen: aber inwendig sind wir primitiv, malmendes Gebiß und schlingende Gurgel, Zug und Ruck der Speiseröhre, japsender Magen, bäumendes Eingeweide. Und wir sind gebildet genug, diese gänzliche Unbildung, diese dunkle Ursprünglichkeit mitzugenießen, diese Freude an der Masse, die sich unter dem Wohlgeschmack einschmuggelt. Denn die Menge allein täte es nicht; ein Bottich voll Steckrüben, ein Zuber voll trockener Erdäpfel läßt uns kein Tierglück ahnen, sondern kränkt die Menschenwürde. Wieviel erfreulicher als der geknickte Europäer, dem solches zugemutet wird, wirkt der elastische Kannibale, der aus uns wie aus einer Tüte springt, wenn von einem zweifingerdicken, scharf in Butter überbratenen Beefsteak der klare Blutsaft in unser Zahnfleisch, auf unsere Zunge, dünnbächig in unsern Gaumen rinnt!

Das Steak steht auf der Scheide zwischen massiven und soliden Magenfreuden. Auch wenn es kolossal ist wie ein Abtrittdeckel, wirkt es nicht so sehr durch den Umfang wie durch die Konzentration, die zurückgedrängte, durch die plötzliche Hitze ins Innere gebundene Kraft, die sich erst beim Zermessern mit den Zähnen entspannt und die ganze Mundhöhle prickelnd füllt.

Das Steak ist ein Tyrann, das nur die krausgebratene Zwiebel, die glänzende Bratkartoffel und das Weißbrot neben sich duldet, Begleiter, die seine Individualität entwickeln; es mit Eiern, Sardellen, Gurken und ähnlichen Kinkerlitzchen zu verzieren, heißt Pallas Athenes strenggemessener Schönheit einen Federhut aufstülpen. Duldsamer ist das Schnitzel, obwohl es seinen Reiz am keuschesten entfaltet, wenn es, leicht paniert und ohne Spur austretender Feuchtigkeit, nur den spitzen Akzent eines feinen Salats trägt. Dagegen freuen sich die Koteletts, wenn ein reiches Gefolge von Gemüsen sie umschwärmt; und auch die guten Rinderbraten, mächtig und mürbe, kurzfaserig, daß sich beim Schneiden die Fläche wie Fries aufrauht; Roastbeef, in Saft quellend; Kalbskeule, rosig schimmernd, und Kalbsnierenbraten mit seinem Dreiklang von schierem Fleisch, zartem Fett und gewundenem Kern; Hammelrücken, in dessen Ruch sich der Duft von Thymian mit einer drolligen Muffigkeit bizarr mischt – sie alle fühlen sich am wohlsten auf einem Gemüsetanzplatz, der gar nicht zu bunt und lustig sein kann und in allen Farben einer Wiese, vom Keimgelb des Spargels und Lichtgrün der jungen Erbse bis zum Purpur der Tomate prangt.

Hühner, in goldgelber Brühe, von Reis umrandet – bitte ohne den nivellierenden Curry! –, gebratne junge Hähne von spröder Sanftheit und zärtliche Kücken; Poularden, Edelfett schwitzend; strotzende Enten; Truthühner und Fasanen, von denen man sich Schenkel oder Flügel rettet, während man das weiße Brustfleisch dem gerührten Tafelgenossen reicht; Tauben, nicht mit Fleisch, sondern mit einer Farce aus Eiern, Semmel und Rosinen gefüllt; bitterliche Schnee- und Birkhühner, herb von Harz und Heide – die Finger reichen nicht, ich müßte schon die Zehen dazu nehmen, um eure Vorzüge aufzuzählen. Auch dir, Reh, sei nur im Vorübergehen zugenickt, obwohl deine zarte Ausgiebigkeit, die feine Gärung deines abgehangenen Rückens zum Verweilen lockt. Guter Hase, dich, geplagtes Wesen, mißhandeln die noch einmal, die dich in einer halben Stunde fertig braten; du mußt behaglich schmoren, die Speckenden müssen so von dir durchzogen sein, als seien sie auf deinem Buckel entsprossen, den nun ein flockiger Pelz von geriebener Semmel und Sahne einhüllt. So solltest auch du behandelt werden, Rebhuhn, edelstes Juwel unter dem Kleinzeug, mein Magentrost! Junge Rebhühner, an denen nichts ist? Dann lieber Krammetsvögel, deren dünne Knöchelchen und Hirnschalen unterm Zahn wie Glas splittern und winzige Strömchen von Mark und Saft auf die saugende Zunge rieseln. Nein, ein Rebhuhn darf völlig erwachsen sein und mit gewölbter Brust und prallen Schenkeln prahlen. Nur darf es nicht im Spätherbst geschossen sein, wenn seine Sehnen vom vielen Ausreißen verhärtet sind, und muß lange genug im Topf bleiben, sorgsam wie das Kind in der Wiege betreut, damit es zur vollen Reife erblühe.

Von Fischen: Seezungenschnitte von der Pfanne; der Forellen und Felchen schlanke Kraft, mit neuen Kartoffeln, in Petersilie geschwenkt, und sahnigen Butterklecksen; Elbbutts, wie Steaks dick und braun geröstet; Aal grün, immer noch mit Gurkensalat; gespickter Hecht mit Nudeln; Rheinlachs, dessen rosa Fleisch vor der Gabel in Brocken fällt, und geräucherter Hallstadter Lachs, in handfesten Scheiben zu Spinat; Aalquappen mit faustgroßen Lebern; Karpfen endlich, mir der schätzbarste, am teuersten in polnischer Sauce, die von bitterm Bier und süßem Pfefferkuchen kleckt: eine Speise, sich hineinzuwühlen, jede Gräte abzuschlürfen und zuletzt den Kopf, daß nur das durchscheinende Bein übrig bleibt.

Gemüse, das sich von der Gefolgschaft des Fleisches emanzipiert und selbständig gemacht hat: Spargel, fingerdicke, einer dem anderen folgend wie eine Stange von zehn Meter Länge, zart zum Eintrinken, Einatmen, unter dem klaren Butterduft mit dem merkwürdigen tierischen Aroma, das sich dem ganzen Körper des Essenden mitteilt; und Pilze; energische Steinpilze in dicken Scheiben, die sich gegen die Zähne stemmen wie kernfestes Fleisch; knorpelige Pfefferlinge; würzige Reizker; sanfte Butterpilze; dumpfe Morcheln; und der wiesenhaft duftende Champignon, vom in sich hockenden Baby bis zur Jungfrau, deren Schleier noch nicht zerrissen ist. Ihn ißt man am besten einzeln, seinen empfindlichen Duft zu schonen; von den anderen Sorten aber kann man, so viele man will, in der Schüssel vereinen. Es ist ein Vergnügen, auf dem Teller die einzelnen auseinanderzukennen und zu begrüßen. Pilze bereitet man so einfach wie möglich: frisch gepflückt und gesäubert, nicht zu klein zerpitzelt in den Topf, nur mit Salz und etwas Butter, zwanzig Minuten gekocht im eigenen Saft; sie dürfen niemals latschig und zadderig werden, sondern müssen den Charakter und die Struktur behalten. Dazu neue Kartoffeln, leicht mit frischer Butter und Petersilie durchgeschüttelt.

Endlich die Dreiheit der magenfüllenden Speisen, deren Basis das Getreidekorn ist: Eierkuchen, nicht die schüchternen, schaumig hingeblasenen, sondern die derben, deren Rand rings über den Tellerrand lappt, beiderseits von Eigelb in Lackbraun spielend, getigert mit Preiselbeeren oder betürmt mit Kopfsalat. Reis, mit Tomatentunke übergossen, mit Parmesankäse bestreut, entweder weiß in Brühe kurzgekocht und mit grünen Erbsen und Spargelspitzen durchwirkt oder bräunlich, zuerst in heißer Butter trocken geröstet und dann beim

Kochen gequollen, bis jedes Korn, frei vom andern, die größte Ausdehnung erlangt hat und sich wie eine muntere transparente Made streckt. Makkaroni, nicht kleinlich zerstückelte und klitschig gesottene, sondern lange, von zäher Geschmeidigkeit – sie müssen vom Feuer, wenn einer, an die Wand geworfen, backen bleibt –, mit reichlicher Butter abgeschwenkt, durchrötet und überhäuft von Tomatenbrei, durchsetzt und überstreut mit Parmesan, der vor ihrer Hitze Fäden zieht. Wen die vegetarische Reinheit von Reis oder Makkaroni nicht lockt, baue auf die Schüssel den geistreichen und durchwürzten Kleinkram von Lebern, Ragouts, Gulasch oder Frikassee.

Das alles sollst du schlucken? Nein, nicht auf einmal, auch nicht in Jahresfrist. Du hast ein ganzes Leben dazu Zeit, und das dehnt sich, sofern du nicht ein Pechvogel bist, sicherlich weiter als Krieg und Teuerung. Schäme dich nicht deiner Verfressenheit oder Leckerhaftigkeit; Essen ist ein harmloses und – so du dein Maß kennst, das der Himmel weit mache! – völlig reueloses Vergnügen. Iß mit Hingabe, mit allen Sinnen und vollem Herzen. Rede nicht zu viel, wenn du schmausest, und möglichst von nichts anderm als dem Essen selbst, jede Einzelheit erfassend, Schönheit und Fülle dankbar preisend. Setz dich nicht mit Leuten zusammen, die die Gottesgabe verachten; nicht mit Magenleidenden oder Hypochondern, die nicht einzuhauen wagen; nicht mit Zerstreuten, die alle Augenblicke mit den Gedanken wo anders sind; nicht mit ekelhaft Gierigen, die die sittliche Weihe des Augenblicks durch schmutzigen Egoismus stören; und – wenn du nicht sehr abgehärtet bist – auch nicht mit schadenfrohen Medizinmännern, die dir beim Tranchieren des Bratens die Sektion einer Wasserleiche plastisch schildern. Hebst du das Auge, um den

Andern anzuschauen, so muß dir der stille Glanz der völligen Ausgefülltheit entgegenblicken, ein fröhlicher Preis der Schöpfung. Hingebungsvoll essend bejahst du dich selbst, deinen Urzustand, deine Kindheit, die Welt, die du durchzogst; jedes Jahr, jeder Ort, jede Landschaft schmeckt dir irgendwo und irgendwann aus irgend einer Speise zu; du bejahst Wiese, Wald, Weide und Wasser, Luft und Sonne, die deine Nahrung erzeugten; du bejahst Zunge und Nase und den künstlichen Bau deines Verdauungsapparates. Und du fühlst, daß dieser seltsame, buchtungsreiche, vielfältig gewundene Schlauch, der dich durchzieht, gleichsam ein Kanal ist, der dich selbst in das große Strom- und Meersystem der wandernden Stoffe verknüpft.

Ergriffen sitzt du da; anbetend; baff; und kaust.

Bartolomeo Scappi
Der ideale Koch – ein Wunschtraum

Ein weiser und guter Koch, so habe ich durch lange Erfahrung gelernt, gleiche, will er gut beginnen, besser fortsetzen und am besten enden, einem begabten Architekten. Dieser baut nach einer richtigen Zeichnung zuerst starke Fundamente und darauf schenkt er der Welt nützliche und prächtige Gebäude. Die Zeichnung des Koches sei eine schöne, sichere Ordnung gemäß seiner Erfahrung, deren er so reich haben muß, daß eher er den Truchseß ersetzen kann, als der Truchseß ihn; denn der Koch muß den allgemeinen und die verschiedenen Geschmäcker mit delikaten Speisen befriedigen; und die Speisen müssen nicht nur schmackhaft und gut gewählt sein, sondern auch dem Auge angenehm und gefällig, von schöner Farbe und festlich dargereicht. Das erste Fundament aber sei seine Kenntnis und Übung in verschiedenen Herstellungsarten, so daß, falls er mangels einer Materie eine bestimmte Sache nicht machen kann, er doch gleich eine andere bereit habe, die auszuführen ihm gerade der Ort oder die Jahreszeit erlaubt. Und um den Namen eines kenntnisreichen und wohlgeübten Koches zu verdienen, muß er alle Fleisch- und Fischarten, alle Vierfüßler und Vögel, alle Meeres- und Süßwasserfische unterscheiden können, alle Stücke wissen, die man am besten brät oder kocht, oder zu andern Speisen verwendet, und die Arten und Zeitpunkte, sie mürbe zu bekommen, sie aufzubewahren. Ebenso darf es ihm nicht an der Kenntnis aller Arten von Spezereien, am sicheren Urteil über alle möglichen Obst- und Gemüsesorten fehlen. In all seinen Handlungen sei er geduldig, bescheiden und so mäßig, als er es kann, denn dem Unmäßigen fehlt es an Geduld und er verliert den natürlichen Geschmack der Dinge. Über alles gehe ihm die Ehre seines Herrn und damit die seine, und der Nutzen seines Herrn. Das Allerwichtigste aber sei ihm die Reinlichkeit seiner eigenen Person, auf daß er nicht mehr mit seinen Leckerbissen den allgemeinen Geschmack ergötze, denn mit seiner eigenen Sauberkeit. Er studiere nach Möglichkeit den Charakter seines Fürsten oder anderen Gebieters, auf daß er sich ihm, so gut es geht, anpassen kann. Er gönne sich wenig Ruhe und verlasse sich nicht auf seine Untergebenen.

Der Hund und die Katze

Der Hund und die Katze wollten dem Hausherrn nicht anders dienen als um Fleischkost. Der Hausherr war freilich zuerst dagegen, als er aber schließlich einsah, daß der Handel sonst nicht zustande kommen werde, gab er nach und unterzeichnete mit ihnen einen Vertrag, worin er sich verpflichtete, dem Hund und der Katze einmal täglich Fleisch zu geben. Die Katze nahm den Vertrag an sich, brachte ihn in den Dachraum und band ihn dort an einen Querbalken.

Die Mäuse fanden den Kontrakt und zerrissen ihn in lauter kleine Stückchen. Nachher, als der Hund und die Katze zum Hausherrn gingen, um von ihm das versprochene Fleisch zu verlangen, da wünschte er den Vertrag einzusehen; weil aber weder der Hund noch die Katze ihn vorzeigen konnten, ließ sie der Hausherr das Fleisch nicht einmal riechen.

Schließlich entbrannte zwischen dem Hund und der Katze ein Streit. Der Hund verlangte, die Katze solle den Vertrag herbeischaffen, denn ohne diesen hatten sie auch nicht einen Mundvoll Fleisch zu erhoffen. Weil aber die Katze den Vertrag auf keine Weise herbeischaffen konnte, so wurde seit jenem Tag der Hund zum schlimmsten Feind der Katze. Da nun die Katze trotz ihres Mutes dem Hund nichts anhaben konnte, so begann sie die Mäuse zu verfolgen, weil sie den Vertrag zerrissen hatten.

Ernst Barlach
Das Kochbuch

Von allen schriftstellernden Damen ist meine Mutter mir die liebste; denn sie schreibt an einem Kochbuch für ihren Jüngsten, den Fernschweifer hinter den Toren des Vaterlandes, jenseits der großen Wasserwüste, der uns schon manche Sorgen herübergeschickt hat, eingeschlossen im Briefumschlag, die wie ausgehungerte Mücken über uns kamen, wenn wir sie herausließen, und uns schon manche Nacht schlaf- und friedlos gemacht haben.

Da sitzt er auf der Steppe; seine Hürde ist der weite Horizont, und sein Dach ist der fensterlose Himmel. Aber über die Horizonthürden und durch das Himmelsdach brechen Feinde herein über ihn, Stürme und Dürren, Frost und Mißwachs, und er seufzt wohl zuzeiten, ach, der Himmel ist kein fester Schutz gegen das Schicksal und der Horizont kein Stachelzaun, an dem die Stürme ihre Bärte zerzausen und hängen bleiben können, vor denen die Menschenquäler und die Friedenswürger sich scheuen, wo sie vergeblich entlangstreifen und Schlupflöcher suchen mögen!

Ja, der gute Kleine, der Knochen von Eisenholz, ungebrochen und von tadellosen Gelenken, mitbekommen hat, der auch gar nicht so klein ist und den ganzen Schädel voll festgewachsenstem und kraus ineinander gewuchertem Eigensinn hat, der hat schon in manchem Strauß, allein Mann gegen Wetter oder Mann gegen Einsamkeit, seinen Horizont und sein Eigentum behaupten müssen!

Und als ihr Teil an seiner Rettung, als Beistand gegen die tobenden Glücksvernichter hat meine Mutter zur

Feder gegriffen und ist unter die Schreibenden gegangen.

Sie will für ihr Werk kein klingendes Honorar und auch keinen Verleger; sie mag nicht daran denken, daß es Auflagen erlebe und man davon in Teezirkeln rede, nicht einmal durch die Druckpresse soll, was sie geschrieben, filtriert werden; es bleibt Manuskript, und sie hat nur den einen Gedanken, daß es verständlichen Text erhält für eines Präriebrechers beschränkten Kochverstand und daß des Grenzers Knochen aus Speisen aus heimischen Kochrezepten dieselbe gesunde Kraft saugen mögen wie im Vaterhause aus Mutters Küche. Nie wohl konnte ein Kritiker irgendein Buch mit mehr Grund als Tendenzschrift bezeichnen, weniger als Mutter beim Kochbuchschreiben hat kaum jemand des Geschaffenen wegen geschrieben, ihr ist das Kunstprinzip nichts; aber daß der einsame Junge auf seiner Scholle, der, müde und naß, von Enttäuschungen gegerbt und von Mißmut entkräftet, heimgekehrt, nun erst das Herdfeuer entzünden und den Kochtopf brodeln lassen muß, endlich einmal eine schmackhafte Suppe machen lernt, die Gabe möchte Mutter mit ihrem Kochbuch ihrem Jüngsten ja so gerne anzaubern; denn sie weiß von vielen Stücken der Seele, daß sie im Magen sitzen, und daß mancher Held seine Tat ohne ein gutes Beefsteak englisch vorher niemals vollbracht hätte.

Mutter weiß auch ganz gut, einer, der seine Scholle beackert, eine Hütte baut und seinen Besitz bei Sommer und Winter verteidigt, ohne zu ermatten, das ist ein Farmer und kein Held; aber sie glaubt, auch Farmern kann ein Stück saftigen Rinderbratens zu besserem Kampf gegen alle Wetter wohl helfen im Winter, und Sommerspeisen, denkt sie, gehören in einen Magen zur Sommerzeit, wenn sie Segen bringen und Seelen Frieden geben sollen.

Darum schreibt sie so eifrig wie ein tantiemenwütiger Dramatiker, Rezept für Rezept, Seite für Seite; ihr Publikum ist der Junge, auf der Steppe, und wenn es ihm schmeckt, das wertet ihr so viel, wie der Beifallssturm der Premiere einem Dichter.

Aber ich glaube, wenn sie die Brille auf die Nase setzt und zwischen den leeren und vollen Seiten webt und das tintenbemusterte Gebiet urbar macht und mit Buchstaben besät, ich glaube, ihre Seele betrügt ihr eigen Gemüt, und ihr ist, wie sie schreibt, als könnte sie selbst für ihn sorgen und ihren Sohn mit gewohnter Jugendmast mästen und ihm alle Entbehrungen mit Kochrezepten von verstärkter Wirksamkeit aus den Gliedern treiben wie ein Arzt mit scharf beizenden Mitteln Reißen und Rheuma.

Es braucht nicht lediglich Reimpapier in Versformat, um einen Band voll guter Geister zu bannen, und nicht immer sind die zünftigen die weisesten Philosophen. Je mehr Liebe zwischen den Blättern ungetrocknet und ungepreßt – desto wertvoller ein Band davon. Dann ist meiner Mutter Kochbuch sicher eins der teuersten unserer Literatur!

Wilhelm Busch
Widmung in einem Kochbuch

Es wird behauptet, und mit Grund,
Ein nützlich Werkzeug sei der Mund. –
Zum ersten: Läßt das Ding sich dehnen,
Wie Guttapercha, um zu gähnen.
  Ach Grete! Wenn Du dieses mußt,
  Tu es im stillen, doch mit Lust.
Zum zweiten: Wenn es grad vonnöten,
Kann man ihn spitzen, um zu flöten.

Sitzt dann der Schatz auch mal allein,
Dies wird ihm Unterhaltung sein.
Zu dritten: Läßt der Mund sich brauchen,
Wenn's irgend passend, um zu rauchen.
Dies kannst Du deinem guten Gatten
Der darum bittet, wohl gestatten.
Zum vierten: Ist es kein Verbrechen,
Den Mund zu öffnen, um zu sprechen.
Vermeide nur Gemütserregung;
Sprich lieber sanft mit Überlegung.
Denn mancher hat sich schon beklagt:
Ach, hätt ich das doch nicht gesagt!
Zum fünften: Wie wir alle wissen,
So eignet sich der Mund zum Küssen.
Sei's offen, oder sei's verhohlen,
Gegeben oder nur gestohlen,
Ausdrücklich oder nebenher;
Bei Scheiden oder Wiederkehr,
Im Frieden und nach Kriegeszeiten,
Ein Kuß hat seine guten Seiten.
Zum Schluß jedoch nicht zu vergessen:
Hauptsächlich dient der Mund zum Essen.
Gar lieblich dringen aus der Küche
Bis an das Herz die Wohlgerüche.
Hier kann die Zunge fein und scharf
Sich nützlich machen, und sie darf.
Hier durch Gebrätel und Gebrittel
Bereitet man die Zaubermittel
In Töpfen, Pfannen oder Kesseln,
Um ewig den Gemahl zu fesseln;
Von hier aus herrscht mit schlauem Sinn
Die Haus- und Herzenskönigin. –
Liebs Gretchen! Halt Dich wohlgemut!
Regiere mild und koche gut!

Zwischengericht

Trüffel-Ei auf Crèmespinat

Vier Portionen

Zutaten:
4 Hühnereier
ca. 100 g Trüffel
in ein Einmachglas legen
und ca. 2-3 Tage stehen lassen
(mehr Trüffel ergeben einen
intensiveren Geschmack)

250 g Blattspinat
20 g Butter
1 kleine Schalotte
etwas Knoblauch
80 ml Crème double
Salz, Pfeffer aus der Mühle
etwas Muskat
30 g Butter (Nußbutter)

200 ml Geflügelfond
150 ml Crème double
Salz, Pfeffer aus der Mühle

5 g weiße Trüffel
etwas Butter
ein Spritzer Noilly Prat
1 EL geschlagene Sahne

als Garnitur:
ein paar Tropfen Kalbsjus
etwas Trüffel

Zubereitung:
Den Spinat blanchieren, gut auspressen und grob hakken. Schalotte und Knoblauch in der Butter angehen lassen, den Spinat zugeben und zusammen mit der Crème double kurz aufkochen lassen, würzen und mit der Nußbutter aufmixen. Den Geflügelfond mit Crème double reduzieren, würzen und zu einer cremigen Sauce einkochen.
Die Trüffel in etwas Butter angehen lassen, mit Noilly Prat ablöschen und mit der Sauce auffüllen, mixen und zum Schluß einen Löffel geschlagene Sahne unterheben.

Anrichten:
Den Crèmespinat in der Mitte des Tellers anrichten (etwas flachklopfen), die Spiegeleier schön daraufsetzen. Die Trüffelsauce rundherum geben und eventuell noch ein paar Tropfen Kalbsjus, zum Schluß Trüffel darüberhobeln.

Salat von jungen Rebhühnern mit Steinpilzen und Pfifferlingen

Vier Portionen

Zutaten:
2 junge Rebhühner
Salz, Pfeffer
1 EL Olivenöl
40 g Gänsestopfleber in Ein-Zentimeter-Würfel geschnitten
Kerbel für die Garnitur

Für den Salat:
2 große Artischocken
1 Zitrone
2 EL Olivenöl
200 g kleine, feste Steinpilze
100 g Pfifferlinge
2 EL geklärte Butter
1 Schalotte, gewürfelt
Salz, Pfeffer
40 g Feldsalat, geputzt

Für die Salatsauce:
1½ TL Sherryessig
1 TL Balsamicoessig
3 EL Olivenöl, 3 EL Walnußöl
Salz, Pfeffer, 1 EL Trüffeljus

Für das Rebhuhngelee:
2 dl Rebhuhnconsommé
1 dl Portwein
4 Blatt Gelatine

Zubereitung:
Die Rebhühner ausnehmen, Lebern und Herzen putzen und in Scheiben schneiden. Die Rebhühnerbrüste mit den Knochen auslösen, aus den Karkassen die Consommé für das Gelee kochen und klären. Vor dem Anrichten die Rebhühnerbrüste würzen, in heißem Olivenöl anbraten und im auf 220 Grad vorgeheizten Ofen in 12 bis 15 Minuten rosa braten. Vor dem Aufschneiden 10 Minuten warm gestellt ruhen lassen.
Die Gänsestopfleberwürfel in einer beschichteten Pfanne braun und knusprig braten; in der gleichen Pfanne die Rebhuhninnereien braten.

Für das Gelee die Consommé mit dem Portwein aufkochen und die kalt eingeweichte, gut ausgedrückte Gelatine hineinrühren, in kleine Formen füllen, kalt werden lassen und in gleichmäßige Würfel schneiden.
Die Zutaten für die Salatsauce verrühren und abschmekken.
Für den Salat die Artischockenböden auslösen, sofort mit Zitronensaft einreiben und mit der Aufschnittmaschine in dünne Scheiben schneiden. In Olivenöl von beiden Seiten kurz anziehen lassen und mit etwas Salatsauce marinieren.
Die Pilze putzen, die Steinpilze in Scheiben schneiden. Die geklärte Butter mit den Schalotten in zwei Sauteusen erhitzen, in der einen die Pfifferlinge, in der anderen die Steinpilze schwenken und würzen.
Die Artischockenscheiben auf große Teller verteilen und mit den noch warmen Pilzen garnieren. Die Rebhühnerbrustscheiben mit den Innereien und den Leberwürfeln darauf anrichten und mit der Salatsauce beträufeln. Mit dem Feldsalat, dem Rebhuhn-Portweingelee und gezupftem Kerbel dekorieren.

Marcel X. Boulestin
Hors d'œuvre

»Hors d'œuvre« bekommt man gewöhnlich nur im Restaurant vorgesetzt, dabei gibt es keine angenehmere Abwechslung als sie gelegentlich auch einmal zu Hause zu essen; außerdem helfen sie aus der Verlegenheit, wenn unerwartet Freunde zu Tisch kommen und das Mahl ein bißchen knapp ist.

Sie bilden eine ausgezeichnete Einleitung zum Mittagessen, vorausgesetzt, daß sie gut sind und daß es weder zu viel noch zu vielerlei davon gibt. Man lasse sich nie verleiten, mittelmäßige »Hors d'œuvre« zur Schau zu stellen: minderwertige Sardinen, sonderbare Fischbrokken in einer undefinierbaren Sauce, Gemüsereste als russischen Salat maskiert und Mayonnaise, die eine Fülle von Sünden beschönigen soll. Der Wert von »Hors d'œuvre« hängt von ihrer Zweckmäßigkeit und ihrer Güte ab.

Es können wahre Leckerbissen sein, aber darin liegt auch ihre Gefahr; wenn sie nämlich zu verlockend sind, ist man versucht, mehr davon zu essen, als man sollte, und ihnen eine Wichtigkeit beizulegen, die ihnen nicht zukommt und ihrem Wesen nicht entspricht – in welchem Falle sie noch schädlicher wirken als ein Cocktail, den man unmittelbar vor dem Essen nimmt, statt ihn wie jeden Apéritif eine halbe Stunde vorher zu trinken. Wir verderben uns den Appetit, statt ihn anzuregen, und können dem Essen nicht mehr die gebührende Aufmerksamkeit schenken; schließlich ist doch das Mahl, das »œuvre«, die Hauptsache, und nicht das »Hors d'œuvre«.

Vorspeisen helfen ferner den Gästen Zeit vertreiben, während das erste Gericht zubereitet wird, und erlauben der Köchin, dieses im richtigen Augenblick aufzutragen, denn sie ist sicher, daß alle Gäste bei Tisch sind. Auch sind »Hors d'œuvre«, wie schon erwähnt, aus prosaischen und ökonomischen Gründen nützlich. Daher ist es selbstverständlich, daß sie gut und einfach und auf zwei oder höchstens drei Sorten beschränkt sein müssen, wenigstens zu Hause, denn im Restaurant spielen sie eine ganz andere Rolle. Ausgezeichnete »Hors d'œuvre« sind zum Beispiel Melone, Kaviar, westfälischer, Bayonner oder Parmer Schinken, geräucherter Lachs, Oliven oder Radieschen, ebenso Austern oder Grape-fruit. Keine dieser Vorspeisen verdirbt den Appetit, jede hat ihren eigentümlichen Geschmack und bereitet uns gut für die wichtigeren Dinge vor, die nachher kommen.

Jedoch muß man stets vorsichtig sein und beim Aufstellen des Speisezettels berücksichtigen, was für ein Gericht folgen soll; es wäre zum mindesten unvorsichtig, etwa Fisch nach Kaviar, Omelette nach Eiersalat oder ein sehr pikantes »Hors d'œuvre« vor einer besonders delikaten Speise zu geben.

Im übrigen sind »Hors d'œuvre« leicht zu bereiten und vor allem im Sommer sehr erfrischend, da sie meistens aus Salaten und eingelegtem Fisch oder Fleisch bestehen. Ursprünglich galten verschiedene unserer leichten Vorgerichte als warme »Hors d'œuvre«.

Alfred Polgar
Das gute Essen

Im Wein liegt Wahrheit, im guten Essen Liebe. Der Betrunkene spricht, wie ihm ums Herz ist, der Begessene hat plötzlich ein Herz, das er früher nicht hatte. Nachsicht, Verstehensfreude, Lust zur Gerechtigkeit überkommen ihn. Brücken der Sympathie spannen sich ins Nahe und Weite, ein rosenroter Nebel verkürzt Entfernungen und verdeckt Abgründe, und der Mensch ist gut. Seine Zunge setzt die zugeführten Kalorien in Geschwätz um, anders als die Zunge des Trunkenen, die Inhalt verschüttet aus der vollen Schale des Bewußtseins und zum Vorschein bringt, was auf deren Grunde lag.

Die Gesetze der seelischen Wirkung guten Essens, die mit der körperlichen Hand in Hand (oder besser: Seele in Bauch) geht, sind rätselvoll und undurchdringlich, aber es gibt da immerhin ein paar stets wiederkehrende Grundtypen.

Panierte Schnitzel mit Gurkensalat, zum Beispiel, fördern die Entwicklung einer Art Gemüt-Klebestoffes, der die Tafelrunde zur symbiotischen Einheit verbindet. Mancher Esser spürt diese Einheit so stark, daß er das Bedürfnis hat, sie über die fliehende Speisestunde hinaus zu retten. Solcher Typus wird schon bei der Suppe von Menschenliebe heimgesucht, beim Braten hat er bereits alle Anwesenden zu sich geladen, beim Käse unverbrüchlichste Abmachungen für gemeinsam zu verbringende Ferien getroffen, und beim schwarzen Kaffee ist aus den Ferien schon das ganze Leben geworden.

Bekannt ist auch das Gegenstück zu diesem Typus: der pessimistische Gutfresser. Seine mürrische und bittere Stimmung entsteht durch sittliche Überkompensation des leiblichen Wohlgefühls. Dieser Typ fühlt durch sein Eßbehagen das moralische Gesetz in sich beleidigt und produziert, zwecks Genugtuung des Beleidigten, Trübsal. Er schämt sich, daß es ihm mundet, und hat die Tendenz, zu zeigen, wie schlecht ihm schmeckt, daß es ihm gut schmeckt. Fragt man ihn: »Wollen Sie Kompott oder Salat?«, so erwidert er gallig: »Die Frage ist im Kommunistischen Manifest bereits entschieden«, und nimmt beides.

Sehr merkwürdig ist eine andere typische Reaktion auf gutes Essen, die darin besteht, daß der Esser – ganz unvermittelt und ohne gereizt worden zu sein – zu verschiedensten Fragen, zu denen er gar keine Stellung hat, Stellung nimmt. Plötzlich, ohne daß eine Assoziationsbrücke ihn dorthin geführt hätte, sagt er etwa: »Die X. hat doch den schönsten Sopran von allen Konzertsängerinnen.« Es ist gar nicht wahr, daß die X. den schönsten Sopran hat, aber es ist auch gleichgültig; der Mann hätte ebensogut sagen können: »Sie hat den häßlichsten Sopran«, oder »sie hat den schönsten Baß«. Denn nicht darauf kommt es ihm an, eine Meinung zu äußern, sondern nur darauf, *irgend was geistig zu kauen.* Hierbei erzeugt er eben Sprechgeräusche.

Ich erklärte mir anfangs solche Lust am Urteilen ohne Urteil, am Standpunkt-Fixieren ohne Standpunkt als eine Ausartung des durch gutes Essen gesteigerten Ich-Gefühls ins Pantheistische, als eine Variante von »Seid umschlungen, Millionen«, als Folge erhöhter Vitalität, die ihre Überschüsse leichthin verausgaben will. Aber dann bin ich darauf gekommen, daß der wunderlichen Erscheinung ein einfacher psychophysiologischer Vorgang zugrunde liegt: ein schlichtes *Rülpsen des Gehirns.* Was so kuddelmuddlig drin herumschwimmt, wird von dem durch Fleisch und Süßspeise vermehrten Blutdruck nach außen und oben gerissen. Der Sprecher hat hierbei sichtliche Lustgefühle, wie sie gemeineren Naturen, nach gutem Essen, schon durch das gewöhnliche Aufstoßen, den bekannten singultus communis, bereitet werden.

Johann Wolfgang Goethe
Markt in Neapel

Es ist keine Jahreszeit, wo man sich nicht überall von Eßwaren umgeben sähe, und der Neapolitaner freut sich nicht allein des Essens, sondern er will auch, daß die Ware zum Verkauf schön aufgeputzt sei.

Bei Santa Lucia sind die Fische nach ihren Gattungen meist in reinlichen und artigen Körben, Krebse, Scheiden, Austern, kleine Muscheln, jedes besonders aufgetischt und mit grünem Blättern unterlegt. Die Läden von getrocknetem Obst und Hülsenfrüchten sind auf das mannigfaltigste herausgeputzt. Die ausgebreiteten Pomeranzen und Zitronen von allen Sorten, mit dazwischen hervorstechendem grünem Laub, dem Auge sehr erfreulich. Aber nirgends putzen sie mehr als bei den Fleischwaren, nach welchen das Auge des Volkes besonders lüstern gerichtet ist, weil der Appetit durch periodisches Entbehren nur mehr gereizt wird.

In den Fleischbänken hängen die Teile der Ochsen, Kälber, Schöpse niemals aus, ohne daß neben dem Fett zugleich die Seite oder die Keule stark vergoldet sei. Es sind verschiedene Tag im Jahr, besonders die Weihnachtsfeiertage, als Schmausfeste berühmt; alsdann feiert man eine allgemeine Cocagna, wozu sich fünfhunderttausend Menschen das Wort gegeben haben. Dann ist aber auch die Straße Toledo, und neben ihr mehrere Straßen und Plätze, auf das appetitlichste verziert. Die Butiken, wo grüne Sachen verkauft werden, wo Rosinen, Melonen und Feigen aufgesetzt sind, erfreuen das Auge auf das allerangenehmste. Die Eßwaren hängen in Girlanden über die Straße hinüber; große Paternoster von vergoldeten, mit roten Bändern geschnürten Würsten; welsche Hähne, welche alle eine rote Fahne unter dem Bürzel stecken haben. Man versicherte, daß deren dreißigtausend verkauft worden, ohne die zu rechnen, welche die Leute im Hause gemästet hatten. Außer diesem werden noch eine Menge Esel, mit grüner Ware, Kapaunen und jungen Lämmern beladen, durch die Stadt und über den Markt getrieben, und die Haufen Eier, welche man hier und da sieht, sind so groß, daß man sich ihrer niemals so viel beisammen gedacht hat. Und nicht genug, daß alles dieses verzehrt wird; alle Jahre reitet ein Polizeidiener mit einem Trompeter durch die Stadt und verkündet auf allen Plätzen und Kreuzwegen, wie viel tausend Ochsen, Kälber, Lämmer, Schweine usw. der Neapolitaner verzehrt habe. Das Volk hört aufmerksam zu, freut sich unmäßig über die großen Zahlen, und jeder erinnert sich des Anteils an diesem Genusse mit Vergnügen.

Was die Mehl- und Milchspeisen betrifft, welche unsere Köchinnen so mannigfaltig zu bereiten wissen, ist für jenes Volk, das sich in dergleichen Dingen gerne kurz faßt und keine wohleingerichtete Küche hat, doppelt gesorgt. Die Makkaroni, ein zarter, stark durchgearbeiteter, gekochter, in gewisse Gestalten gepreßter Teig von feinem Mehle, sind von allen Sorten überall um ein geringes zu haben. Sie werden meistens nur in Wasser abgekocht, und der geriebene Käse schmälzt und würzt zugleich die Schüssel. Fast an der Ecke jeder großen Straße sind die Backwerksverfertiger mit ihren Pfannen voll siedenden Öls, besonders an Fasttagen, beschäftigt, Fische und Backwerk einem jeden nach seinem Verlangen sogleich zu bereiten. Diese Leute haben einen unglaublichen Abgang, und viele tausend Menschen tragen ihr Mittag- und Abendessen von da auf einem Stückchen Papier davon.

Wilhelm Busch
Geschmacksache

Dies für den und das für jenen.
Viele Tische sind gedeckt.
Keine Zunge soll verhöhnen,
Was der andern Zunge schmeckt.

Lasse jedem seine Freuden,
Gönn ihm, daß er sich erquickt,
Wenn er sittsam und bescheiden
Auf den eignen Teller blickt.

Wenn jedoch bei deinem Tisch er
Unverschämt dich neckt und stört,
Dann so gib ihm einen Wischer,
Daß er merkt, was sich gehört.

Peter Altenberg
Der Junggeselle

Weshalb sind unsere Restaurants so schrecklich konservativ und die Gäste so langmütig?! Weshalb gibt es keinen Neuerer, keinen Revolutionär, keinen Anbahner und Pfadfinder unter den Gasthausbesitzern und Cafetiers?! Zum Beispiel: Zum Tee eine gläserne Zitronenpresse zu erhalten, um den ganzen edlen Saft der Zitrone sogleich und bequem herauszubekommen?! Man hört da entweder die Antwort: »Ja, das hat bisher noch niemand verlangt«, oder die Antwort: »Ja, wo käm' man da hin, wenn man sich das alles auch noch zulegen müßt' – – ?«

Beides ist grundfalsch, wie der technische Ausdruck für Blödsinn lautet. Denn erstens hat eben der Restaurateur gleichsam Tag und Nacht Verbesserungen nachzusinnen, nachzuspüren; zweitens aber belohnt sich jede wichtige, noch so unscheinbare Verbesserung naturgemäß ganz von selbst, indem es sich herumspricht und die Gäste sich geschmeichelt fühlen durch besondere Aufmerksamkeiten! Keine selbstlose Betätigung bleibt unbelohnt. Sogar in Geschäftskreisen! Weshalb gibt es fast in keinem Restaurant jene ideale Verbindung von kräftiger Bauernkost und zarter moderner Kochkunst, eine klare Suppe in einer Art von kleinem, tiefem, weißem oder grauem Steingut-Lavoir serviert, in der sich eine ganze zerstückelte Portion Fleisch, edle Gemüse und zarte salzige Mehlspeise zugleich vorfinden, also ein nahrhaftes Diner aus drei Gängen, zusammen bereits in einem aparten tiefen Terrinchen?! Man könnte in eine solche Suppe den Nierenbraten auslösen, das Kalbsgulasch hineintun. Fischfilets darin auslösen. Es wäre mit Löffel und Gabel zu essen, ersetzte vollkommen die mühseligen »Gänge«!

»Uns're Wiener mögen dös net – – –«, ist eine verdammte Phrase. Denn »uns're Wiener« mögen alles, was gut ist! Weshalb stehen nirgends unter appetitlichen, kristallgeschliffenen Schutzgläsern besondere Leckerbissen, die durch ihren Anblick bereits den Gaumen erfrischen und beleben?! Sie könnten auf einer Glasplatte stehen, unter der Eisstücke sind, um es kühl zu erhalten. Zum Beispiel ausgelöste harte Eidotter, auf einer Ölschicht schwimmend.

Was ist es mit den vielen wunderbaren Cakes, die eigentliche »Teiggedichte« sind, und die eingesargt sind bei uns in den zwei »englischen Spezialhandlungen«?! Nicht einmal den Namen nach kennt man diese kulinarischen Heiligtümer. Zum Beispiel die Bussy de Vevey. Ich schlug einem Cafetier vor, einen kristallenen Kasten bauen zu lassen und ihn vormittags und zur Jausenzeit mit Bussy de Vevey zu füllen, wobei zwischen je zweien dieser zarten Salzwaffeln eine Schichte bester Sardellenbutter sich befinden müßte. »Wann ich so was tät', mein lieber Herr, da wär' ich ja selbst schon ein halbeter Dichter und könnt' dann betteln geh'n wie Sie«, erwiderte er mir. »Mir brauchen Cakes in unserm Geschäft, die nicht zerblatteln wie mürber Zunder, sondern die an' Puff aushalten!«

Also gut, so fressen m'r weiter in uns hinein die Cakes, die »an' Puff aushalten«.

Ich kaufe mir oft eine Büchse dieses herrlichen Thunfisches, französische Marke, entöle ihn durch Abspülen mit Wasser, lege ihn in eine wundervolle, warme, zitronensäuerliche, kaum gesüßte, ganz ohne Mehl bereitete Paradeissauce und habe ein besonderes, unerhört nahrhaftes, leicht verdauliches Gericht! Wenn man es dann noch benennt: »Thon au Paradis«, so schmeckt es noch besser! Solchen Thunfisch, der wie allerbestes Kalbfleisch schmeckt, kann man aber auch in Sardellensauce, Schnittlauchsauce, Zwiebelsauce und so weiter und so weiter hineinlegen und erhält dadurch jedesmal eine besondere Speise! Der Idealismus des Wirtes würde ihn unbedingt reichlich entschädigen für die erhöhte Regie, denn nichts nützt den Nerven so sehr, als dem Gutes zu erweisen, von dem man eigentlich abhängig ist! Aus gleichgültigen Gästen, die zahlen und kuschen sollen, werden plötzlich Brüder und Schwestern. Aber der Wirt denkt: »Das möcht' euch so passen!« Und füttert sie ab wie eine unbequeme Herde!

Der Gleichgültigkeit der Restaurateure und Cafetiers entspricht die Gleichgültigkeit der Damen dem Essen gegenüber; äußerster kulinarischer Dilettantismus. Nie hat eine der reichen Damen den Ehrgeiz, einen besondern Jausentisch herzurichten, mit exzeptionellem Gebäck und Früchten. Alles geht seit Jahr und Tag in gewohntem Geleise. Keine interessiert sich für unbekannte Cakes, keine macht Kostproben in den »englischen Spezialhandlungen«, keine hat den Ehrgeiz, einen Kristallkasten mit außergewöhnlichem Gebäck zu füllen und ihren angenehm überraschten Gästen vorzusetzen. Fast alle Damen betreten die Delikatessenhandlungen und stellen die perfiden Fragen: »Haben Sie schöne Orangen, schöne Äpfel und schöne Birnen?!« Aber keine erkennt die saftige, pralle, dünnschalige Orange heraus, keine fragt nach der wunderbaren Alexander-Butterbirne, nach der Tiroler Dechantbirne, nach dem goldgelbbraunen Kanada. Alle wünschen nur »besonders schönes Obst«, überlassen es feige und verständnislos der Verkäuferin, es zusammenzustellen. Künstlerischer Ehrgeiz in kulinarischen Dingen fehlt ihnen gänzlich. Man müßte eine Konkurrenz für den Jausentisch einmal ausschreiben. Keine Dame versteht die zarten Unterschiede in Emmentaler, Gorgonzola, Roquefort. Sie verlangt immer nur einen guten. Und man gibt ihr den, der vorhanden ist! Nie fährt sie wegen eines Stückes Gorgonzola von Handlung zu Handlung! Sie hat keinen Ehrgeiz, den besten zu entdecken. Einer meiner Freunde sagte einmal sehr treffend: »Man kann eine Frau nicht recht von Herzen liebhaben, die in den Restaurants, ohne auch nur in die Speisekarte zu blicken, immer einfach ›Roastbeef mit Reis‹ bestellt! Es liegt keine Persönlichkeit darin, es ist die allübliche, öde, konventionelle Art, sich zu ernähren, die Abfütterung ohne Liebe und Lust, die kulinarische Temperamentlosigkeit und implicite – pfui über das Wort implicite! – und daher mitinbegriffen die allgemeine Temperamentlosigkeit in allem und jedem. Meine arme Mama sagte mir zeitlebens: »Wie kann ein so intelligenter Bursche wie du so viel Wert auf das Essen legen?!« – »Eben deshalb«, erwiderte ich ihr frech und geistesgegenwärtig. Frauen werden immer verlegen, wenn man mit ihnen über kulinarische Angelegenheiten spricht. Denn sie verstehen davon nichts, und vor allem haben sie keinerlei reges Interesse dafür. In Gesprächen über Maeterlinck sind sie jedoch ungeheuer angeregt. Sie halten jedenfalls richtige Ansichten über Dichter für wertvoller als gut und besonders sich zu ernähren! Da kann ich ihnen nicht beistimmen. Zum Beispiel, ich selbst erkenne die Qualität eines Fleisches, einer Frucht von außen. Darauf bilde ich mir sehr viel ein. Ich bin bereit, viele sogenannt sorgsame Hausfrauen zu blamieren, obzwar ich nur ein elender Junggeselle bin! Nein, es muß unbedingt der »kulinarische Ehrgeiz« bei unsern reichen, sorgenlosen Damen geweckt werden. Es ist direkt eine künstlerische Angelegenheit! Keine wage es mehr, in der Delikatessenhandlung zu lispeln: »Bitte, schicken Sie mir aber recht, recht schönes Obst«, sondern sie hat, insofern sie Anspruch erheben will auf uns're Achtung, mit tiefem Verständnis jede Birne, jede Orange, jede Dattel und so weiter und so weiter und so weiter selbst auszuwählen, mit »untrüglichem Blicke«, wie es im Homer heißen könnte. Man hat nie zu fragen: »Ist dieser Schinken, dieser Kalbsschlegel auch mürb?!« Sondern man hat es zu wissen beim Anblick allein! Das ist »Genialität«! Der edle Hut, o Frau, den du für teures Geld auf dem Kopfe hast, beglückt uns weniger als die edle Speise, die du uns vorsetzest – – –.

Paul Reboux
Eine Dichterin ist zum Frühstück geladen

Dichter gibt's fast keine mehr. In diesen Zeiten der Teuerung hat man keine Muße übrig für derartige Gehirn- und Gefühlständeleien. Die »Sterne« der Kinos vertreten nun die Gestirne, die man früher in dichterischer Wallung anzurufen pflegte. Und die herrlichsten Gedankenflüge verblassen, wenn man sie mit dem Aufstieg des Pfund Sterling vergleicht.

Dichter gibt es also keine mehr. Dafür aber Dichterinnen ...

Der Mann, der schuftet und verrichtet, sie aber duftet und dichtet.

Sie ist Mitarbeiterin bei Zeitschriften, die von anderen Dichterinnen gelesen werden, aber auch nur von ihnen. Sie interessiert sich für literarische Tagungen. Sie hat in einem Käseblättchen eine Auseinandersetzung mit einem unbekannten Kritiker gehabt, der ihr ein Plagiat vorgeworfen hatte, und hält sich daher für eine Berühmtheit. Sie ist auch bereits Marcel Prévost und Ferdinand Gregh vorgestellt. Das ist ihr gesellschaftlich sehr zustatten gekommen ...

Mit ihrem Mann nun stehen wir in irgendeiner geschäftlichen Verbindung. Es soll ihm in einer etwas heiklen Sache eine Zusage abgewonnen werden und der Entschluß ist gefaßt: beide werden zum Frühstück eingeladen.

Die Dichterin hat unter lebhaftem Spiel ihrer Hände – ihre Nägel sind mit dem Pinsel gefärbt, hier und dort ein Füllfederklecks – den zarten Wink gegeben: »Sie wissen ja ... was ganz Leichtes! Ich habe den ganzen Nachmittag zu arbeiten!«

Nun, das kostet Überlegung. Was könnte man nur bieten, das neu und schmackhaft wäre und dabei den Vorzug hätte, nicht »ins Gewicht zu fallen«?

Ziehen wir also fürs erste in Betracht, daß die Dichterin sich für eine Künstlerin hält. Das heißt: es steht einem ihr gegenüber frei, gewisse engste herkömmliche gesellschaftliche Bindungen fallen zu lassen. Sie träumt gern. Es ist also geraten, ihr zu Träumen zu verhelfen. Gerichte, die geistige Schaukraft erregen, werden ihr lieber sein als solche, bei denen die Einbildungskraft nicht auf ihre Kosten kommt.

Was den Mann anbelangt, nun, der bewundert seine Frau dermaßen, daß es belanglos ist, was er etwa bevorzugt. Der gute Junge nimmt alles und jegliches zu sich, vorausgesetzt, daß er ihr lauschen und sie betrachten darf...

Nun sind die Gerichte, von denen man sagen kann, sie erregten die Phantasie, zumeist wohlriechend.

Keinen Protest, wenn ich bitten darf.

Während des ganzen 17. Jahrhunderts und bis mitten ins 18. hat man Rosenduftgefrorenes serviert. Vom Mittelalter bis zur Revolution sind Ragouts, Fleischspeisen mit Ambra, Moschus und Blumendüften parfümiert worden.

Dieser Gebrauch, der ja heute abhanden gekommen ist, hat zu lange bestanden, als daß er nicht wenigstens des Gedenkens würdig wäre. So verwerflich es auch ist, sich von Gesetzen der Vergangenheit beherrschen zu lassen, so sehr leuchtet es doch auch wieder ein, daß was in der »guten alten Zeit« geschehen ist, doch nicht ganz und gar verkehrt war...

Dieses ganz intime Frühstück wird also eingeleitet mit marinierten Miesmuscheln... da kann sich die Dichterin hinterher göttliche Posen leisten, während sie sich die Fingerspitzen netzt, als hätte ihr Hebe in eigener Person Becken und Kanne dargeboten.

Damit aber die Landschaft des Seestädtchens, die am Strande hingelagerten Schiffe, die wogengepeitschten Felsen, der Blick ins weite Meer hinaus, der Geruch der Algen vor dem geistigen Auge erstehen können – tut man einen Tropfen, beruhigen Sie sich: nur einen Tropfen Jodtinktur in dies Muschelgericht. Dieser unaufdringliche Wohlgeruch, der aus weiter Ferne zu kommen scheint und auch kaum zu bemerken ist, gibt dem besagten Gericht erst den rechten Hintergrund... Man bekommt nämlich das Gefühl, als sammle man blaue Muscheln am Strand, wo sich besonnte Wogen brechen; man meint, man esse die Muscheln in einer Seemannskneipe auf windgezaustem grobem Linnen, während die schief gegen den Wind aufkreuzenden Möwen hoch in den Lüften gelle Schreie ertönen lassen...

Hernach wäre ein Rezept: Huhn mit Portwein zu versuchen. Ich weiß, es wird vortrefflich munden. Dies Huhn bekommt als Beilage blaue Makkaroni, jawohl: Makkaroni, die in Wasser mit etwas Methylblau gekocht wurden; das ist nämlich gerade genug, um ihnen das Aussehen von türkisblauen Stängelchen zu verleihen; will die Dichterin davon kosten, so lasse man sie ruhig gewähren. Methylblau ist, ich wiederhole es, gänzlich unschädlich. Sogar die Ärzte verordnen es, um die Verdauungskanäle zu säubern. Es ist so weit entfernt, ein schädliches Medikament zu sein, daß es sogar als Heilmittel gilt. Das einzige, was ihm nachzusagen wäre, ist, daß es sich im Organismus nicht hält, sondern einfach durchläuft; seine leuchtende Farbe behält es bei! Diese Zusammenstellung kann der Dichterin nur recht sein, der ja der Kausalzusammenhang nichts zu sagen hat und die sich ganz gewiß für eine der Feen aus Perraults

Märchen halten wird, deren Leib Ströme von Edelsteinen entfließen ...

Der Salat wäre mit etwas Sternanisessenz zu besprengen, bekanntlich ein Aroma, das ein wesentlicher Bestandteil des Absinths ist.

Die Zwischenspeise muß leicht sein. Am besten eignet sich eine sogenannte Chantilly-Crème. Man serviere sie mit Erd- oder Himbeeren darin.

Um dann den Eindruck des Ländlichen – Weinberg und Garten – zu vervollständigen, und damit das Gericht den köstlichen Duft sonnendurchwärmter Beete bekommt, träufelt man in diese Crème noch einige Tropfen – höchstens drei! – Rosenessenz, nicht etwa Geranienrosenessenz, die herb und derb wirkt, sondern aus Jacqueminotrosen, echt französischen Rosen.

N. O. Scarpi
Aus der Literatur der Küche

Männer von Geist waren nicht immer Eßkünstler, aber die berühmten Eßkünstler waren immer Männer von Geist – sagt natürlich ein Franzose. Vieles, was das Leben menschlich, frei und reizvoll machen kann, haben wir von den Franzosen gelernt, aber auf weniges sind sie so stolz wie auf ihre Küche. Es gibt gastronomische Klubs, gastronomische Landkarten, wo die kulinarischen Besonderheiten der Normandie, Lothringens, der Provence verzeichnet sind, die literarischen Preise werden bei Déjeuners zuerkannt, Drouant auf der Place Gaillon bewahrt noch die berühmten Menus, bei denen sich die Goncourts mit ihren Freunden fanden, auch Feinde saßen einander dort manchmal schweigend gegenüber oder einigten sich schneller über den zu krönenden Kandidaten als über die *Barbue à la Bercy.* Welch ein großes, gutes Land, wie sehr den wahren Gütern des Lebens nah und der Verfälschung feindlich, wo nach einigen Jahrhunderten das Beste, was man dem besten König nachsagen kann, sein Wunsch war, es möge am Sonntag jeder sein Huhn im Topf haben! Heute übrigens kein sehr schwer erfüllbarer Wunsch.

Die Kochkunst ist den Franzosen nicht so sehr eine Sache des Magens wie des Herzens und des Geistes, und die Beziehung zwischen Literatur und Küche beschränkt sich nicht auf die literarischen Déjeuners. Die Literaten waren immer sachverständige Esser, erfanden neue Speisen, ja, es gibt ein ganzes Kochbuch, dessen Rezepte nur von Schriftstellern stammen. Und wie alles in Frankreich hat auch dies seine Tradition. In dem ersten Band der Gedichte Ronsards findet sich schon ein Salatrezept, das Ronsard seinem Pagen Amadis Jamyn widmet. Er führt ihn an das Ufer des Baches, zu Gräben und Feldern, wo die richtigen Kräuter wachsen:

Du aber geh, Jamyn, nach dieser Seite
und suche sorgsam busch'ge Ackerkräuter,
das Gänseblümchen mit den kleinen Blättern,
die Pimpernelle, heilsam für das Blut
und für die Milz und gegen Seitenstechen.
Indessen ich des Mooses Freundin pflücke,
sie heißt Rapunzel mit der zarten Wurzel,
und junge Knospen der Johannisbeere,
die ersten sind sie, die den Lenz verkünden.
Dann schlendern wir gemach dem Hause zu,
den Weg verkürzen Verse des Ovid,
des klugen Führers zu der Kunst der Liebe.
Dort aber streifen wir die Ärmel auf,

mit vollen Händen waschen wir die Kräuter
im heil'gen Strome meines schönen Brunnens,
wir bleichen sie mit Salz von allen Seiten,
wir feuchten sie mit Öl aus der Provence,
denn jenes, das aus Frankreich zu uns kommt,
empört den Magen, taugt für keine Speise.
Solch ein Salat, Jamyn, ist höchstes Gut!

Man hat Lust, diesen Salat zu probieren, und man hat auch nichts dagegen, auf dem Heimweg die Liebeskunst des Ovid zu lesen, wie Ronsard vorschreibt. Ob das den Salat irgendwie beeinflußt, ist schwer zu sagen, es soll einen aber vielleicht daran erinnern, daß die Salatbereitung nicht die einzige Domäne ist, wo die Franzosen ihre Lebenskunst entwickelt haben.

Sehr bedeutende Feinschmecker waren die Literaten des 19. Jahrhunderts. Da gibt es eine Seezunge nach dem schwer zu befriedigenden Kritiker Francisque Sarcey mit Weißwein, Thymian, Lorbeer, Köpfen schöner, weißer Champignons, schwarzen Trüffeln – vorher in Madeira gekocht – von der Butter ganz zu schweigen. André Theuriet verdient seiner Rezepte wegen auf die Nachwelt zu kommen, die von seinen *Enchantements de la forêt* nichts mehr weiß, genau wie ein Schokoladekuchen der Gyp die einzige Spur von ihren Erdentagen in der Literatur sein wird; vom Kaffee, seinen Wirkungen und der verschiedenen Art, ihn zu behandeln, spricht sehr ausführlich Balzac, und unter den neueren Autoren hat sich Marguerite dadurch verdient gemacht, daß er das Kuskus von Afrika und das Paprikahuhn aus Ungarn mit sehr genauen Anweisungen in die französische Küche einführt.

Wer zählt die literarischen Speisen, nennt die Namen der kochenden Dichter? Bei Anatole France heißt ein

Buch nach einer Bratküche, und Edmond Rostand läßt den zweiten Akt des ›Cyrano de Bergerac‹ bei dem Koch Ragueneau spielen, dessen Mandeltörtchenrezept in der Übersetzung von Ludwig Fulda nichts von seiner Anmut und Knusprigkeit verliert:

Schlag das Eiweiß etwa dreier
frischer Eier,
bis sie sich in Schaum verwandeln,
gieß Zitronensaft hinein.
misch ihn fein
mit der Milch von süßen Mandeln.
Blätterteig aus feiner Butter
nimm zum Futter
für des Kuchenbleches Hülle.
Sei bedacht, daß nun der Schaum
diesen Raum
tropfenweis allmählich fülle.
Laß den Teig vom Feuer packen,
bis gebacken
er verläßt des Ofens Pforten;
so bekommst du braun und gar
eine Schar
kleiner, feiner Mandeltorten.

Wenn so viel Geist an das Essen gewendet wird, wie sollte der Ort vergessen bleiben, wo man speist? Francis Jammes weiht ihn durch drei lange Seiten schönster Prosa, von denen einige Zeilen übersetzt seien:

›Hier ist es, wo ich zweimal täglich der Dinge bewußt werde, sei's, daß durch das Brot in mich die Seele der Ernte dringt, die in der Julihitze fahlgelb kreischt, sei's, daß der Wein mich der purpurnen Landschaft der Lese teilhaftig macht und der Lust der Mädchen, die singend dunkle Trauben schneiden. So wird mir jede Speise heilig durch ihr Überströmen dichterischer Kraft in mein Blut.‹

Hermann Fürst von Pückler-Muskau
Vierter Brief

Es gehört hier ein bedeutendes Vermögen dazu, um ein Haus auf dem Lande zu machen, da der Gebrauch sehr viel Luxus dabei erfordert, und dieser Sitte gemäß, in der Hauptsache, beim Krämer dasselbe gefunden werden muß, wie beim Herzog, d. h. ein zierlich dekorirtes Haus mit eleganten Meubles, eine reiche Vaisselle, stets neu und fein gekleidete Diener, bei Tafel eine Profusion von Schüsseln und ausländischen Weinen, ausgewähltes und sehr kostbares Dessert, und in Allem der Anschein von Ueberfluß und plenty, wie die Engländer es nennen. So lange Gäste da sind, geht dieser Train fort, nachher in der Einsamkeit mag sich manche Familie dafür mit der schmalsten Kost entschädigen, daher man auch hier niemanden auf dem Lande besuchen darf, ohne eingeladen zu seyn, und diese Einladungen sind dabei gewöhnlich auf Tag und Stunde bestimmt, da die Bekanntschaften groß, und der Raum, wie die dazu bestimmte Zeit, verhältnismäßig gering ist, also einer dem andern Platz machen muß. Wahre Gastfreiheit kann man dieß kaum nennen, es ist mehr eine Etalage seines Besitzes für möglichst viele. Hat eine Familie nun einen Monat, oder länger so Haus gehalten, so geht sie die übrige Zeit selbst auf Besuche aus, der einzige gastfreie Monat hat aber dann schon so viel gekostet, als bei uns die ganze Jahresrevenüe eines reichen Gutsbesitzers beträgt.

Da Du nie in England warst, will ich Dir mit ein paar Worten den Gang eines englischen Diners beschreiben, welches sich, wie gesagt, à peu de chose près überall gleich ist.

Du liebst die Details des täglichen Lebens, und hast mir oft gesagt, Du vermißtest dies bei den meisten Reisebeschreibungen, und doch gäbe nichts ein lebhafteres Bild eines fremden Landes; verzeihe also, wenn Du mich jetzt in zu kleinliche Dinge eingehen findest.

Man führt die Damen am Arm, nicht an der Hand, wie in Frankreich, zu Tisch, und ist auch wie dort von den veralteten Reverenzen befreit, die selbst in vielen der vornehmsten deutschen Gesellschaften, noch nach jedem Führen einer Dame gegenseitig gewechselt werden. Dagegen ist man sehr ängstlich um die Beobachtung des Ranges besorgt, wobei man den der Fremden freilich sehr wenig versteht. Ich verwünschte heute den meinigen, der mich neben die Wirtin brachte, während mein Freund sich wohlweislich zwischen die schönen Schwestern eingeschoben hatte. Auf französische Art findet man schon beim Eintritt den ganzen ersten Gang der Mahlzeit, die Relevés ausgenommen, zugleich auf den Tisch gesetzt, und sobald die Glocken abgehoben sind, legt auch, wie dort, nach der Suppe jeder von der Schüssel vor, die sich vor ihm befindet, und bietet seinem Nachbar davon an*, während er selbst, wenn er etwas anderes zu haben wünscht, über den Tisch darum bitten, oder einen Bedienten darnach schicken muß, im Grunde eine lästige Mode, weßhalb auch einige der elegantesten Gereisten jetzt die bequemere deutsche Sitte des Herumgebens der Schüsseln durch die Dienerschaft angenommen haben.

* Zur englischen guten Erziehung gehört daher auch die Tranchierkunst, welche in Deutschland zu sehr vernachlässig wird.

Es ist nicht üblich, bei Tisch Wein zu trinken ohne sein Glas mit einer andern Person zugleich zu leeren, wozu man das Glas aufhebt, sich starr ansieht, mit dem Kopf zunickt, und es dann erst gravitätisch austrinkt. Gewiß mancher uns sehr auffallende Gebrauch der Südseeinsulaner mag weniger lächerlich seyn. Es ist übrigens zugleich eine Artigkeit, Jemand auf diese Weise zum Trinken aufzurufen, und ein Bote wird oft vom andern Ende der Tafel expedirt, um B. anzukündigen, daß A. ein Glas Wein mit ihm zu trinken wünsche, worauf denn beide sich, zuweilen mühsam genug, ins Auge zu bekommen suchen, und dann, gleich chinesischen Pagoden, die Ceremonie des obligaten Nickers mit großer Förmlichkeit agiren. Ist aber die Gesellschaft klein, und man hat mit allen Bekannten getrunken, aber noch Lust, mehr Wein zu genießen, so muß man damit bis zum Dessert warten, wenn man den Muth nicht in sich verspürt, sich über die Gewohnheit hinwegzusetzen.

Nach vollendetem zweiten Gange und einem interimistischen Dessert von Käse, Sallat, rohen Sellery und dergleichen (wozu man machmal Ale herum giebt, das zwanzig bis dreißig Jahre alt, und so stark ist, daß es, ins Feuer geschüttet, wie Spiritus aufflammt), wird das Tischtuch abgenommen, und in den besten Häusern auf ein zweites darunter liegendes noch feineres Tischtuch, in andern auf den bloßen polirten Tisch das Dessert aufgesetzt, welches aus allen möglichen Treibhausfrüchten, die hier von ausgezeichneter Qualität sind, indischen und vaterländischen eingemachten Compottes, magenstärkendem Ingwer, Gefrorenem u. s. w. besteht. Vor jeden Gast werden frische Gläser gestellt, und zu den Desserttellern und Bestecken noch kleine mit Fransen umgebene Servietten hingelegt, vor den Hausherrn aber drei Flaschen Wein, gewöhnlich Claret (Bordeaux-Wein), Port und Madeira aufgesetzt. Der Wirth schiebt nun diese, entweder in ihren Untersetzern oder auf einem kleinen silbernen Räderwagen, links zu seinem Nachbar. Jeder schenkt sich selbst, und, sitzt eine Dame bei ihm, auch dieser nach Verlangen ein, und so fort, bis die Runde gemacht ist, wo sie denn wieder von vorn angeht. Einige Krystallkrüge mit Eiswasser erlauben den Fremden glücklicherweise, dem Brannteswein, der in den englischen Weinen stark vorherrscht, einiges Gegengift beizumischen. Alle Dienerschaft verläßt nach aufgesetztem Dessert das Zimmer, und braucht man frischen Wein, so wird dem Haushofmeister geklingelt, der ihn allein hereinbringt. Eine Viertelstunde bleiben die Damen dann noch sitzen, denen zuweilen süßer Wein besonders servirt wird, und verlassen hierauf den Tisch. Die Herren erheben sich mit ihnen, einer derselben öffnet den Damen die Thüre, und sobald sie hinausgelassen sind, rückt man traulicher zusammen, der Wirth nimmt den Platz der Wirthin ein, und die Gespräche des täglichen Interesses beginnen, wobei der Fremde in der Regel ziemlich vergessen wird, und sich meistens mit Zuhören begnügen muß. Es steht übrigens Jedem frei, den Damen zu folgen, wann er will, eine Freiheit, von der Graf B. und ich heute möglichst bald Gebrauch machten, um so mehr, da dies jetzt sogar Mode, und das viele Trinken unfashionable wird. Deßhalb hatte auch der Dandy uns bereits devancirt, als wir bei den Damen ankamen, die uns im Salon, um einen großen Tisch gruppirt, mit Kaffee und Tee erwarteten.*

* Beim Könige müssen die Damen, wie mir eine derselben erzählt hat, rückwärts hinausgehen, um Seiner Majestät nicht die verkehrte Seite zuzuwenden, welches gegen die, in England zum Theil sehr streng beobachtete Etikette ist. Dies hat sich jetzt zu

Wolfgang Hildesheimer
In Siena

»... Er verheimlicht auch nicht, daß dem Essen ein großer Teil seines Interesses gilt, ja, er spricht sogar beim Essen vom Essen, und zwar angeregt und anregend. Er nimmt nicht nur seinen Koch auf Reisen mit, sondern weist ihn auch an, was und wie er zu kochen habe. Wenn ich eines Tages einen Koch habe, wie ich es mir zu wünschen beginne, so werde ich ihn beim Baron von Rumohr in die Lehre schicken.«

Dies hat Marbot dann schließlich nicht getan, aber eine spätere Aufzeichnung, wahrscheinlich aus Urbino, wo er sein eigenes Haus mit Land und Garten hatte, spricht dafür, daß er sich von diesem Besuch an mit der Kochkunst beschäftigt hatte und seinen Koch, soweit er sich die Autorität zutraute, selbst instruierte. Auch hatte er begonnen, über das Essen, als wesentlichen Bestandteil eines erweiterten Lebensprogrammes, nachzudenken:

»Das Gespräch über körperliches Wohlsein kommt im Salon nicht vor, sein Wortschatz gilt als unfein (inde-

einer völlig militärischen Evolution ausgebildet, welche eine junge Neulingin oft in Verlegenheit setzt. Die Damen schließen rückwärts die Richtung nach der Thüre, nach welcher sie sich in der Diagonale ziehen. Sobald die Flügelfrau an dieser angelangt, macht sie rechtsum, traversirt hindurch, und so jede folgende ihr nach. Lady C. commandiert. Im Gynaceum angekommen, präsentirt sich ihnen, ebenfalls in Reih und Glied, eine Anzahl eleganter Porcellainvasen. Après celà nippt man von einem Glase Liquer, setzt sich zu Thee und Kaffee nieder, und nun beginnt die Damenunterhaltung. Man weiß, woraus sie gewöhnlich besteht: Putz, Scandal und Liebe. »Such ist the custom of Branksomehall.«

licate). Mahlzeiten werden in der Küche ausgeheckt (concocted); wir löffeln sie mit mehr oder minderem Behagen aus und schweigen darüber. Der Küchentrakt hat seine eigene Sprache. Was Herr von Rumohr die Küchenwissenschaft nennt, gilt als kein Thema. Das Resultat ist, daß unsere Nahrung geistig unverdaut bleibt, da, was der Körper nicht mitteilen darf, auch dem Geist versagt ist. Dabei hat das Essen eine metaphysische Komponente, die nur jener erfahren darf, der mit vollem Bewußtsein und Konzentration ißt. Man sucht lange, bis man jemanden findet, der bereit ist, beim Essen vom Essen zu sprechen; von dem großen Thema Nahrung, wobei ich natürlich nicht ihr Schicksal meine, sondern ihre Herkunft. Der Aufnahme von Kunst aus Natur, aus Gewachsenem, freilich auch aus Getötetem. Von der lebenserhaltenden Grausamkeit – denn als Fleischfresser sind wir alle Barbaren –, die uns erlaubt, der friedlichen Kuh auf der Weide in ihr schönes großes Auge zu sehen, als werde sie nicht schließlich unser Opfer –, dies freilich nach einem langen stillen Leben, um das manch einer sie beneidet. Die Fäden dessen zu verfolgen, was in unserem Mund erst Erfüllung findet, dann freilich einen dunklen Gang geht, würde so manches in diesem Dunkel klären. Dies soll allerdings nicht als Rechtfertigung der Suada meines Vaters gelten, der sich fünf Gänge lang über die Jagd ausbreitete (who would hold forth about hunting over five courses), deren Beute soeben verzehrt wird, so als wären seine Zuhörer keine Jäger gewesen. (...)

Dem Tier haftet die Würde und der Zauber des Hilflosen, des Ausgelieferten an, auch den wilden Tieren Afrikas, deren Zeit in hundert oder zweihundert Jahren ausläuft. Was vier Beine hat, wird früher oder später zur Beute dessen, der nur zwei hat, und wen diese Tatsache belastet, wie mich, der halte sich an den Gedanken über solche Geschöpfe, die entweder gar keine haben, wie den Fisch, oder an solche, deren Kopf keinen Platz für ein Gehirn bietet, das sie ihrer gefährdeten Existenz (imperiled existence) bewußt macht. Das wohlgenährte Huhn auf dem Acker sehe ich ohne Mitleid (was mich betrifft) und ohne Kopf (was es betrifft) in der Pfanne (was Herrn von Rumohr betrifft), gespickt mit Zweigen jenes lilablühenden Rosmarinstrauches, der dort auf den hügligen Feldern in üppigen Sträuchern wuchert, dessen Duft mir ein lauer Wind entgegenträgt, und wenn ich unter der gerösteten Haut des im Leben so ungeliebten Vogels diese aromaausströmenden Nadeln entdecke, erscheint vor mir die marchesanische Landschaft, Geschmack und Erinnerung gehen ineinander über, Geist und Fleisch werden eins.«

In einer solchen Passage – sie ist freilich die einzige ihrer Art in den Aufzeichnungen – finden wir den Einfluß Rumohrs weitaus stärker vor, als auf dem Gebiet der Kunstkritik. Tatsache ist, daß der Freiherr aus seiner Präokkupation mit dem Essen, die er jedem Gast gern eingestand, und deren Früchte ja schließlich der Gast zu seinen eigenen Gunsten wahrnehmen mußte, kein Geheimnis machte, was seine Zeitgenossen sehr befremdete; ja, man meint, daß keiner von ihnen Wert auf gutes Essen gelegt habe. »Rumohrs oft so interessante, aber bei einem Mann solchen Geistes etwas unerwartete Arbeiten über die Kochkunst«, wie Carl Gustav Carus sagte, kamen bei ihnen schlecht an. Carus war es denn auch, der 1843 den Leichnam Rumohrs sezierte und einen übergroßen Unterleib feststellte, die »wohlgenährte Physiognomie«, die wohl durch eine »behagliche, sitzend vorherrschende Lebensweise« bedingt sei. Diese postume Rüge kann das Nachleben des Freiherrn gut verkraften.

Friedrich Sieburg
Die eßbare Landkarte

Die Vorspeisen waren inzwischen abgetragen worden und eine Fischpastete wurde gereicht. Ich begann aufzuatmen, vielleicht würde meine geistige Unzulänglichkeit doch nicht an den Tag kommen, obwohl der Philosoph einen bedrohlichen Ansatz gemacht hatte, mich über die kulturmorphologischen Forschungen von Frobenius zu befragen, was mich in große Verlegenheit gebracht haben würde. Alle Augen blickten fröhlich dem Fischgericht entgegen; diese stillen Gesichter, hinter deren Stirnen sich sonst die feinsten Gedankenräder der Welt drehten, waren ganz von der Schüssel in Anspruch genommen. Die überbackene Oberfläche des Gerichtes glänzte goldbraun, und als der erste Gast sie durchstach, stieg ein köstlicher Duft von Kräutern und heißem Wein auf. Alles begann mit schweigender Konzentration zu essen, bis der Historiker sich mit geschlossenen Augen zurücklehnte und einen Seufzer des Entzückens ausstieß.

»Ich wette, die Sache ist mit einer Marinade angemacht, deren Hauptbestandteil herber Sherry sein dürfte«, sagte er.

»Ganz recht«, antwortete Hervieux, »früher nahm man wohl alten Cognac, so steht es wenigstens im Rezept meiner Mutter. Aber ich finde, daß der Cognac dem Fisch eine leichte Bitterkeit mitteilt, die nicht mein Geschmack ist. Ich muß allerdings bemerken, daß es sich um zwei Lagen Fisch handelt, eine aus Filets vom Salm und eine aus feingehacktem Schellfisch, ganz einfachem Schellfisch. In der Gironde nimmt man eine bessere Sorte, aber hier in Paris ist man froh ...«

»Setzen Sie den Schellfisch nicht herab«, rief der Archäologe dazwischen und säuberte seinen buschigen Schnurrbart mit der Serviette. »Der Schellfisch mit Curry ist ein königliches Gericht, vorausgesetzt, daß man nicht vergißt, der Sauce einen kleinen Löffel Pflaumenmus hinzuzufügen. Ich brauche nicht zu sagen, daß dies Gericht aus den Hafenstädten im Norden unseres Landes stammt, denn niemand im Süden würde den Mut haben, Curry, Speck und Fruchtmus gleichzeitig zu verwenden. Ich gebe allerdings zu, daß eine sehr sichere Hand dazu gehört, die rechte Mischung zu treffen, zumal da ja auch Milch hineinkommt, die, wie Sie wissen, äußerst empfindlich ist.«

Wir aßen mit Vergnügen, aber jeder der gelehrten Männer hatte etwas auf dem Herzen. Der Archäologe, der seinen südlichen Akzent nie abgelegt hatte, fühlte das Bedürfnis, die Küche seiner Heimat zu verteidigen, die seiner Ansicht nach ebenfalls großer Kühnheit fähig war. »Ich gebe gerne zu, daß der provenzalische Einfluß verhängnisvoll sein kann, aber es ist doch unbestreitbar, daß der Knoblauch der König der Gewürze ist und auch bei Fischgerichten mehr Verwendung finden sollte.« Da ein leiser Widerspruch laut wurde, fügte er hinzu: »Meine Herren, Sie lassen sich dadurch abschrekken, daß jeder korsische Polizist in Paris nach Knoblauch riecht, was die Unterhaltung mit ihm nicht angenehm macht. Aber denken Sie daran, daß auch die Griechen des Altertums den Knoblauch nicht verschmähten. Ich möchte sogar sagen, daß er die Grundlage ihrer Nahrung war. Achilleus, der schöne Sohn der schönen Thetis, roch nach Knoblauch, darüber kann gar kein Zweifel herrschen. Im Hause des Atreus herrschten nicht nur düstere Familienverhältnisse, sondern auch der Geruch dieser Zwiebel, ohne die man sich die Mittelmeerkultur überhaupt nicht vorstellen kann. Wir sind da maßvoller. Aber ein Hauch, eine Ahnung, beinahe nur ein Verdacht von Knoblauch ist fast unerläßlich.«

Die Gesellschaft ging nun dazu über, die Gewürze der verschiedenen Gegenden Frankreichs durchzusprechen. Jeder verteidigte seine Provinz, wobei der große Romanschriftsteller, der viel gereist war, versuchte, Anregungen aus fremden Ländern zur Sprache zu bringen, was wenig Beifall fand. Nur einige spanische Zubereitungsarten wurden gelten gelassen, so der Gebrauch der süßen Pfefferschote, die im Verein mit Tomate und ein wenig Olivenöl dem Stockfisch zu einem ganz ungewöhnlich feinen Geschmack verhalf. Eine polnische Suppe, der er das Wort redete, fand kaum Beachtung, obwohl er sie dadurch zu retten versuchte, daß er auf den Knoblauch hinwies, der unter den gehackten Sauerampfer gemischt wird.

Ich hatte wenig Gelegenheit, mich an der Unterhaltung zu beteiligen, denn so gerne ich auch gut esse und sogar ein wenig in der Kochkunst dilettiere, so wenig konnte ich mich mit diesen Kennern messen, die ihr Land in diesem Augenblick wie eine ungeheure Speisekarte vor sich sahen, jede Provinz genau kannten und jedes Rezept aus der Landschaft, dem Klima, dem Boden und selbst aus dem Wesen der Bewohner abzuleiten verstanden. Eine farbenprächtige Geographie des Eßbaren zog an mir vorüber, Frankreich ordnete sich im Gespräch dieser Männer zu einem Reich der fruchtbaren Erde, aus der kein Kraut sprießt, kein Körnchen hervorwächst, kein Hälmchen ans Licht drängt, die nicht in das tägliche Leben seiner Menschen als Gewürz, Salat und

Futter für das Geflügel eingegangen wären. Es genügte nicht, zu wissen, wo Montaigne oder Ronsard gelebt hatten, wo der Sandstein für Kathedralen gebrochen worden war, aus welchem Fluß der Dunst aufgestiegen war, der über den Bildern der großen Landschaftsmaler liegt. Nein, Frankreich war nicht vollständig, wenn nicht ausgesprochen wurde, wo die besten Pilze wuchsen, wo man Weißkohl mit Speck und Karotten füllte, wo die saftigsten Hühner gebraten und der beste Feldsalat mit weißen Bohnen bereitet wurde. Und wenn die Nachfahren sich nicht mehr auf Saucen und Gemüse verstanden, die den früheren Generationen noch geläufig gewesen waren, so gehörte eben auch dies zur Geschichte eines Landes, das aus lebensbejahenden Gewohnheiten bestand und sich trotz aller Revolutionen, die es sich leistete, nur unter Schmerzen und Klagen änderte. Ich konnte dabei nur zuhören, ohne etwas anderes als Wißbegierde beizusteuern. Obwohl ich mir kein Wort entgehen ließ, machte ich auf die erlauchte Tafelrunde, so muß ich heute fürchten, einen etwas stumpfsinnigen Eindruck. Vielleicht hätte ich doch besser abgeschnitten, wenn von Philosophie gesprochen worden wäre.

Inzwischen war Wildente mit Orangensauce erschienen und erregte eine solche Begeisterung, daß die Haushälterin hereingerufen wurde, um Glückwünsche für ihre Leistung entgegenzunehmen. Dankbar lächelnd stand sie an der Tür, die Hände über den Leib zusammengelegt, und gab Auskunft: »Jawohl, die Orange muß möglichst bitter sein, die Schale wird mitgehackt, aber ganz fein, meine Herren, so fein wie möglich. Allerdings, weiße Rüben sind auch sehr geeignet dazu, aber man muß sie ein wenig mit Zucker anbräunen.« So wurde der Fall ausgiebig und von allen Seiten behandelt, Einzelheiten aus alten Familienrezepten wurden preisgegeben, auch kam zur Sprache, was die Leute an den Ufern der Yonne oder in den Bergen von Cantal alles mit einer guten fetten Ente anzustellen wußten, bei Hochzeiten, Familienschmäusen oder Begräbnissen. Nachdem die Haushälterin sich entfernt hatte, um für den Nachtisch zu sorgen, erreichte die Behaglichkeit ihren Höhepunkt. Obwohl alle Gäste mäßig aßen und tranken, bildete sich auf den gewaltigen Stirnen der großen Männer leichter Schweiß und der eine oder andere Knopf wurde verstohlen geöffnet. Wohlwollen leuchtete aus allen Augen: »Ich lebe gern, so lebe auch du, und lebe in Frieden.« Ihre Bibliotheken, ihre Tabellen, Mikroskope und Manuskripte hatten sie hinter sich gelassen, um für eine Stunde gelassene Söhne einer gütigen Erde zu sein, und die Erde dankte es ihnen.

Wenn ich noch berichte, daß schließlich eine sehr lebhafte Debatte über Käse entstand, die sich bis gegen elf Uhr hinzog, so wird man verstehen, daß keine rechte Zeit mehr blieb, auch noch über die Weine zu sprechen, von denen es vier Sorten gegeben hatte. Dies wurde denn auch beim Abschied allgemein bedauert. »Zu den wichtigsten Dingen will die Zeit nie reichen«, bedauerte der Archäologe, während er draußen seinen Hut suchte. Man gab mir sehr freundlich die Hand und versicherte mir, wie man es genossen habe, mit einem so wohl unterrichteten Ausländer zusammengewesen zu sein, aber ich hatte das Gefühl, auf die Herren keinen sehr tiefen Eindruck gemacht zu haben.

Der Gastgeber, der mich noch eine Minute zurückhielt, sprach die Hoffnung aus, daß es für mich kein verlorener Abend gewesen sei, denn er habe mir wirklich die Elite des französischen Geisteslebens geboten. Ich beruhigte ihn stürmisch und bekannte ihm, daß ich vielleicht doch nicht so ergiebig gewesen sei, wie es sich für eine so illustre Runde gehöre. Er antwortete ausweichend und sagte: »Das nächste Mal müssen wir aber wirklich ausführlich über das deutsch-französische Problem sprechen!«

Als ich auf die Straße kam, verschwand die kleine Schar großer Männer gerade scherzend und lachend im Schacht der Untergrundbahn. Ihre offenstehenden Mäntel flatterten, sie nahmen zwei Stufen auf einmal, denn der letzte Zug dröhnte eben heran.

H. C. Artmann

wann im herd kein lustig feuer
und am dach kein ungeheuer,
in der speis nicht händ noch füß
und kein herzchen für den spieß
und kein werwolf in dem bett
und der hänsel noch nicht fett,
keine gretel in der pfanne
und ihr blut nicht in der wanne
und kein einzig äuglein brochen,
kann die alte hex nix kochen.

Suppe

Kalte Entenkraftbrühe mit Roten Beten und Kaviar

4-6 Portionen

Zutaten für die Kraftbrühe:
1 kg Entenknochen und Entenklein
(Magen, Hals)
½ Kalbsfuß
2 l Wasser
Salz
1 kleine Zwiebel, 2 Nelken,
1 Lorbeerblatt
1 kleine Karotte, 50 g Lauch
50 g englischer Sellerie
1 Thymianzweig
1 Stück Rote Bete

250 g rohes Geflügelfleisch
½ Zwiebel
100 g Tomaten
3 Eiweiß
je 10 g Petersilien- und Estragonstengel
2 dl Weißwein
Salz, Cayenne
evtl. einige Gelatineblätter

Für die Garnitur:
1 Stück Rote Bete
100 g englischer Sellerie
(nur das Weiße)
24 junge Sauerampferblätter
4 EL dicke saure Sahne
Beluga-Malossol-Kaviar
(kann, muß aber nicht sein)

Vorbereitung:
Kraftbrühe: Das Entenklein und den Kalbsfuß leicht anrösten, ohne das Fett in einen Topf geben und mit Wasser bedecken. Aufwallen lassen, abschäumen und 1 Stunde leise kochen lassen. Die mit Nelken und Lorbeerblatt gespickte Zwiebel, Karotte, Lauch, Sellerie und Thymian hinzufügen und nochmals 1½ Stunden ziehen lassen. Passieren und danach abkühlen lassen. Für die Brühe ein Stück Rote Bete raspeln und salzen, um einige Tropfen Saft zu gewinnen.
Das Geflügelfleisch würfeln, Zwiebel halbieren und auf der Herdplatte anbräunen. Tomaten überbrühen, die Haut abziehen, entkernen und würfeln.
Garnitur: Rote Bete in Streifen schneiden, Sellerie schälen und knackig kochen. Sauerampfer waschen.

Zubereitung:
Die Geflügelfleischwürfel mit Eiweiß, den Zwiebel- und Tomatenwürfeln, Petersilie und Estragon gut vermengen, mit Weißwein und der Kraftbrühe auffüllen und mit einigen Tropfen Rote-Bete-Saft färben. Unter ständigem Rühren aufkochen und 30 Minuten ziehen lassen. Mit Salz und Cayenne abschmecken. Durch ein Passiertuch filtern, entfetten und kalt stellen. Sollte die Suppe nicht gelieren, eventuell einige eingeweichte Gelatineblätter beigeben. Rote Bete und Sellerie in Suppentassen verteilen, mit der Kraftbrühe auffüllen und mindestens 12 Stunden im Kühlschrank durchkühlen und gelieren lassen.

Anrichten:
Mit den vorher durch kochendheißes Wasser gezogenen Sauerampferblättern wird die gelierte Brühe dekoriert. In die Mitte setzt man den Beluga-Malossol-Kaviar

und gibt die nach Möglichkeit selbst angesetzte saure Sahne drumherum.

Maronensamtsuppe mit Gänseleber

Vier Portionen

Zutaten:
200 g italienische Maronen
1 Schalotte
1 Karotte
1 Stange vom englischen Sellerie
30 g Gänseleberabschnitte
20 g Parmaschinken in Würfeln
40 g Butter
4 cl Madeira
2 cl roter Portwein
2 cl Cognac
$^3/_4$ l Geflügelfond
100 ml Sahne
80 g geschälte Walnüsse
16 dünne Scheiben Périgord-Trüffel
4 Würfel Gänseleberparfait
1 EL geschlagene Sahne

Zubereitung:
Die Maronen anritzen, im Ofen backen und schälen. Den Parmaschinken, die Gänseleberabschnitte sowie das Röstgemüse ansautieren und die geschälten Maronen zugeben; mit Portwein, Madeira und Cognac ablöschen und reduzieren; mit Geflügelfond auffüllen und ca. 8-10 Minuten leise köcheln lassen.
4 Maronen als Garnitur wegnehmen, den Rest mixen

und abpassieren; die flüssige Sahne zugeben und nochmals mixen. Die Trüffelscheiben und die geschälten Walnüsse in etwas Butter anschwitzen und mit einem Spritzer Madeira ablöschen.

Anrichten:
Die Maronensuppe vor dem Servieren nochmals aufmixen und die geschlagene Sahne unterheben, in tiefe Teller geben, die ganzen Maronen, die Trüffelscheiben, die geschälten Walnüsse und die Würfel der Gänseleber als Einlage dazugeben.

Charles Baudelaire
Die Suppe und die Wolken

Mein kleiner toller Schatz hatte mir das Mittagessen aufgetragen, während ich durch das offene Eßzimmerfenster die beweglichen Architekturen betrachtete, die Gott aus den Wolkendünsten erbaut, jene herrlichen Konstruktionen des Ungreifbaren; und während meiner Betrachtungen sprach ich zu mir selbst: »Alle die Phantasmagorien sind fast ebenso schön wie die Augen von meinem schönen reizenden Schatz, von dem tollen kleinen Ungeheuer mit seinen grünen Augen.«

Und da bekam ich plötzlich einen Faustschlag in den Rücken und hörte eine entzückend krächzende Stimme, eine hysterische Stimme, die wie vom Branntwein heiser geworden klang, die Stimme meines lieben, kleinen tollen Schatzes: »Wollen Sie vielleicht nun endlich bald Ihre Suppe essen, Sie S...-B... von einem Wolkenverkäufer!«

Julien Green
April 1938

Mit den Augen und Ohren der Welt gesehen und gehört, bot sich mir unsere Epoche unter einem Aspekt dar, der mich empörte. In dieser geistigen Verfassung machte ich mich auf die Suche nach einem Restaurant, denn es war acht Uhr.

Der Wunsch, dieser Welt zu entfliehen, und sei es nur für eine Stunde, war in mir so stark, daß ich nicht darauf achtete, welches Restaurant ich betrat. Ich ging zunächst durch ein Café, das allen anderen Cafés Europas glich, dann vertat ich mich, wie es mir allzu oft passiert, und verirrte mich in die Küchenräumlichkeiten. Über meinen Fehler aufgeklärt und auf den richtigen Weg gebracht, nahm ich einen Augenblick später in einem verlassenen kleinen Raum Platz. Erst da begann ich, mir die Augen zu reiben.

Welchem Zufall verdankte ich es, hier zu sein? Doch der Zufall existiert nicht, und ich war an diesem märchenhaften Ort, weil ich ihn schließlich, nachdem ich lange davon geträumt hatte, entdeckte. Ich saß also im Innern eines mächtigen Diamanten. Dieser absurde, zauberhafte Traum verwirklichte sich im Herzen einer großen Handelsstadt, zwei Schritte von der Avenue de Keyser entfernt, wo sich das Dröhnen der Bohrmaschinen mit dem Brummen der altmodischen *Trams* vermischte.

Nachdem ich irgend etwas bestellt hatte, um den Kellner loszuwerden, nahm ich den kleinen, noch menschenleeren und ruhigen Raum, in den die Kunst der Jahrhundertwende ihre abenteuerlichen Arabesken hineingezeichnet hatte, in Augenschein. Über dem granatfarbenen Rips der großzügig mit preußischblauen Päonien übersäten Sitzbänke blitzten die Spiegelwände, auf welchen ein extravagantes blaßgrünes netzartiges Gewebe verlief, das in der Bewegung seiner Windungen kreisförmige oder ovale Bruchstücke desselben sich darin spiegelnden Kabinetts einschloß. Diese geometrischen Figuren verschränkten sich so oft ineinander, daß das Auge sich umsonst mühte, ihnen zu folgen, während sie den Geist zu ausgedehnten Spaziergängen ins Imaginäre einluden. Von dort, wo ich unter einem breiten Strauß blendender Glühbirnen saß, sah ich in der Tat eine Art Glastunnel, in den das Licht wie ein Eilzug eindrang.

Ein zweites Kabinett öffnete sich zu meiner Rechten, das ein womöglich noch merkwürdigeres Schauspiel bot, denn statt des funkelnden Abgrunds und der elektrischen Kaskaden, den das erste aufwies, begegnete der Blick dort lediglich der vervielfachten Spiegelung alter Tische, über denen ein gestrenger Kleiderständer aus polierter Eiche wie ein Hirte über seinen Schafen wachte, doch die stumpfwinkligen Spiegel machten aus diesem winzigen Ort ein faszinierendes Labyrinth, dessen Plan nachzuzeichnen ich mich vergeblich bemühte, und bald verirrte ich mich in diesen unzähligen Räumen, die sich einander um die Wette in den Weg stellten und in entgegengesetzte Richtungen zu gleiten schienen, um endlich in einem kunstvollen Durcheinander leuchtender Kanten und blendender Flächen aufeinanderzuprallen.

Sinnloserweise um Logik bemüht, beschloß ich, den Kleiderständer als Anhaltspunkt zu nehmen und mich an ihn zu halten, aber mit findiger Bosheit und in dem offensichtlichen Bestreben, alle meine Erwartungen in eine falsche Richtung zu lenken, war er nie dort, wo mein Auge ihn vermutete. Bald entdeckte ich das zarte Gewirr seiner hölzernen S in der Nähe einer Tür, bald beobachtete mich dieser alltägliche und niederträchtige Gegenstand ironisch zwischen Tischen hervor, oder er bot sich mir als Sechser- oder Achtergruppe dar, ein plumpes, schattenloses Wäldchen vortäuschend. Manchmal wiederum verschwand er ganz, und ich fand ihn in weiter Ferne, mehrere Tage Fußmarsch entfernt, in regenbogenfarbener Einsamkeit aus Rauhreif wieder.

Als ich es aufgegeben hatte, diese geheimnisvollen Launen zu verstehen, genoß ich sogleich die Freuden, die sie mir bereiteten. Ich war bereit, nicht mehr an die Gesetze der Perspektive zu glauben und ihnen für einen Augenblick die unergründlichen Grillen des Kaleidoskops vorzuziehen. Blickte man entschlossen hin, hieß das, sich in die Tiefen einer unerforschten Region zu begeben, in der sich die Ebenen in einem Funkenregen kreuzten, wo sich die parallelen Linien trafen, wie das, laut den Versicherungen der Mathematiker, im Inneren des Unendlichen geschieht. In dieser geometrischen Anarchie entdeckte ich indes Elemente einer ungewöhnlichen Ordnung, die dem Wunsch gehorchte, zu gefallen und zu überraschen. Ich war eine Fliege, die in einem Spinnennetz aus Kristallfäden gefangen war, und wenn ich mich ein bißchen mehr nach links neigte, war ich in einer azurnen Feuersbrunst und konnte glauben, auch ich verstünde es, mich im Licht zu verbergen; und wenn ich mich aufrecht hielt wie gerade eben, entdeckte ich etliche zehn Kleiderständer, die diesen sonderbaren Gast bewachten. Zuletzt, als ich den Blick von der Speisekarte hob, auf der ich mit der Feder einige Aspekte des magischen Dekors festzuhalten versuchte, sah ich aus den Wänden zwanzig schwarzgekleidete Männer treten, die sich zu einem einzigen reduzierten, der einen Teller voll Suppe vor mich hinstellte.

Karl Valentin
Der Hasenbraten

MANN Elisabeth! – Ich hab doch Hunger, was is denn heute mit dem Hasenbraten?

FRAU Der ist noch nicht ganz fertig, aber die Suppe steht schon am Tisch.

MANN *schlürft* Na, die Suppe ist heute wieder ungenießbar.

FRAU Wieso? Dös is sogar heut eine ganz feine Suppn.

MANN Das sagt ja auch niemand, daß die Suppn nicht fein ist, ich mein nur, sie ist ungenießbar, weil s' so heiß ist.

FRAU Eine Suppe muß heiß sein.

MANN Gewiß! Aber nicht zu heiß!

FRAU Ddddd – alle Tage und alle Tage das gleiche Lied, entweder ist ihm d' Suppn z'heiß oder sie ist ihm zu kalt; jetzt will ich Dir amal was sagn: Wenn ich Dir nicht gut genug koch, dann gehst ins Wirtshaus zum Essen.

MANN Dös is gar net notwendig, die Suppn is ja gut, nur zu heiß.

FRAU Dann wartest halt so lang bis kalt is.

MANN Eine kalte Suppn mag ich auch nicht.

FRAU Dann – jetzt hätt ich bald was gsagt.

MANN Ich weiß schon – nachm Essen.

FRAU Jeden Tag und jeden Tag muß bei uns gestritten werden, anders gehts nicht.

MANN Na ja, Du willst es ja nicht anders haben.

FRAU So, bin ich vielleicht der schuldige Teil?

MANN Na, wer denn, hab ich die Suppn kocht?

FRAU Eine kochende Suppe ist immer heiß.

MANN Ja, vielleicht kochst Du s' zu heiß!

FRAU Zu lang? Nein, nein, morgn häng i an Thermometer in Suppentopf nei, damit der Herr Gemahl a richtig temperierte Suppn bekommt.

MANN Eine gute Köchin braucht kein Thermometer zum Suppn kochen.

FRAU Ja ja, nun kommt die spöttische Seite, so gehts ja jeden Tag, zuerst nörgelt er und dann kommt der Spott auch noch dazu.

MANN Was heißt nörgeln. Ich hab doch als Mann das Recht zu sagen, die Suppe ist mir zu heiß.

FRAU Jetzt fangt er wieder mit der heißen Suppn an; es ist wirklich zum Verzweifeln.

MANN Du brauchst nicht zu verzweifeln, Du sollst die Suppe so auf den Tisch stellen, wie sie sein soll, nicht zu kalt und nicht zu heiß.

FRAU Aber jetzt ist sie doch nicht mehr zu heiß!

MANN Jetzt nicht mehr, aber wie Du sie hereingetragen hast, war sie zu heiß.

FRAU Schau, schau, er hört nicht mehr auf, er bohrt immer wieder in dasselbe Loch hinein.

MANN Wieso, was soll denn das heißen?

FRAU Weil Du immer wieder mit der heißen Suppn daherkommst.

MANN Du bist doch mit der heißn Suppn dahergekommen, nicht ich, Du drehst ja den Stiel um.

FRAU Du bist und bleibst ein Streithammel. *Zwischenreden.* Du – nein Du – Horch – *dreimal schnüffeln* – Was riecht denn da so komisch?

MANN Ich hör auch was – da brandelt was –

FRAU Hast vielleicht wieder eine brennende Zigarette auf den Teppich geworfen?

MANN Ich hab ja heute noch nicht geraucht, und wenn ich geraucht hätt, dann hätt ich die Zigarette nicht auf den Teppich, sondern in den Aschenbecher geworfen.

FRAU Ich hab's ja auch nicht behauptet, ich hab ja nur gemeint, und meinen werd ich noch dürfen. Um Gotteswillen, der Rauch kommt ja aus dem Gang!

MANN No, so geh halt naus und schau, was los ist.

FRAU Mein Gott! – Die ganze Küche ist voll Rauch – *macht die Ofentüre auf.* Jessas, der Has ist verbrannt!

MANN Ja ja, bei uns muß ja immer was los sein!

FRAU So! – *kommt aus der Küche auf den Mann zu und zeigt ihm den Braten.* Da schau her, da schau her, da haben wir jetzt die Bescherung! Mit Deiner ewigen Streiterei ist unser ganzes Essen verbrannt.

MANN Mahlzeit! – Und drinnen waltet die tüchtige Hausfrau!

FRAU Wer ist denn schuld? Du! Mit Deinem ewigen Streiten und Nörgeln!

MANN Ich habe nicht gestritten und genörgelt, ich hab ja nur gesagt, daß die Suppe zu heiß ist!

FRAU Jetzt fangt er wieder an mit der heißen Suppn, ich lauf noch auf und davon!

MANN Auf brauchst gar nicht laufen, nur davon! – Genügt mir vollständig.

FRAU Mit lauter Streiten hab ich ganz drauf vergessen und der arme, arme Has' ist jetzt im glühenden Ofenrohr jämmerlich verbrannt. – Essen kannstn nimmer!

MANN Das glaub ich! Aber dem Tierschutzverein werd ichs melden!

Hermann Fürst von Pückler-Muskau
Scarborough, den 21sten

Ich vergaß gestern einer drolligen Geschichte zu erwähnen, die bei Tische erzählt wurde, und gewiß das stärkste Beispiel von Distraktion aufstellte, welches Du, den sich köpfenden Irländer abgerechnet, noch gehört haben wirst. Lord Seaford erzählte von seinem Onkel, dem alten Grafen von Warwick, der schon früher wegen seiner Zerstreutheit berühmt war, daß er einst in einem wichtigen Geschäft von Warwick Castle abends nach London reiste, dieses dort den andern Tag zu seiner Zufriedenheit beendigte und in der Nacht wieder zurückfuhr. Als er in Warwick ankam, fiel er in Ohnmacht. Alles erschrak und frug den Kammerdiener, ob sein Herr schon in London krank gewesen sei. Nein, sagte dieser, er ist ganz wohl, aber ich glaube, Gott verzeih mir, er hat, seit er weg ist, vergessen – zu essen. Dies war auch wirklich der Fall, und ein Teller Suppe, den man sofort seiner Herrlichkeit applizierte, brachte schnell Alles wieder in die gewohnte Ordnung.

Leo N. Tolstoi
Mittagessen

Als ich zum Mittagessen kam, fand ich im Eßzimmer nur Mimi, Katenka, Ljubotschka und St. Jérôme; Papa war nicht zu Hause, Wolodja bereitete sich mit ein paar Kommilitonen in seinem Zimmer aufs Examen vor und hatte sich das Mittagessen hinaufschicken lassen. Überhaupt führte in letzter Zeit größtenteils Mimi den Vorsitz bei Tisch, vor der keiner von uns Respekt hatte, und das Mittagessen verlor viel von seinem Reiz. Es war nicht mehr, wie zu Mamas oder Großmutters Lebzeiten, eine feierliche Handlung, die die ganze Familie zu einer bestimmten Stunde vereinigte und den Tag in zwei Hälften schied. Wir erlaubten uns, zu spät zu kommen, erst beim zweiten Gang zu erscheinen, den Wein aus Wassergläsern zu trinken (wozu uns St. Jérôme selbst das Beispiel gegeben hatte), uns auf den Stühlen herumzurekeln, vor Beendigung des Essens aufzustehen, und andere Freiheiten dieser Art. Seit dieser Zeit hatte das Mittagessen aufgehört, ein tägliches Freudenfest für die Familie zu sein. In Petrowskoje war es ganz anders gewesen; um zwei Uhr saßen alle gewaschen und zum Mittagessen angezogen im Salon, unterhielten sich angeregt und warteten auf die bestimmte Stunde. Genau in dem Augenblick, wo die Uhr im Dienerzimmer mit heiserem

Klang zwei schlug, kam Foka, die Serviette über dem Arm, mit würdevoller und etwas strenger Miene leise herein. »Das Essen ist fertig!« verkündete er mit lauter, gedehnter Stimme, und alle gingen mit frohen, zufriedenen Gesichtern ins Eßzimmer, die Älteren voran, die Jüngeren hinterher, mit den gestärkten Röcken raschelnd und mit den Stiefeln und den Schuhen knarrend, und setzten sich an ihre Plätze. Ganz anders als jetzt war es auch in Moskau gewesen, wenn alle in leiser Unterhaltung vor dem gedeckten Tisch im Saal standen und auf Großmutter warteten, der Gawrilo bereits gemeldet hatte, daß das Essen serviert sei. Plötzlich ging die Tür auf, man hörte das Rascheln eines Kleides und schlurfende Schritte, und Großmutter, in einer Haube mit einer auffallenden lila Schleife an der Seite, kam lächelnd oder finster (je nach ihrem Gesundheitszustand) aus ihrem Zimmer. Gawrilo stürzte zu ihrem Lehnstuhl, Stühle wurden gerückt, ein leichter Schauer lief mir über den Rücken – der Vorbote des Appetits –, ich nahm die feuchte, gestärkte Serviette, knabberte eine Brotrinde, rieb mir voll ungeduldiger Freude und Gier die Hände unter dem Tisch und schaute auf die dampfenden Teller mit Suppe, die der Haushofmeister nach dem Rang, dem Alter und den Weisungen der Großmutter füllte.

Lewis Carroll
Schildkrötensuppe

Schalippe, schaluppe! Seht doch die Suppe,
Die fette! Die grüne! In der Terrine!
Komm, meine Puppe! Riechst du die Suppe?

Die Suppe der Suppen, die herrliche Suppe!
Die Suppe der Suppen, die herrliche Suppe!
Her-r-r-liche Suppe!
Her-r-r-liche Suppe!
Suppe der Suppen,
Herrliche, herrliche Suppe!

Herrliche Suppe! Wem fällt da die Schuppe
Nicht von den Augen? Was kann da noch taugen?
Salz oder Schmalz? Vom Brotlaib die Kuppe?
Sind sie nicht schnuppe, verglichen mit Suppe?
Verglichen mit herrlicher Suppe?
Her-r-r-liche Suppe!
Her-r-r-liche Suppe!
Suppe der Suppen,
Herrliche, herrliche *Suppe!*

Fisch, Schalentiere, Meeresfrüchte

Fricassée vom Steinbutt mit Panaché von Pilzen und Kochsalat

4-6 Portionen

Zutaten:
1 kg Steinbutt mit weißer Haut
und Knochen
500 g Steinbuttknochen
Herz eines englischen Sellerie
$^1/_8$ l Champagner
4 Tomaten
1 Romana-Salat
5 Lauchzwiebeln
400 g Pilze
(Pfifferlinge, Champignons, Steinpilze)
$^1/_2$ l Kalbsfond
Salz, Pfeffer
Pommery-Senf
$^1/_{16}$l Öl

Zubereitung:
Steinbuttknochen mit Sellerie leicht andünsten, mit Champagner ablöschen und mit Kalbsfond auffüllen. Tomaten schälen, entkernen und in Scheiben schneiden. Romana-Salat waschen, putzen und zerreißen (nicht mit dem Messer schneiden, da er sonst braun wird). Pilze putzen, waschen und schneiden. Den Steinbutt in Stücke schneiden, auf der Hautseite kroß anbraten, aus der Pfanne nehmen und warm stellen. Die Pilze in der Pfanne anziehen lassen, Lauchzwiebeln dazugeben, ebenso die Tomaten, dann mit Steinbuttjus auffüllen und mit Pommery-Senf und Gewürzen abschmecken. Den Romana separat anziehen und erst zum Schluß

mit dem Steinbutt zu den Pilzen geben, kurz erhitzen und sofort servieren.

Aal in Rotwein

Zwei Portionen

Zutaten:
400-500 g Aal, abgezogen
Salz, Pfeffer
3 EL Olivenöl

Für die Sauce:
½ TL Zucker
½ TL Estragonessig
1 EL Butter
2 Schalotten in der Schale
1 kleine Stange Lauch (nur das Weiße)
1 englischer Sellerie, gewürfelt
100 g Zwiebeln, gewürfelt
1,25 dl Portwein
5 dl Rotwein
2,5 dl Kalbsjus
2 Champignons, geviertelt
1 Knochlauchzehe, angedrückt
einige Petersilienstengel
10 weiße Pfefferkörner
60 g kalte Butter, in kleinen Stücken
Salz, Pfeffer

Für die Garnitur:
16 kleine neue Kartoffeln
14 kleine Frühlingszwiebeln

Salz, Pfeffer
60 g Butter

Zubereitung:
Den Aal in 4–5 cm große Stücke schneiden, würzen, vor dem Anrichten in heißem Olivenöl anbraten und im 180 Grad heißen Ofen in 8–10 Minuten fertigbraten.
Für die Sauce den Zucker in einer Sauteuse goldbraun karamelisieren und mit dem Estragonessig ablöschen. Die Butter und die Gemüse zufügen und leicht andünsten. Mit dem Portwein ablöschen und um die Hälfte einkochen. Den Rotwein angießen und wieder um die Hälfte reduzieren. Den Kalbsjus, die Champignons und die Gewürze zufügen, rund eine halbe Stunde köcheln lassen; dabei die Pfefferkörner in den letzten 10 Minuten zugeben. Durch ein Tuch passieren, noch einmal aufkochen, die kalte Butter einschwenken oder mit dem Mixstab untermontieren und die Sauce abschmekken.
Die gut gebürsteten Kartoffeln in Salzwasser kochen, abgießen, trocknen und in aufschäumender Butter schwenken.
Das Grün der Frühlingszwiebeln auf 2–3 cm kürzen, die Zwiebeln in Salzwasser blanchieren, abschrecken und abtropfen lassen. Vor dem Anrichten in heißer Butter schwenken.
Aal, Kartoffeln und Frühlingszwiebeln auf warmen Teller anrichten und mit der Sauce umgießen.

Luigi Malerba
Mozziconi und der Hunger

Eines Tages saß Mozziconi im Gras unter einem wilden Weidenbusch in der Nähe des Wassers, das angenehme Frische verbreitete. Mozziconi betrachtete das schöne Grün und den Fluß, der in der Sonne glitzerte.

– Das ist ein wunderschöner Ort und ich bin ein glücklicher Mensch.

Hier gab es weder Staub noch Benzin- oder Teergestank wie dort oben. Wenn er ›dort oben‹ sagte, meinte Mozziconi die Stadt Rom mit ihren verkehrsreichen Straßen und dem vielen Gestank und Lärm. Hier unten lief man nicht Gefahr, von Autos überfahren zu werden; es war angenehm kühl, man konnte den Himmel betrachten und die Vögel, die umherflogen und sich hie und da auf den Weidenbusch setzten.

– Hast du Lust, ein wenig mit mir zu plaudern? fragte das wohlbekannte Vögelchen.

– Nein! sagte Mozziconi, der seinen Frieden haben wollte.

– Weißt du, ich kann von vielen Dingen reden. Du brauchst nur zu sagen, worüber du reden möchtest.

– Über nichts.

– Dann reden wir halt über nichts.

Mozziconi begann zu schnauben.

– Du fällst mir ganz schön auf die Nerven!

Das Vögelchen flog beleidigt weg, weil es sah, daß Mozziconi die Hand nach einem Stein ausstreckte.

– Schade, daß die Fische stumm sind, sagte ein Fischlein und streckte den Kopf aus dem Wasser, sonst würdest du vielleicht ein wenig mit mir pludern.

– Man sagt plaudern, nicht pludern!

– Dann halt plaudern, sagte das Fischlein.

Für Mozziconi waren die Fische schon immer etwas gewesen, was man essen kann, eine schöne Pfanne voll gebackener Fischlein zum Beispiel. Er schloß die Augen und begann sich den Bauch zu kratzen.

Viele Pfannen voll großer und kleiner Fische begannen vor seiner Nase vorbeizuziehen, manche hatten das Maul geöffnet und darin ein Zweiglein Fenchel oder eine Scheibe Zitrone. Zwischen den Fischen gab es auch Pfannen mit gebratenen und gekochten Kartoffeln, die mit Petersilie bestreut waren und auch gebakkene Artischocken und Zucchetti. Die Pfannen und die Fische wurden immer größer, und ihr Duft stieg ihm in die Nase und drang bis in seine Seele.

Mozziconi hatte gelernt, in manchen Situationen so zu tun, als sei nichts geschehen; wenn er aber einmal zu denken begann, so kam ihm oft in den Sinn, wieviel Hunger er in seinem Leben gelitten hatte. Hunger nach gebratenen Fischlein, nach Lammbraten, nach Kaninchen nach Jägerart, nach gekochtem und rohem Schinken, nach napoletanischer Pizza, nach Bohnensuppe, nach Spaghetti alla bolognese und auch einfach Hunger nach Brot. Sehr viel Hunger.

Mozziconi öffnete die Augen. Das Fischlein war noch da und schaute aus dem Wasser.

Warum verschwindest du nicht?

Seit er Rom verlassen hatte, hatte sich Mozziconi daran gewöhnt, allein zu sein und darauf verzichtet, Freunde zu finden. Er hatte entdeckt, daß er plaudern, streiten, lachen, klagen, sich langweilen und sich damit vergnügen konnte über alles nachzudenken, was ihm durch den Kopf ging, ohne irgend jemand anderen nötig zu haben.

Das Fischlein verschwand wortlos im Wasser des Tibers und ließ Mozziconi allein mit seinen Gedanken.

Christian Morgenstern
Fisches Nachtgesang

—

◡ ◡

— — —

◡ ◡ ◡ ◡

— — —

◡ ◡ ◡ ◡

— — —

◡ ◡ ◡ ◡

— — —

◡ ◡ ◡ ◡

— — —

◡ ◡

—

Marcel Proust
Wir gehen zu Tisch

Ein Mann mit ausrasiertem Kinn und Wangen mit Koteletten wie ein Oberkellner gibt in herablassendem Ton Scherze nach Art eines Professors von sich, der die Besten seiner Klasse für die Aufnahme in das Lycée Charlemagne vorbereitet; es ist Brichot von der Sorbonne. Als Verdurin meinen Namen nennt, verrät dieser Brichot mit keinem Wort, daß er Kenntnis von meinen Büchern hat; da regt sich bei mir wieder jener zornige Unmut, den immer die von der Sorbonne gegen uns ins Werk gesetzte Verschwörung in meinem Innern weckt; sogar in dieses so liebenswürdig gastliche Haus, in dem ich gefeiert werde, trägt sie den feindseligen Widerstand gewollten Schweigens hinein. Wir gehen zu Tisch und haben vor uns eine Flucht von Tellern, die nicht mehr und nicht weniger als wahre Meisterwerke des Porzellanmalers sind, jenes Bildners, dessen künstlerischen Insinuationen die angenehm geschmeichelte Aufmerksamkeit des Liebhabers solcher Dinge bei einem deliziösen Mahl am willigsten lauscht – Teller aus der Yung-chêng-Epoche mit kapuzinerfarbenen Tönungen am Rande, mit bläulichen Schattierungen und dem fülligen Blättergewirr der Wasseriris, in wirklich dekorativer Weise von einem morgenrotfarbenen Flug von Fischreihern und Schnepfen durchquert, die genau jene Nuancen des Frühlichts an sich tragen, auf die täglich mein Blick beim Erwachen am Boulevard Montmorency fällt – Meißner Teller auch, die spielerischer wirken in ihrer graziösen Arbeit und mit dem schläfrigen Welken ihrer schon fast violett getönten Rosen, dem dunkelrot gefransten Rand ihrer Tulpen, den Rokokoformen ihrer Nelken oder ihrer Vergißmeinnicht – Sèvresteller mit der feinen Guilloche-Arbeit der weißen, goldliniierten Gitterung, die manchmal auf dem cremefarben ausgesparten Grund des hauchzarten Porzellans tändelnd das Relief eines goldenen Bandes zusammenhält – endlich ein komplettes Tafelsilber mit einer Girlande von Myrten aus Louveciennes, die die Dubarry wiedererkennen würde. Was aber vielleicht eine ebenso große Seltenheit ist, das ist die wirklich ganz hervorragende Qualität der Dinge, die darin aufgetragen werden, aufs sublimste zubereitete Dinge, wie die Pariser – man darf das ruhig laut sagen – auch bei den größten Festessen einem niemals bieten und die mich an gewisse gefüllte Kalbsschnitzel von Jean d'Heurs erinnern. Selbst die Gänseleber hat keinerlei Ähnlichkeit mit dem faden Mus, das man uns gewöhnlich unter diesem Namen serviert; ich kenne nicht viele Stätten, an denen ein schlichter Kartoffelsalat, in dieser Art aus Kartoffeln zubereitet, die die Härte japanischer Elfenbeinkugeln und die Patina jener kleinen Elfenbeinlöffelchen vereinen, mit denen die Chinesinnen Wasser auf den Fisch gießen, den sie gefangen haben, auf den Tisch gebracht wird. In dem Venezianerglas, das ich vor mir habe, entsteht ein reiches Juwelengefunkel aus lauter roten Tönen, hineingezaubert durch einen ganz außergewöhnlichen Léoville, der bei der Versteigerung der Bestände von Monsieur Montalivet erworben worden ist; eine Weide aber fürs Auge und – ich stehe nicht an, es zu sagen – für die Einbildungskraft des Körperteils, den man früher als ›das Maul‹ bezeichnet hat, ist es, wenn eine Barbe hereingetragen wird, die nichts von den etwas unfrischen Barben an sich hat, die selbst auf den luxuriösesten Tafeln erscheinen und auf deren Rükken die Etappen der langen Reise in der Modellierung der Gräten eingezeichnet sind; eine Barbe zudem, die nicht mit dem klebrigen Brei serviert wird, den unter dem Namen einer ›weißen Sauce‹ so viele Küchenchefs produzieren, sondern in Begleitung einer wirklichen ›Sauce blanche‹, die mit Butter zu fünf Francs das Pfund zubereitet ist, wenn man diese Barbe noch dazu auf einer herrlichen Ch'ing-Hon-Platte servieren sieht, auf der in Purpurstreifen das Abendrot sich über ein Meer ergießt, vor dem in drolliger Prozession eine Kette von Langusten einhergeschwommen kommt, deren rauh gekörnte Oberfläche so körperhaft wiedergegeben ist, als habe man die Schalen lebendiger Tiere als Formen dafür benutzt, einer Platte, deren Handgriff durch die Angel eines kleinen Chinesen mit einem Fisch daran gebildet wird, der mit dem Blausilber seines Bauches zu einem wahren Wunderwerk perlmutterschimmernden Farbenspiels wird.

Helene von Nostitz
Bei Borchardt

Der Fremde, der jetzt nach Berlin kommt, lernt selten noch die Atmosphäre der alten Weinstuben kennen, in denen früher die »gute Gesellschaft« verkehrte. Denn die knallroten Tische des Kurfürstendamms, über denen matte japanische Ampeln hängen, während die melancholischen Balalaikas spielen, entsprechen keineswegs der altväterlichen Stimmung jener Lokale.

Bei Borchardt nach dem Theater Austern zu essen, gehörte zu den mondänen Ereignissen, die man mit einem gewissen Schmunzeln als kleine Eskapade buchte. Als ich in meiner frühesten Jugend von meinen Eltern zum ersten Male nach der Oper dorthin mitgenommen wurde, war ich voll gespannter Erwartung. Irgendeine Vorstellung von ungeahnter Pracht und bedenklicher Wollust erfüllte mich. Wie erstaunte ich aber, als wir nun von dem behäbigen Oberkellner einen mit dunklen Stoffen behangenen Gang hindurch geführt wurden. Man zeigte uns hinter düsteren Vorhängen etliche Tische, über die das grelle Licht aus nicht eben geschmackvollen Kronleuchtern niederstrahlte. Keine Musik ertönte. Nirgends war ein Fenster zu sehen. Einige dunkel angezogene Menschen saßen umher.

Auge, Ohr und Nase mußten sich hier bewußt auf das Essen konzentrieren. Keine Zerstreuung durfte diesen Genuß stören, der bis aufs äußerste raffiniert und auserlesen sein würde. Hier hantierte kein spielerischer Kellnerlehrling mit den Schüsseln nach dem Takt einer melancholischen Tanzmelodie. Der ältere Familienvater im Kellnerfrack, den Trauring am Finger, schritt langsam und gemessen einher. Er kannte seine Gäste, wertete sie und streute hier eine Exzellenz, dort eine Durchlaucht aus und irrte sich nie. – Ernst wurden die Austern aufgetragen, zu denen nur ein bestimmter Chablis möglich war. Der Genuß bekam hier ein legitimes Gesicht, das an den Ritus feierlichster Handlungen erinnerte. Man hatte das Gefühl, daß nur nachdenkliche Männer oder Paare, die eine gediegene und lebenslängliche Bindung ins Auge faßten, in diesen chambres séparées Platz nehmen würden.

Die Gespräche, die sich in den Essenspausen entwickelten, waren auch meist ernster Natur. Ab und zu schwebte wohl ein Berliner Witz durch den Raum. Aber es lag kein Wagnis in der Luft. Nie würde sich eine internationale Kurtisane hierher verirren und den Raum lärmend erfüllen. Die Eltern schauten beruhigt auf ihre Töchter, die hier keiner Überraschung ausgesetzt waren. Gegen zwölf Uhr stand meist alles auf und ging nach Hause.

Wenn man wieder ins Freie trat, hatte man eine abgeschlossene Welt verlassen. Der Staatsmann, der Diplomat, der Offizier konnten hier beim Glase Wein ungestört die Tagesfragen erörtern. Taktvoll entschwanden die Angestellten, und die Worte, die sie hörten, wurden nicht weitergetragen. Die Stimmung, die auf diese Weise entstand, hatte etwas von der Verbundenheit, die zwischen wohlerzogenen Menschen herrscht.

Und so waren diese an sich unschönen und uneleganten Räume gleichwohl von einem Stil erfüllt, den wir als den eigentlichen Stil des alten Berlin bezeichnen möchten. Ein Stil, der den äußeren Prunk nicht liebt, wohl aber die gediegene gründliche Beherrschung der Materie, die uns die wohlanständige Betätigung des Geistes ermöglicht. Ein Stil, der die ungebundene Leidenschaft nicht kennt, wohl aber die freundschaftliche Beziehung, die die Zeiten überdauert.

Der Zufall fügte es letzthin, daß ich nach langen, langen Jahren, nach Reisen und Kriegswirren, mit meinem Bruder wieder bei Borchardt saß. Unbekannt, wie wir meinten. Da trat der ergraute Oberkellner auf uns zu: »Ich habe doch die Herrschaften schon früher bedient, wie geht es denn den hochverehrten Eltern?« Und die Stimmung, wie sie immer in diesen Räumen geherrscht hatte, war mit einem Male wieder lebendig. Heute bleibt davon nur noch wehmütige Erinnerung – denn Borchardt ist nicht mehr und wird in dieser Form nie wiederkehren.

N. O. Scarpi
Der beseelte Karpfen

Diese Geschichte hat sich vor etwa siebzig Jahren in dem kleinen Ort Deutschkreuz bei Oedenburg in Ungarn abgespielt und wurde mir von mehreren glaubwürdigen Leuten gleichlautend erzählt.

Die Köchin des Vorstehers der jüdischen Gemeinde brachte einen Karpfen nach Hause; sie legte den lebenden Fisch auf ein Brett und schlug ihn mit einem Beil über den Kopf. Aber sie ließ das Beil sofort fallen, schrie entsetzt auf und rannte in das Zimmer ihres Herrn.

»Kommen Sie schnell, kommen Sie schnell! Der Karpfen hat geweint!«

Der Vorsteher war unwillig über die Störung, aber die Köchin stand so fassungslos vor ihm, daß er mit ihr in die Küche ging.

»Was ist mit dem Karpfen?«

Die Köchin schluchzte: »Ich habe ihn auf den Kopf geschlagen, und da hat er geweint wie ein kleines Kind.«

»Schlagen Sie noch einmal«, befahl der Vorsteher.

Aber die Köchin hob die Hände. »Um keinen Preis!«

Dem Vorsteher war es nicht ganz behaglich, aber ihm blieb nichts anderes übrig, als selbst das Beil zu nehmen. Und da hörte er es auch – der Fisch schluchzte laut auf.

Die Köchin fiel beinahe in Ohnmacht, und der Vorsteher war blaß geworden. Das war auch ohne Aberglauben ein Fall, der seine Kompetenz überschritt.

»Laufen Sie schnell zum Rabbiner!«

Die Köchin lief gern, um nur aus der unheimlichen Nähe des weinenden Karpfens zu gelangen, und es dauerte gar nicht lange, da erschien der Rabbiner.

»Was ist das für eine Geschichte?« fragte er. »Wer hat schon je gehört, daß ein Fisch weint?«

»Sie werden es gleich selber hören, schlagen Sie ihn nur über den Kopf!«

Der Rabbiner fand das unter seiner Würde, die Köchin wäre lieber aus dem Fenster gesprungen, und der Vorsteher hatte auch seine Bedenken, obgleich er doch ein moderner Mensch zu sein hoffte. Zufällig war gerade der zwölfjährige Sohn aus der Schule gekommen, der ließ sich nicht lange bitten, sondern schlug den Karpfen kräftig über den Kopf. Und da – vor vier Zeugen – wiederholte sich der seltsam-schaurige Vorfall: der Karpfen schluchzte auf.

»Sehr merkwürdig«, meinte der Rabbiner, um Zeit zu gewinnen, »sehr merkwürdig! Aber ich bin auf der Spur.«

Die andern sahen ihn mit erwartungsvoller Angst an, doch der Rabbiner ließ sich nicht drängen. Endlich meldete sich vorlaut der Zwölfjährige: »Der Karpfen hat wahrscheinlich noch Luft in sich, und beim Schlagen entweicht die Luft, und das hört sich an als ob . . .«

Aber der Rabbiner winkte mit so energischer Mißbilligung ab, als zwänge man ihn, eine Gotteslästerung anzuhören, und der Vorsteher fand es im Interesse seiner Autorität geraten, seinem Sohn eine Ohrfeige zu verabreichen. Damit war das ehrfurchtsvolle Schweigen wieder hergestellt. Und der Rabbiner begann:

»Diese Sache läßt sich viel natürlicher erklären, als dieser Unwissende meint. Es ist bekannt, daß die Fische sich oft aus dem Wasser schnellen, um Fliegen zu fangen. Aber auch die Seelen der Verstorbenen schweben über dem Wasser. Da hat dieser Karpfen einfach statt der Fliege eine Seele geschnappt. Ist das klar?«

Dem Zwölfjährigen war es nicht klar, aber er verlangte nach keiner zweiten Ohrfeige; der Vorsteher hegte auch vielleicht geheime Zweifel, die er für sich behielt, denn schließlich wußte er ja keine andere Deutung, aber die Köchin war völlig einverstanden und weinte vor Rührung.

Als man wieder nach dem Fisch sah, stellte sich heraus, daß die irrtümlich geschnappte Seele ihn unterdessen verlassen hatte. Der Karpfen lag leblos da, und nichts unterschied ihn mehr von andern Karpfen. Doch da entstand nun ein neues Problem. Konnte man einen Karpfen essen, der einer menschlichen Seele zur Hülle gedient hatte? Der Gymnasiast wäre vielleicht dazu bereit gewesen, aber die andern drei wiesen einen solchen Gedanken weit von sich . . . Noch unmöglicher erschien es ihnen, den Fisch, der eben erst geschluchzt hatte, auf den Mist zu werfen! Der Fall wurde vor die Gemeinde gebracht, und auf den Vorschlag des Rabbiners beschloß man, den Fisch regelrecht zu bestatten. Es wurde also ein Sterbehemd und ein Käppchen zurechtgeschnitten, und der Fisch fand auf dem Friedhof endlich seine Ruhe.

Aber die Geschichte war nicht geheim geblieben und hatte darum noch zwei Nachspiele. Zuerst stellte der Stuhlrichter den Rabbiner und sagte: »Ihr dürft doch niemanden begraben, den ihr nicht auch in die Matrikel eintragt!«

Da führte ihn der Rabbiner in sein Amtszimmer und schlug die Matrikel auf. Und tatsächlich stand in der richtigen Rubrik die klare Eintragung zu lesen: »Ein Fisch.« So mußte sich die staatliche Behörde zufrieden geben. Aber der katholische Geistliche war nicht weniger neugierig.

»Ihr habt den Fisch auf Eurem Friedhof begraben. Woher wußtet Ihr denn, daß es keine katholische Seele war, die der Fisch in sich getragen hat?«

»Nein«, erklärte der Rabbiner bestimmt, »es war eine jüdische Seele, denn als man den Fisch auf den Kopf geschlagen hat, da hat die Seele laut und deutlich ›Oi!‹ gesagt.«

Und so liegt der Karpfen noch heute auf dem Friedhof von Deutschkreuz zwischen den andern Gerechten.

Anton Tschechow
Austern

Ich brauche mein Gedächtnis nicht übermäßig anzustrengen, um mich in allen Einzelheiten an die regnerische, herbstliche Dämmerung zu erinnern: Ich stehe mit meinem Vater auf einer der belebten Moskauer Straßen und spüre, wie allmählich eine seltsame Krankheit sich meiner bemächtigt. Ich habe keine Schmerzen, aber meine Beine knicken ein, die Worte bleiben in der Kehle stecken, der Kopf sinkt kraftlos zur Seite... Ich werde offenbar gleich umfallen und das Bewußtsein verlieren.

Würde ich in diesen Minuten in ein Krankenhaus eingeliefert, so müßten die Ärzte auf meine Tafel das Wort »Fames« schreiben – eine Krankheit, die es in den medizinischen Lehrbüchern nicht gibt.

Neben mir auf dem Bürgersteig steht mein leiblicher Vater in einem abgetragenen Sommermantel, auf dem Kopf eine Trikotmütze, aus der ein Stück weiß schimmernder Watte heraushängt. An den Füßen trägt er große, schwere Gummischuhe. Der eitle Mensch hat aus Angst, die Leute könnten merken, daß er in den Gummischuhen barfuß ist, alte Stiefelschächte über die Waden gezogen.

Dieser arme, etwas beschränkte Sonderling, den ich um so stärker liebe, je abgerissener und schmutziger sein stutzerhafter Sommermantel wird, ist vor fünf Monaten in die Hauptstadt gekommen, um sich eine Stelle als Schreiber zu suchen. Die ganzen fünf Monate ist er durch die Stadt gelaufen und hat um Arbeit gebeten, und heute nun hat er sich das erste Mal entschlossen, auf die Straße zu gehen und zu betteln...

Uns gegenüber steht ein großes dreistöckiges Haus mit einem blauen Schild »Gaststätte«. Mein Kopf ist ein wenig seitlich zurückgebogen, und ich schaue unwillkürlich nach oben, zu den erleuchteten Fenstern der Gaststätte. Hinter den Fenstern huschen menschliche Gestalten vorbei. Man sieht die rechte Seite eines Orchestrions, zwei Öldrucke und Hängelampen... Ich betrachte eines der Fenster und bemerke einen weiß schimmernden Fleck. Dieser Fleck bewegt sich nicht, und mit seinen gradlinigen Konturen sticht er kraß von dem allgemeinen dunkelbraunen Hintergrund ab. Ich strenge meine Augen an und erkenne in dem Fleck ein weißes Schild. Darauf steht etwas geschrieben, aber was, das ist nicht zu erkennen.

Eine halbe Stunde lang kann ich die Augen nicht von dem Schild losreißen. Seine weiße Farbe zieht meine Augen an und hypnotisiert gleichsam mein Gehirn. Ich versuche, es zu entziffern, aber ich bemühe mich vergeblich.

Endlich kommt die seltsame Krankheit zu ihrem Recht.

Der Lärm der Equipagen beginnt mir wie Donner zu erscheinen, ich unterscheide in dem Straßengestank tausend Düfte, die Wirtshauslampen und Straßenlampen werden vor meinen Augen zu blendenden Blitzen. Meine fünf Sinne sind angespannt und überschreiten ihre Grenzen. Ich fange an zu sehen, was ich früher nicht sah.

»Austern«, entziffre ich auf dem Schild.

Ein sonderbares Wort. Ich bin genau acht Jahre und drei Monate auf der Welt, aber dieses Wort habe ich noch nie gehört. Was bedeutet es? Ist es der Name des Inhabers? Aber die Schilder mit den Namen hängt man doch an die Türen und nicht an die Wände!

»Papa, was bedeutet Austern?« fragte ich mit heiserer Stimme, wobei ich mich anstrenge, den Kopf nach der Seite zu drehen, wo mein Vater steht.

Mein Vater hört nicht. Er beobachtet scharf die Bewegungen der Menschenmenge und begleitet jeden Passanten mit den Blicken ... An seinen Augen sehe ich, daß er den Passanten etwas sagen will, aber das fatale Wort hängt wie ein schweres Gewicht an seinen zitternden Lippen und will sich durchaus nicht losreißen. Einem der Passanten folgt er sogar ein paar Schritte und berührt ihn am Ärmel, aber als jener sich umdreht, sagt mein Vater »entschuldigen Sie«, wird verlegen und weicht zurück.

»Papa, was bedeutet Austern?« wiederhole ich.

»Das ist so ein Tier... Es lebt im Meer...«

Im Nu stelle ich mir dieses unbekannte Meerestier vor. Es muß ein Mittelding zwischen Fisch und Krebs sein. Weil es aus dem Meer kommt, bereitet man aus ihm natürlich eine sehr schmackhafte, heiße Fischsuppe mit duftendem Pfeffer und Lorbeerblättern, eine säuerliche Soljanka* mit kleinen Knorpeln, Krebssoße und Fischsülze mit Meerrettich... Ich stelle mir lebhaft vor, wie dieses Tier vom Markt geholt wird, wie es schnell ausgenommen und schnell in den Topf gesteckt wird... schnell, schnell, weil alle essen wollen... schrecklich gern essen wollen... Aus der Küche dringt der Geruch von gebratenem Fisch und von Krebssuppe.

Ich spüre, wie dieser Geruch meinen Gaumen und die Nase kitzelt, wie er allmählich von meinem ganzen Körper Besitz ergreift... Die Gaststätte, mein Vater, das weiße Schild, meine Ärmel – alles hat diesen Geruch angenommen, es riecht so stark, daß ich zu kauen beginne. Ich kaue und schlucke, als hätte ich tatsächlich ein Stück von diesem Meerestier im Mund...

Mir werden die Knie weich von dem Genuß, den ich empfinde, und um nicht zu fallen, klammere ich mich an den Arm meines Vaters und schmiege mich an seinen nassen Sommermantel. Der Vater zittert und krümmt sich vor Kälte.

»Papa, darf man zur Fastenzeit Austern essen, oder sind sie verboten?«

* Stark gewürzte Suppe.

»Man ißt sie lebendig...« erwidert mein Vater. »Sie leben in Schalen wie die Schildkröten, aber... mit zwei Hälften...«

Der leckere Geruch kitzelt plötzlich nicht mehr meinen Körper, und die Illusion verschwindet... Jetzt verstehe ich alles.

»Wie ekelhaft«, flüstere ich, »wie ekelhaft!«

Das also sind Austern. Ich stelle mir ein Tier vor, das Ähnlichkeit mit einem Frosch hat. Der Frosch sitzt in einer Muschelschale, schaut mit großen, glänzenden Augen heraus und bewegt seine abscheulichen Kiefer. Ich stelle mir vor, wie man dieses Tier, das in einer Schale hockt und Krebsscheren, glänzende Augen und glitschige Haut hat, vom Markt holt... Die Kinder verstekken sich alle, und die Köchin verzieht angeekelt das Gesicht. Sie packt das Tier an den Scheren, legt es auf einen Teller und trägt es ins Eßzimmer. Die Erwachsenen nehmen und essen es... essen es lebendig, mit den Augen, Zähnen und Pfötchen! Und es piepst und versucht, ihnen in die Lippen zu beißen...

Ich verziehe mein Gesicht, aber... aber warum fangen denn meine Zähne an zu kauen? Das Tier ist häßlich, widerlich, schrecklich, aber ich esse es, esse gierig und habe Angst, seinen Geschmack und Geruch wahrzunehmen. Ein Tier ist aufgegessen, aber ich sehe schon die glänzenden Augen eines zweiten und dritten... Ich verspeise auch diese... Schließlich esse ich die Serviette, Vaters Gummischuhe, das weiße Schild... Ich esse alles, was mir unter die Augen kommt, weil ich fühle, daß meine Krankheit nur durch Essen vergehen kann. Die Austern blicken mich drohend an, sie sind widerlich, und ich zittere bei dem Gedanken an sie, aber ich will essen! Essen!

»Gebt mir Austern! Gebt mir Austern!« entringt sich meiner Brust ein Schrei, und ich strecke die Hände aus.

»Helfen Sie mir, meine Herrschaften!« höre ich gleichzeitig die dumpfe, bedrückte Stimme meines Vaters. »Ich schäme mich zu betteln, aber – mein Gott! – es geht über meine Kräfte!«

»Gebt mir Austern!« schreie ich und zupfe den Vater am Rockschoß.

»Ißt du denn Austern? So ein kleiner Junge!« Ich höre neben mir lachen.

Vor uns stehen zwei Herren im Zylinder und schauen mir lachend ins Gesicht...

»Du ißt Austern, Bübchen? Wirklich? Das ist interessant! Wie ißt du sie denn?«

Ich erinnere mich, wie ich von einer kräftigen Hand in die erleuchtete Gaststätte geschleppt werde. Einen Augenblick später versammelt sich um mich eine Menschenmenge und schaut mich neugierig und lachend an. Ich sitze am Tisch und esse etwas Glitschiges, Salziges, was nach Feuchtigkeit und Schimmel riecht. Ich esse gierig, ohne zu kauen, ohne hinzuschauen und ohne mich zu vergewissern, was ich esse. Mir ist, als werde ich bestimmt glänzende Augen, Krebsscheren und scharfe Zähne sehen, falls ich die Augen öffne...

Plötzlich kaue ich auf etwas Hartem. Man hört ein knackendes Geräusch.

»Haha! Er ißt die Schalen mit!« Die Menschenmenge lacht. »Du Dummchen, das kann man doch nicht essen!«

Dann erinnere ich mich an einen furchtbaren Durst: Ich liege auf meinem Bett und kann nicht einschlafen vor Sodbrennen und wegen eines seltsamen Geschmacks, den ich in meinem heißen Mund verspüre. Mein Vater geht aus einer Ecke in die andere und gestikuliert mit den Händen.

»Ich habe mich anscheinend erkältet«, murmelt er. »Ich habe so ein Gefühl im Kopf... als ob jemand drinsitzt ... Aber vielleicht ist es deshalb, weil ich heute nicht ... sozusagen ... nicht gegessen habe ... Ich bin wirklich irgendwie sonderlich und dumm ... Sehe, daß diese Herrschaften für die Austern zehn Rubel bezahlen, warum bin ich nicht an sie herangetreten und habe um etwas Geld gebeten ... leihweise? Sie hätten es mir sicher gegeben.«

Gegen Morgen schlafe ich ein und träume von einem Frosch mit Krebsscheren, der in einer Muschel sitzt und seine Augen spielen läßt. Mittags wache ich vor Durst auf und suche mit den Augen den Vater: er läuft immer noch herum und gestikuliert ...

Hauptgericht

Rinderfilet im ganzen geschmort, mit Steinpilzen gefüllt

Vier Portionen

Zutaten:
1 Filetherz à ca. 600 g
100 g schwarzer Trüffel
(eingelegter Périgord)
300 g Steinpilze
5 Schalotten
80 g Butter
1 Handvoll glatte Petersilie
Salz
frisch gemahlener weißer Pfeffer
Bindfaden
1/8 l Sonnenblumenöl
1/4 l Kalbsjus
1 kleines Glas Madeira

Für den Kalbsjus:
400 g Kalbsabschnitte
1 Staudensellerie
5 Schalotten
1 ganze Tomate
20 g Tomatenmark
Meersalz
Lorbeer
Wacholder
Nelke
1/8 l Champagner
1/8 l Madeira
Wasser

Zubereitung:
Das Rinderfilet an beiden Enden so aufschneiden, als sollte je eine dünne Tranche abgeschnitten werden, dabei aber nicht durchschneiden. Hochgebunden verhindern diese Scheiben später das Auslaufen der Füllung. Mit Hilfe einer Spicknadel oder eines Filiermessers der Länge nach ein Loch in das Rinderfilet bohren. Schalotten fein würfeln, geputzte Steinpilze zugeben und mit der Petersilie zu einer Duxelles verarbeiten. Die Pilzmasse mit dem Spritzsack in das Filet füllen.
Rinderfilet binden und unter ständigem Drehen medium garen. Den Bratensatz in der Pfanne mit Madeira ablöschen, schwarzen gehackten Trüffel zugeben, mit Kalbsjus auffüllen und abschmecken.

Kalbsbries Rumohr

Vier Portionen

Zutaten:
500 g Kalbsbries
Salz, weißer Pfeffer aus der Mühle
1 Zitrone
400 g Lauch
1 dl Crème double
1 Eigelb
4 frische schwarze Trüffeln à 30 g
1 dl Madeira
4 Scheiben frische Gänseleber à 50 g
50 g Butter
1 TL Cognac
4 Scheiben Parmaschinken

Für den ausgezogenen Strudelteig:
250 g Mehl
2,5 cl Öl
$^1/_8$ l Wasser
1 Ei
Salz

Für die Champagnersauce:
1 dl stark reduzierter Geflügelfond
1 dl Noilly Prat
1 dl Champagner brut
12 zerdrückte grüne Pfefferkörner
1 Schalotte
2 dl Crème double
100 g Butter
Trüffelfond

Gerät:
1 schwere Kupferpfanne,
1 Kasserolle, Backblech

Vorbereitung:
Bries: Am Vortag die gewässerten Briesrosen in kaltes Salzwasser geben und zum Aufwallen bringen, ca. 10 Minuten ziehen lassen. Anschließend unter kaltem, fließendem Wasser abschrecken und danach das Bries von sämtlichen knorpeligen und häutigen Teilen säubern. Zwischen zwei Teller legen, mit einem Gewicht beschweren und über Nacht pressen.
Am Tag selbst das Bries in 50 g schwere Medaillons schneiden, leicht mit Salz, Pfeffer und Zitronensaft marinieren.
Lauch: Das Grüne vom Lauch in feinste Streifen schneiden, zweimal in viel Wasser waschen und danach in ko-

chendem, stark gesalzenem Wasser ca. 2 Minuten überbrühen. Auf einem Drahtsieb im Eiswasser abschrecken, auf ein Haarsieb schütten und in einer Serviette gut ausdrücken.
In einer Kasserolle mit dickem Boden 1 dl Crème double zur Hälfte einkochen lassen, die blanchierten Lauchstreifen beigeben und einmal kräftig aufkochen lassen. Von der Herdplatte nehmen, mit Eigelb binden – nicht mehr kochen lassen. Kalt stellen.
Trüffeln: Die gebürsteten und gewaschenen Trüffeln in ca. 1 cm dicke Scheiben schneiden und mit 1 dl Madeira ca. 3 Minuten dünsten. Den gewonnenen Trüffelsud abschütten und für die Sauce zurückstellen.
Gänseleber: Die frische Gänseleber in ca. 50 g schwere Scheiben schneiden – möglichst in gleicher Form wie das Bries – und in heißer geklärter Butter ganz rasch und kurz auf beiden Seiten anbraten.
Aus der Pfanne nehmen und mit einigen Tropfen Cognac beträufeln. Leicht mit Salz und Pfeffer bestreuen.
Strudelteig: Aus den genannten Zutaten auf einem unbemehlten Brett einen halbweichen Teig kneten, bis dieser sich von den Händen löst und glatt ist. Nun den Teig auf ein bemehltes Brett oder einen Teller legen, die Oberfläche mit Öl bestreichen – damit sich keine Haut bildet – und etwa 30 Minuten ruhen lassen. Den ausgeruhten Teig auf einem bemehlten Tuch zu einem rechteckigen Fleck ausrollen und nach allen Seiten mit der Hand so dünn wie möglich ausziehen. Man greift dazu mit dem bemehlten Handrücken der einen Hand unter den Teig und beginnt mit der anderen, immer von der Teigmitte ausgehend, in Richtung Tischkante vorsichtig zu ziehen.
Der hauchdünn ausgezogene Strudelteig wird in Quadrate zu 20×20 cm eingeteilt und jedes Quadrat in

Randnähe mit einer hauchdünn geschnittenen Scheibe Parmaschinken belegt. Das Bries, die Trüffelscheiben und die Gänseleber darauflegen und mit ca. 50 g Lauchgemüse oben und seitlich bedecken. Der Parmaschinken wird darübergeklappt. Das Ganze vorsichtig zweimal in den Teig rollen. Der überflüssige Teig wird abgetrennt, die Teigenden werden mit Ei bestrichen und dann nach unten eingeschlagen. Im vorgeheizten Backofen (220 Grad) 35 Minuten backen.
Sauce: In einer schweren Kupferpfanne werden in der Zwischenzeit der Geflügelfond, Noilly Prat, $1/2$ dl Champagner, die zerdrückten Pfefferkörner und die gehackte Schalotte bis zur Dickflüssigkeit eingekocht. Man gibt die Crème double hinzu und kocht alles zu einer sämigen Sauce. Dann wird, nachdem man den Topf von der Herdplatte genommen hat, die Butter hineingeschlagen und der restliche Champagner sowie der Trüffelsud dazugegeben. Nicht mehr kochen lassen, abschmecken.

Anrichten:
Das fertiggebackene Bries auf tiefen, vorgewärmten Tellern anrichten und mit der Champagnersauce übergießen.

Heinrich Heine
Der tugendhafte Hund

Ein Pudel, der mit gutem Fug
Den schönen Namen Brutus trug,
War vielberühmt im ganzen Land
Ob seiner Tugend und seinem Verstand.
Er war ein Muster der Sittlichkeit,
Der Langmut und Bescheidenheit.
Man hörte ihn loben, man hörte ihn preisen
Als einen vierfüßigen Nathan den Weisen.
Er war ein wahres Hundejuwel!
So ehrlich und treu! eine schöne Seel!
Auch schenkte sein Herr in allen Stücken
Ihm volles Vertrauen, er konnte ihn schicken
Sogar zum Fleischer. Der edle Hund
Trug dann einen Hängekorb im Mund,
Worin der Metzger das schöngehackte
Rindfleisch, Schaffleisch, auch Schweinefleisch packte. –
Wie lieblich und lockend das Fett gerochen,
Der Brutus berührte keinen Knochen,
Und ruhig und sicher, mit stoischer Würde,
Trug er nach Hause die kostbare Bürde.

Doch unter den Hunden wird gefunden
Auch eine Menge von Lumpenhunden
– Wie unter uns – gemeine Köter,
Tagdiebe, Neidharde, Schwerenöter,
Die ohne Sinn für sittliche Freuden
Im Sinnenrausch ihr Leben vergeuden!
Verschworen hatten sich solche Racker
Gegen den Brutus, der treu und wacker

Mit seinem Korb im Maule nicht
Gewichen von dem Pfad der Pflicht. –

Und eines Tages, als er kam
Vom Fleischer und seinen Rückweg nahm
Nach Hause, da ward er plötzlich von allen
Verschwornen Bestien überfallen;
Da ward ihm der Korb mit dem Fleisch entrissen,
Da fielen zu Boden die leckersten Bissen,
Und fraßbegierig über die Beute
Warf sich die ganze hungrige Meute –
Brutus sah anfangs dem Schauspiel zu,
Mit philosophischer Seelenruh;
Doch als er sah, daß solchermaßen
Sämtliche Hunde schmausten und fraßen,
Da nahm auch er an der Mahlzeit teil
Und speiste selbst eine Schöpsenkeul. –

Moral

Auch du, mein Brutus, auch du, du frißt?
So ruft wehmütig der Moralist.
Ja, böses Beispiel kann verführen;
Und, ach! gleich allen Säugetieren,
Nicht ganz und gar vollkommen ist
Der tugendhafte Hund – er frißt!

Der Mann, der zum Essen kam

Man erzählt sich von einem Juden, der bei einem Verwandten im Dorf zum Essen geladen war. Dort setzte er sich zu Tisch, und man setzte ihm ein gebratenes Hähnchen vor und gebackene Kartoffeln und gekochte

Mohrrüben und Sauerkraut und verschiedene Gemüse und zum Nachtisch Pastete und Kirschkuchen, und zum Trinken gab es Apfelsaft und Wein und heißen Tee. Der Mann sprach den Segensspruch über die Speisen und segnete auch die Hausfrau für ihre Mühe. Danach ging er schlafen.

In der Nacht, als er zu Bett gegangen war, sagte er sich: Warum sollte ich aus diesem Paradies so schnell wieder heimkehren in die Stadt? Die Luft ist gut, die Gegend ist schön und das Essen köstlich. Ich werde noch ein wenig bleiben.

Er verweilte noch einen Tag und dann noch einen und auch einen dritten und vierten, und jeden Tag schlachtete man für ihn ein Huhn oder ein Hähnchen, sein Bauch wurde immer runder und seine Wangen rot. Es vergingen zwei Wochen und auch drei, und die Hausfrau begann sich bei ihrem Mann zu beklagen und sagte: »Mein Mann, wie lange wird dein Verwandter uns noch zur Last fallen? Wir haben schon bald keine Hühner mehr und auch keine Eier.« Doch der Bauer erwiderte: »Frau, was soll ich denn tun? Es ist mein Verwandter, und es wäre unhöflich, ihn zur Abfahrt zu drängen. Gott erbarme sich unser.«

Als der Gast nach einem Monat noch immer keine Anstalten machte, abzureisen, sagte der Bauer zu ihm: »Teurer Verwandter, du warst uns ein gern gesehener Gast, und wir haben dich mit Freuden unter unserem Dach aufgenommen, aber in unserem Hühnerstall ist nicht ein einziges Hähnchen verblieben.«

Als der Gast das hörte, dachte er sich im stillen: Wozu soll ich hier bleiben, wenn keine Hühner mehr da sind? Und er sagte zu seinem Gastgeber: »Teurer Verwandter, morgen werde ich mit Gottes Hilfe abreisen.«

Schon im Morgengrauen am nächsten Tag klopfte

der Bauer an die Tür seines Gastes und rief: »Teurer Verwandter, erwache, denn der Hahn hat schon gekräht!«

Der Gast schlug die Augen auf und rief freudig aus: »Was höre ich? Ist euch noch ein Hahn geblieben? Wenn dem so ist, mein teurer Verwandter, bleibe ich noch.«

George Grosz
Hunger

Nur ganz wenigen Männern und Frauen außer vielleicht ein paar Heiligen ist es gegeben, ohne Nahrung leben zu können. Wir gewöhnlichen Sterblichen müssen essen, womöglich dreimal am Tage. Darin sind wir eben Tiere – und der Geist ernähret uns ja bekanntlich nur zu einem Viertel. Je hungriger nun ein Mensch ist, desto mehr träumt er, und zwar immer denselben Traum: von gutem und fettem Essen. In der ärztlichen Fachsprache nennt man diese Wachträume Hungerphantasien. Sie sind der Ursprung der Idee vom Schlaraffenland, wo Milch und Honig fließen und kühler Rheinwein dem Gebirge aus Schweizer Käse entspringt, wo goldene Butterhügel einladend leuchten und rosinengefüllte Kuchenberge warten, wo die Hühner und die Spanferkel schon gebraten herumlaufen, die Bratwürste vom Baum hängen und du nur den Mund aufzumachen brauchst, damit die gebratenen Tauben von selbst hineinfliegen. An solchen Hungerphantasien litten wir damals alle. Sahen wir die schönen Dinge in den Fenstern der Delikatessengeschäfte, so wischten wir uns erst einmal die gierigen Augen aus: war der gespickte Hasenrücken vielleicht wieder nur eine Fata Morgana, wieder nur eine papierne, von unserer Phantasie mit Saft erfüllte Attrappe? Es ging zu wie auf einem Bilde des Bauernbreughel.

Bevor ich weitererzähle, muß ich hier einfügen, daß die Zeit auch insofern mittelalterlich war, als es damals Zauberer unter uns gab, richtige schwarze Magier im Besitz einer der Allgemeinheit verschlossenen Kunst. Nicht nur, daß sie Kraft über die Materie hatten und Dinge geheimnisvoll von einem Ort zum anderen schaffen konnten; sie konnten Büchsenmilch, Schokolade, Zucker, Kostbarkeiten, die wir nur noch vom Hörensagen kannten, sowohl hervorzaubern als auch ebenso schnell wieder verschwinden lassen. Sie hatten die allen Zauberern eigene Gabe, sich, aber vor allem die schönen, verführerischen Dinge unsichtbar zu machen.

Durch Zufall lernte ich eines Mitternachts – es schlug gerade zwölf – so einen Zauberer kennen. In der bürgerlichen Welt war er ein Koch. Alle Gespräche drehten sich damals ums Essen: beim Frühstück (Kohlrübenkaffee und kunsthonigbeschmierte, graugrüne Schrippe) sprach man vom Mittagessen, und beim Mittagessen (Kohlrübenkoteletts, Muschelpudding und Kohlrübenkaffee) vom Abendbrot (Muschelwurst, graugrüne Schrippe mit Kunsthonig und kalter Kohlrübenkaffee). So schlicht und einfach unser Menü auch war, so fehlte ihm doch mancherlei und das belebte wiederum die Phantasie. Ich erzählte also meinem neuen Freunde sehr eindringlich, wie mir so zu Mute sei und wie der Kunsthonig einem die Eingeweide zerkratze. Als ich ihm aber auch noch das mißvergnügte Knurren meines Magens vorführte, da meinte er ganz einfach, ich äße eben nicht die richtigen Sachen.

Wie alle Magier hatte er eine symbolisch-poetische Art zu sprechen. Er sagte: weil ich ihm sympathisch sei und auch ein Künstler, könne mir geholfen werden. Das Dumme bei all diesen Dingen sei die unbefriedigte Phantasie. Wirkliche Würste und Schinken seien eben doch anders als ausgedachte und auch gemalte (ich erzählte ihm von vergeblichen Versuchen, die ich in dieser Richtung gemacht) könnten die Phantasie nicht restlos zufriedenstellen. Ich höre noch das teuflische Lachen dieses Zauberers, den ich immer noch für einen Koch hielt: »Haha, mein Lieber, wenn Du Dir einen Schinken in Burgunder malst und kannst Dir hinterher kein saftiges Stück davon abschneiden, was bedeutet dann all Deine Kunst? Sieh mal«, sagte er, und wir tranken noch zwei doppelte Kirsch, »sieh mal, ich werde Dich jetzt gleich wohin mitnehmen, wo nicht nur ein Schinken wächst!« Ich besinne mich noch, er sagte deutlich »wächst« – was seltsam mittelalterlich klang. »Ich werde Dir jetzt gleich – wir nehmen ein Taxi«, fügte er ein; »ja, ich werde Dir das Schlaraffenland zeigen – und nicht abgemalt«, schloß er, mich ein bißchen höhnisch anzwinkernd.

Draußen regnete es. Es war längst zwei Uhr vorbei. Der schläfrige Portier hielt seinen Schirm über uns, öffnete nach Empfang von einigen Millionen den Wagenschlag und warf ihn mit einem »Sehr verehrte Nachtruhe, Meister«, hinter uns ins Schloß. Wir fuhren los. »Ich lasse lieber die Vorhänge runter«, hörte ich den Zauberer noch sagen . . .

Ich muß dann ein wenig geduselt haben. Als ich aufwachte, hielten wir vor einem jener gesichtslosen Häuser irgendwo im Neuen Westen. Laternen brannten keine; es war gerade wieder mal Gas- oder Elektrizitätsstreik. Kein Mensch war zu sehen. Es regnete nun in Strömen, aber die paar doppelten Kirsch, die ich eingenommen hatte, erwärmten mich innerlich. Man hatte den Eindruck eines ganz unbewohnten Hauses. Max – so hieß mein neuer Freund – förderte aus seiner hinteren Hosentasche einen riesigen Hausschlüssel zutage. In der Portierloge regte sich nichts. Eine Katze miaute, kam näher, sträubte aber plötzlich die Haare, fauchte uns mit phosphorglühenden Augen an und verschwand kläglich jaulend im Dunkeln.

»Verdammtes Biest! Hier, halte mir mal den Fünfminutenbrenner«, sagte der Zauberer, mir eine Schachtel mit den kleinen Wachsstreichhölzern zusteckend, die eigentlich schon außer Mode waren. Das Holz, das ich mit der Hand schützte, flackerte auf, und ich sah die Silhouette seines Schattens, als er versuchte, das quietschende Schloß aufzuschließen. »Muß mal geölt werden«, sagte er.

Herrgott, dachte ich, angenehm, aber ein wenig unheimlich berührt, das ist ja wie bei E. T. A. Hoffmann! Ich dachte an eine Geschichte, die mir als Kind der dicke Willi erzählte, der in unserer Kegelbahn im Stolper Freimaurerhaus die Kegel aufsetzte: Eines Nachts, als nur noch ein paar Logenbrüder zusammen mit dem Meister vom Stuhl eine Ente auskegelten, da war auf einmal zwischen den anderen Kugeln eine angerollt gekommen, die hatte ausgesehen wie ein Totenschädel und ganz grünlich geleuchtet. Und als er sie dann in großer Angst aufheben wollte, war es eine ganz gewöhnliche, aber viel leichter als die anderen – und hinterher, sagte der dicke Willi, war dann tatsächlich eine Kugel mehr dagewesen … Komisch, dachte ich in jener Nacht, vielleicht ist das auch eine Kegelbahn, wo wir jetzt hinkommen, und wir kegeln einen Schinken aus! Mir lief ordentlich das Wasser im Munde zusammen. Donnerwetter, ach du mein Gott im Himmel – jetzt ein schönes, saftiges Stück Schinken, braucht gar nicht einmal in Burgundersauce zu liegen …

Der Zauberer hatte mittlerweile geöffnet. »Mach leise«, sagte er, »muß niemand hören, daß wir raufgehn – gib acht auf die Stufen da, die Treppenläufer sind abgenommen. Nein, kein Licht, wir können so sehen –.«

Wir gingen vorsichtig nach oben. Ich hielt mich an dem dicken, geschnitzten Geländer fest; gegen die Butzenscheibenfenster an den Treppenwendungen schlug der Novemberregen. Ich hatte das Gefühl, in einem verwunschenen Berg hinaufzusteigen. Es wurde plötzlich enorm gemütlich. Wenn so die Zauberer wohnen, dachte ich mir – tadellos, tadellos. Wir stiegen noch ein paar Stufen hinan und landeten auf einem Treppenabsatz vor einer großen, verschnörkelt geschnitzten Holztüre mit Milchglaseinsätzen. »So, nun kannst Du wieder leuchten«, sagte der Zauberer. »Von hier sieht uns niemand.«

Das Geheimnisvolle wunderte mich keineswegs. Das gab es damals bei uns allen, denn die Gesetze waren so zahlreich und täglich neu, daß jedermann mehr oder weniger zum Gesetzesübertreter wurde, ohne es zu wollen oder auch nur zu wissen. Auch ein Zauberer, dachte ich mir, hatte wohl seine Gründe. Inzwischen hatte mir Max nämlich von sich erzählt, daß er mit geheimen Kräften zu tun habe und in Verbindung stehe... »Ja«, sagte ich, »wenn Du das kannst, dann bist Du ja ein Zauberer!«

»Bin ich auch, bin ich auch«, sagte er.

Die Tür ging wie von selbst auf. Mein Fuß stieß an ein Faß. Als ich auf des Zauberers Geheiß das Licht andrehte, griff ich in etwas widerstandsfähig Weiches, so wie wenn man unversehens an einen Mehlsack faßt – und genau das hatte ich denn auch getan. Sobald das Licht brannte (es brannte trotz des Streiks), sah ich, wo ich war...

Die große Eingangstür war ganz verdeckt von drei starken, bläulichen Eisenblechplatten; drei armdicke Eisenriegel sicherten sie gegen unerwünschte Gäste, die hier etwa ohne Erlaubnis einzudringen versuchten. Denn, so erklärte mir der Zauberer, er hatte nur bedingte Macht über Menschen, weniger als über Dinge – das sei so in seinem Vertrage mit festgelegt, sagte er, wobei er mich von der Seite ansah. Also wo war ich? In einem der alten Häuser des Berliner Westens, aber daran erinnerte hier wenig. Ich hatte recht gefühlt, als ich mit der Fußspitze gegen ein Faß zu stoßen glaubte. Nur war es nicht ein Faß, sondern eine doppelte Fässerreihe, und auf den Fässern standen friedlich und gemütlich zwei Reihen kleinerer und größerer Säcke voll Zucker und Mehl... Auf der anderen Seite sah ich Kisten. Hübsch ordentlich war es in diesem Zauberberge; die Gehilfen des Zauberers hatten jede Ecke ausgenutzt und alle Kisten, mathematischen Gesetzen folgend, der Größe nach übereinander gebaut. Bis an die Decke ging das: getrocknete Pflaumen, getrocknete Trauben – bunte, gedruckte und nett aufgeklebte Bilder erzählten, oft in fremder Sprache, von dem leckeren und nützlichen Inhalt dieser Kisten und Behälter.

»Da ist Schmalz drin«, sagte der Zauberer, auf eine Reihe verlöteter Blechbüchsen zeigend, »aber ich koche oder brate nie mit Schmalz. Hier ist schließlich mehr Butter, als man essen kann.«

Durch die angelehnte Tür sahen wir in den nächsten Raum, das sogenannte Berliner Zimmer, wo kleinere Fäßchen mit der Aufschrift »Prima Molkereibutter« standen.

»Die anderen Zimmer sind schon viel zu voll. Man weiß gar nicht, wohin mit allem. Das Geld ist ja doch nischt wert, da mußten wir sogar noch diesen Korridor zu Hilfe nehmen –«

Wir gingen durch den engen Gang in das Berliner

Zimmer. Rechts und links von uns waren Kisten, Eimer mit Marmeladen, riesige Einmachgläser mit Tomaten, Gurken und Delikatessen, blaue, russisch beschriftete Blechbüchsen mit Kaviar, aufgestapelt bis an die Decke, wenn überhaupt noch so etwas wie eine Decke zu sehen war. Denn wie Früchte oder Stalaktiten hingen da Hunderte von Würsten: rote Zervelatwürste mit den Schildchen ihrer aristokratischen Herkunft den Schlächter nennend, Rügenwalder Mettwürste, fettglänzend und fröhlich, Reihen ausgetrockneter, ehrwürdiger Landjäger – Wurst neben Wurst, zu Hunderten. Und nicht nur Würste hingen da; nein, neben der kugeligen Zungenwurstreihe sah man Hunderte von Speckseiten, durchwachsen, undurchwachsen, oder den von der Räucherkohle schwarzen Speck, der aus dem Schwabenlande kommt. Da hingen alle Sorten Schinken, vom glatten, wurstartigen Lachsschinken bis zum übergroßen, katengeräucherten Westfälischen ... Wahrhaftig – hier paßte der Ausdruck: wahrhaftig nicht sattsehen konnte man sich, und ich faßte schnell einmal meine Nase, in der ein angenehm prickelnder Geruch von geräuchertem Schinken war, um zu sehen, ob ich all dies nicht etwa träume.

Ich träumte nicht. Ich sah mehrere richtige, unangeschnittene Schweizerkäse in der Ecke stehen, so groß wie Wagenräder. Der Kronleuchter war abgeschraubt; nur eine einzige Glühbirne ohne Schirm hing da oben, und ein paar altertümliche Lehnsessel mit roten Samtbezügen und Troddeln an den Seiten standen noch herum. Aber die paßten schlecht herein und waren wohl zurückgelassen worden, ehe der Zauberer einzog. Die Fenster waren, soweit nicht die Kisten, Säcke, Kannen, Eimer und Pakete die Aussicht versperrten, durch Rolläden und extra dicke Samtvorhänge gegen jede Einsicht von außen abgeschlossen. Die Reste einer ehemals behaglich bürgerlichen Wohnung aus den Achtzigerjahren gaben einem irgendwie den Eindruck, als sei der eigentliche Besitzer allmählich von Kisten, Säcken, Eimern, Kannen und Paketen Fuß um Fuß zurückgedrängt und schließlich erdrückt worden – vielleicht unter dem Sack da, oder von jenem enormen rotlackierten Käse – oder am Ende gar inmitten all dieser Schätze verhungert...

Wir hungerten nicht. Nachdem mich der Zauberer durch die ganzen vierzehn Zimmer mit Küche und Kammer geführt und ich mich auf dem Rand einer etwas hervorstehenden Kiste niedergelassen hatte, verschwand er einen Augenblick und kam mit einem ungewöhnlich großen, nagelneuen Messer wieder. Es glänzte richtig im Reflexlicht der Glühlampe. Dann sagte er: »Wer hier hereinkommt, muß von meinem Wunderschinken kosten. Du bist keine Ausnahme. Und wenn Du einmal davon gekostet hast, wirst Du nicht ruhen und nicht rasten, bis Du einen ganzen besitzt – und dann mehrere, und schließlich« – dabei verklärte sich sein Gesicht ganz unheimlich – »ja, ja, vielleicht eines Tages alle Schinken der Welt!« Er sah mich mit zusammengekniffenen Augen an und schnitt ein handtellergroßes Stück ab.

»Einmal davon gekostet – ja, ja, das ist der Fluch – lang mal da hinter Dich – nein, mehr rechts, gleich neben der Kiste Trockenmilch – da. Gib sie rüber, die Flasche. Siehst Du, das ist nämlich der Geist, der zum Schinken gehört: klarer Wacholderschnaps...«

Ich brachte die riesige Steinkruke mit den Spinnweben daran und stellte sie auf den Tisch, auf dem bereits zwei Schnapsgläser standen. Der Zauberer füllte beide, gab mir meines, nahm seines in die Hand, führte es unter die Hakennase und roch daran. Dann hob er das Glas: »Prost, mein Lieber – es lebe das Schlaraffenland!« –

Ich traf meinen Freund noch häufig, doch wollte er nie mehr etwas von jenem Abend wissen. Gab es vielleicht Zauberer, die größer und mächtiger waren als er? Etwas quälte ihn. Auch gestand er mir einmal, seine magische Kraft, seine Anziehungskraft und Befehlsgewalt über die Kisten und Kannen und Würste und Schinken habe leider bedenklich nachgelassen. Als ich ihn das letzte Mal sah, war er müde und mißmutig, gar nicht mehr der alte, und erschien mir wieder mehr als ein gewöhnlicher Koch. Er nahm mir noch das heilige Versprechen ab, niemandem, auch nicht meiner Frau, von jener Nacht im Schlaraffenland zu erzählen.

Ich habe mein Versprechen gehalten. Die Geschichte ist hier zum ersten Mal erzählt worden. Der Koch ist lange tot, dreißig Jahre sind vergangen, und Hungerphantasien in Berlin gehören selbstredend der Vergangenheit an.

Daniel Defoe
Robinson Crusoes Speisekarte

Mai 4. Ging ich aus aufs Fischen, fing aber keinen Fisch, den ich zu essen trauen durfte. Endlich, da ich dieser Lust überdrüssig und eben fortgehen wollte, bekam ich einen jungen Delphin. Ich hatte mir eine lange Schnur von Fäden eines ausgedreheten Taues gezwirnt, aber keine Haken darzu. Demungeacht fing ich öfters Fische genug, so viel ich nur essen mochte. Alle diese dörrete ich an der Sonne und aß sie getrocknet.

Mai 5. Ich arbeitete am Wrack, sägete noch einen Querbalken entzwei und brachte drei tannene Bretter von den Verdecken herab, band sie zusammen und ließ sie mit der Flut ans Land treiben.

Mai 9. Heute arbeitete ich mit dem Hebeisen in das Inwendige des Wracks hinein, fühlte etliche Fässer, machte sie mit dem Hebeisen los, konnte sie aber nicht erbrechen. So fühlte ich auch die Rolle englisches Blei und konnte sie bewegen, aber sie wegzubringen, war vor mich zu schwer.

Mai 10. 11. 12. 13. 14. Alle Tage ans Schiff, und holte viele Balken, Sparren, Dielen, Bretter und zwei bis drei Zentner Eisen.

Mai 16. Diese Nacht hatte es hart gewehet, und das Wrack schien durch die Gewalt des Wassers noch mehr zertrümmert. Ich selbst zögerte so lange im Walde, um Tauben auf meine Tafel zu bekommen, daß mich die Flut übereilte und ich heute gar nicht ans Schiff konnte.

Mai 17. Erblickte etliche Trümmer von dem Wrack, so ans Land geschmissen worden, aber bei zwei englische Meilen weit von mir. Ich wollte gleichwohl sehen, was für welche es seien, und befand, daß es ein Stück vom Vorderteil, aber vor mich zu schwer, daß ichs nicht fortbringen konnte.

Mai 24. An jedem dieser Tage bis heute arbeitete ich am Wrack und brach mit vieler Beschwerde etliche Sachen wieder mit dem Hebeisen los, daß bei erster starker Flut verschiedene Fässer und zwo Matrosenkisten ans Ufer getrieben. Weil aber der Wind vom Land abstund, gelangte heute nichts gar an den Strand heraus, außer etwas Holz und ein Oxhöft mit eingesalzenem brasilianischen Schweinefleisch, so aber vom Salzwasser und Sand verdorben.

Mit dieser Arbeit fuhr ich täglich fort bis zum 15ten Junii, außer daß ich auch vor den Magen sorgte und deswegen auf die Jagd ging, aber es allemal so einrichtete, daß ich bei der Ebbe fertig wäre, an das Wrack zu gehen. Nunmehr hatte ich Balken, Bretter und Eisenwerk genug, ein gutes Boot zu zimmern, wann ich nur die Kunst gewußt. Überdem bemächtigte ich mich auch zu unterschiedlichen Malen und in verschiedenen Stücken von dem Blei bei 100 Pfund.

Junii 16. Fand ich im Hinabgehen nach der Wasserseite eine große Seeschildkröte. Dies war die erste, so ich hie sah, woran aber bloß mein Unstern, nicht aber ihre Seltenheit an diesem Ort schuld gewesen; und hätte ich, so ich mich auf der andern Seite der Insul niedergelassen, ihrer aller Tage bei hundert haben können, hätte sie aber vielleicht auch teuer genug bezahlen müssen.

Den 17. Junii brachte ich zu mit Kochen der Schildkröte. Sie hatte ein Schock Eier im Leibe, und ihr Fleisch war mir dermalen das leckerste und angenehmste, als ich mein Lebtag gegessen; maßen ich seit meiner Landung an diesem förchterlichen Ort kein ander Fleisch als von wilden Ziegen und Vögeln genossen.

Junii 18. Regnete es den ganzen Tag, und ich blieb daheime. Mich deuchte, es falle jetzt ein kalter Regen, und ich war ein wenig kalt, was, wie ich wohl wußte, unter diesem Himmelsstrich was Ungewöhnliches war.

Junii 19. Ganz krank und schauericht, als ob das Wetter kalt wäre.

Junii 20. Die ganze Nacht keine Ruhe, heftige Kopfschmerzen und Fieber.

Junii 21. Sehr schwach und halb tot von lauter Angst über meinen unglückseligen Zustand, daß ich krank sei und keine Wartung haben solle. Betete zu Gott, seit dem Sturm bei Hull zum allererstenmal, aber wußte kaum, was und warum, dann meine Gedanken waren ganz verwirret.

Junii 23. Wieder sehr übel auf mit Frost und Schauer, auch gewaltigem Kopfwehe.

Junii 24. Viel besser.

Junii 25. Sehr starkes Fieber. Der Paroxismus daurete; und ich begunnte, mir selbst mein geführtes Leben vorzuhalten.

Mittlerweile kam mir meines Vaters treuer Rat ins Gedächtnis und geschwinde darauf seine Prophezeiung: Wann ich diese Torheit beging, ich kein Glück noch Segen von Gott zu gewarten hätte, und würde ich nachmals Weil und Muße genug haben, die Verachtung seines Rats zu überdenken, wann vielleicht niemand zu meiner Rettung vorhanden! »Jetzo«, schrie ich überlaut, »jetzo liegen meines liebsten Vaters Worte am Tage, die göttliche Gerechtigkeit hat mich ergriffen, und niemand ist, der mich rettet oder höret.« Dann rief ich aus: »Herr, hilf mir, dann ich stecke in großen Nöten, die mich troffen haben!«

Dies war das erste Gebet, wann ichs so nennen darf, welches ich in so manchen Jahren getan! Nun schreite ich wieder zu meinem Journal.

Junii 28. Nachdem ich mich durch den gehabten Schlaf ein wenig erquicket und der Paroxismus vom Fieber ganz vorbei, stund ich auf. Und obgleich Furcht und Angst wegen meines Traumes sehr groß, bedachte ich doch, daß das Fieber den andern Tag wieder kommen würde, mithin sei meine Zeit, jetzund etwas zur Hand zu kriegen, um mich darmit zu stärken und zu erquikken. Also füllte ich zuvorderst eine große viereckte Flasche mit Wasser und setzte sie auf meinen Tisch, daß ichs aus dem Bette langen konnte. Um ihn auch die Kälte und die fieberhafte Eigenschaft zu benehmen, goß ich den vierten Teil eines Nösels Rum darzu und schüttelte es durch einander. Hernach langte ich mir ein Stück Ziegenwildpret und briet es auf Kohlen, konnte aber gar wenig davon essen. Ich spazierte umher, war aber sehr matt und dabei über meinen elenden Zustand von Herzen traurig und niedergeschlagen. Des Nachts machte ich mir ein Essen von drei Schildkröteneiern, so ich in der Aschen briet und aus der Schale aß. Und dies war, soviel ich mich aus meinem ganzen Leben erinnern kann, der erste Bissen, den ich mit Gebet zu Gott in den Mund steckte.

Nachdem meine Mahlzeit verzehret, probierte ich das Ausgehen, spürte aber eine solche Müdigkeit, daß ich kaum die Flinte tragen konnte. Also wanderte ich gar nicht weit, setzte mich auf den Boden nieder, sah aufs Meer hinaus, welches ganz still und eben war, und bekam unterm Sitzen folgende Gedanken:

Was ist die Erde und das Meer, wovon ich so ein groß Stück gesehen? Woher sind sie entstanden? Und was bin ich und alle andre Kreatur, Wilde und Zahme, Menschliche und Viehische? Woher sind wir?

So folget dann ganz natürlicherweise, dies alles habe Gott geschaffen. Gut, fiel mir dann seltsam ein, hat Gott alle diese Dinge erschaffen, so führet und regieret er sie auch alle und was darzu gehöret. Dann die Macht, welche alles hat machen können, muß gewiß auch die Gewalt haben, sie zu führen und zu regieren.

Ist dem also, so mag in dem großen Umfang seiner Werke nichts geschehen ohne sein Wissen oder Befehl.

Geschieht nichts ohne sein Wissen, so weiß er ja auch, daß ich hier bin, und zwar in so erbärmlichem Zustand. Und geschieht nichts ohne seinen Befehl, so hat er auch alles geordnet, was über mich gekommen ist.

Warum hat Gott mir dieses getan, und womit habe ichs um ihn verschuldet?

Den 30. war mein Jagdtag, und ich spazierte aus mit der Flinte, begehrte aber nicht, allzuweit zu laufen. Ich schoß ein paar Wasservögel, nicht gar ungleich einer wilden Gans, und trug sie heim. Doch hatte ich keine große

Lust zu ihrem Wildpret, sondern blieb bei etlichen Schildkröteneiern, so mir recht gut schmeckten. Diesen Abend erneuerte ich die Arznei des vorigen Tages, nämlich Tobak in Rum gebeizt, nur daß ich nicht soviel davon nahm, noch kein Blatt käuete, noch mich damit räucherte. Gleichwohl war mir Tags hernach, den 1. Julii, so wohl nicht darauf, als ich gehoffet; dann ich hatte doch noch eine kleine Empfindung von einem fieberischen Frost, wiewohl nicht viel.

Julii 2. Ich nahm die Arznei wieder auf alle drei Manieren, machte mich wie anfangs damit schläferig und trank die Portion doppelt.

Keine Freude über ein so geringes Ding war der meinigen zu vergleichen, als ich sah, daß meine Töpfe Feuer vertragen könnten. Und ich hatte kaum so viel Geduld, bis sie erkaltet, so setzte ich wieder einen voll Wasser ans Feuer, etwas Fleisch zu kochen, was trefflich geriet. Ich machte mir auch mit einem Stück von einem Böcklein eine sehr gute Suppe, wiewohl mirs am Habermehl und verschiedenen anderen Sachen mangelte, es so gut zu machen, als ichs gerne gehabt.

Meine nächste Arbeit war nun ein steinerner Mörser zum Kornstampfen. Dann an Verfertigung einer Mühle durfte ich ja nicht gedenken. Diesem Mangel abzuhelfen lag mir sehr an, maßen ich mich zu keinem Handwerk auf der Welt weniger verstund als zu einem Steinmetzen, auch hatte ich kein Werkzeug darzu. Ich suchte manchen lieben Tag nach einem Stein, der groß genug, um hohl ausgehauen zu werden, und konnte keinen finden, als was an einem festen Felsen war, den auszugraben oder abzuschlagen ich keinen Rat wußte. Ja, die hiesigen Felsen waren nicht einmal hart genug, sondern von sandichtem, lockerm Stein, welcher weder das Gewicht eines schweren Stämpfels aushalten noch das Korn, ohne es mit Sand zu vermischen, zerknirschen würde. Nachdem ich also lange umsonst um dergleichen Stein mich bemühet, gab ichs auf und wurde Sinns, mich um einen großen Klotz von hartem Holz umzusehen, den ich auch viel leichter fand. Da ich nun einen von der Dicke angetroffen, daß ich doch stark genug, ihn zu bewegen, hieb ich ihn mit meiner Zimmeraxt und Beil außen herum rund, brannte mit Feuer ein Loch hinein und höhlete ihn endlich mit unsäglicher Arbeit so aus, als die Indianer in Brasilien mit ihren Kähnen tun. Hienächst zimmerte ich aus dem sogenannten Eisenholz einen Stößel oder Stampfschlägel und verwahrte ihn auf meine Ernte, um sodann mein Korn darmit zu Mehl zu mahlen oder vielmehr zu zerstoßen.

Jetzt fehlte ein Sieb, das Mehl zu sichten und es von Kleien und Hülsen zu sondern, dann ich sah wohl, daß ohne dem aus meinem Brotmachen nichts werden könnte. Die Sache war so schwer, daß ich sie nicht einmal in Gedanken nehmen durfte, weil ich von dünnem, härinem Tuch zum Durchbeuteln gar nichts hatte. Es wollte viele Monate damit nicht fort. Leinwand hatte ich nicht als bloße Lumpen. Ziegenhaar war da, aber ich wußte es weder zu spinnen noch zu weben, und wann ichs auch gewußt, so fehlte es an Gerätschaft. Kein ander Mittel fand sich, als daß mir endlich einfiel, ich hätte unter denen aus dem Schiff geborgenen Matrosenkleidern auch etliche kattunene Halstücher. Aus etlichen derselben verfertigte ich mir nun drei kleine, aber zum Werk noch ziemlich bequeme Siebe, womit ich mich etliche Jahre behalf. Wie ichs nachmals angegriffen, folget an seinem Orte.

Nun kam die Reihe ans Backen. Dann erstlich hatte ich keinen Sauerteig oder Hefe. Doch weil darzu doch durchaus kein Mittel war, bekümmerte ich mich darum eben nicht viel. Aber wegen des Ofens setzte es mehr zu tun. Endlich ersann ich deshalben auch etwas. Ich machte nämlich etliche irdene Gefäße, sehr breit, aber nicht gar tief, das ist etwa zwei Schuh im Durchschnitt und nicht über drei Viertel eines Schuhes tief. Diese brannte ich im Feuer und hub sie auf. Wann ich nun was zu backen hatte, steckte ich auf meinem Herd, den ich mit etlichen selbstgemachten und gebrannten viereckten Backsteinen belegt hatte, ein groß Feuer an.

Wann ich das Holz hübsch zu lebendigen Kohlen ausgebrannt, zog ich sie hervor auf diesen Herd über und über und ließ sie liegen, bis der Herd ganz heiß war. Sodann fegete ich die Asche weg, legte meine Brotleibe darauf, stilpte die irdne Pfanne drüber, scharrte die glühende Asche außen her um die ganze Pfanne herum, die Hitze zu bewahren und zu verstärken, backte also gleich als in dem besten Ofen meine Gerstenbrote. Und wurde in kurzem noch darzu ein lauterer Pastetenbäcker, dann ich machte mir allerhand Reiskuchen und Puddings. Nur ließ ich die Pasteten an ihrem Orte, weil ich nichts darein hatte als etwa Vögel oder Ziegenwildpret.

Man darf sich nicht wundern, wann alle diese Dinge mir den größten Teil des dritten Jahres meines Hieseins weggenommen. Maßen dabei zu merken, daß ich mittlerweile auch meine Ernte und Haushaltung zu versehen gehabt. Dann ich schnitt mein Korn zu rechter Zeit, trugs, so gut sichs tun ließ, nach Hause und verwahrte es in meinen großen Körben, bis die Zeit herbei käme, es abzuzupfen, da ich keine Tenne hatte, noch einen Flegel zum Dreschen.

Anjetzo, da mein Vorrat an Korn zugenommen, mußte ich auch auf größere Scheuren bedacht sein.

Kein Platz war da, worin ichs aufschütten konnte, weil meine Ernte so reichlich gewesen, daß ich nun bei zwanzig Scheffel Gerste, und an Reis ebensoviel oder noch drüber eingeheimset hatte. Daher ich auch lustig zugegriffen, dann mein Brot war schon lange auf, und ich wollte nun sehen, wieviel ich des Jahrs äße und ob ich mit einer Saat zurechte käme.

Die Zeit gabs, daß ich die vierzig Scheffel an Gerste und Reis je nicht verzehrte. Also beschloß ich, jährlich nur so viel als im vorigen Jahr zu säen, da ich dann Brotes die Fülle haben würde.

Indem dies alles so vorging, kann ich versichern, daß meine Gedanken manchmal nach dem Lande gestanden, welches ich von der andern Seite der Insul gesehen; und mangelte es bei mir nicht an heimlichem Wünschen, an jenem Ufer zu sein, denn wann ich erst aus diesem unbewohnten Eiland hinaus und auf dem festen Lande wäre, so dürfte sich leichte Gelegenheit weisen, weiter und vielleicht gar in Freiheit zu gelangen.

Walter Benjamin
Essen

Frische Feigen

Der hat noch niemals eine Speise erfahren, nie eine Speise durchgemacht, der immer Maß mit ihr hielt. So lernt man allenfalls den Genuß an ihr, nie aber die Gier nach ihr kennen, den Abweg von der ebenen Straße des Appetits, der in den Urwald des Fraßes führt. Im Fraße nämlich kommen die beiden zusammen: die Maßlosigkeit des Verlangens und die Gleichförmigkeit dessen, woran es sich stillt. Fressen, das meint vor allem:

Eines, mit Stumpf und Stiel. Kein Zweifel, daß es tiefer ins Vertilgte hineinlangt als der Genuß. So wenn man in die Mortadella hineinbeißt wie in ein Brot, in die Melone sich hineinwühlt wie in ein Kissen, Kaviar aus knisterndem Papier schleckt und über einer Kugel Edamer Käse alles, was sonst auf Erden eßbar ist, einfach vergißt. – Wie ich das zum ersten Male erfuhr? Es war vor einer der schwersten Entscheidungen. Ein Brief war einzuwerfen oder zu zerreißen. Seit zwei Tagen trug ich ihn bei mir, seit einigen Stunden aber, ohne daran zu denken. Denn mit der lärmenden Kleinbahn war ich durch die sonnenzerfressene Landschaft nach Secondigliano hinaufgefahren. Feierlich lag das Dorf in der Alltagsstille. Einzige Spur vom verrauschten Sonntag die Stangen, an denen leuchtende Räder geschwungen, Raketenkreuze sich entzündet hatten. Nun standen sie nackt da. Einige trugen auf halber Höhe ein Schild mit der Figur eines Heiligen aus Neapel oder der eines Tiers. Weiber saßen in den geöffneten Scheuern und klaubten Mais. Ich schlenderte betäubt meines Weges, da sah ich im Schatten einen Karren mit Feigen stehen. Es war Müßiggang, daß ich drauf zuging, Verschwendung, daß ich für wenige Soldi mir ein halbes Pfund geben ließ. Die Frau wog reichlich. Als aber die schwarzen, blauen, hellgrünen, violetten und braunen Früchte auf der Schale der Handwaage lagen, zeigte es sich, daß sie kein Papier zum Einschlagen hatte. Die Hausfrauen von Secondigliano bringen ihre Gefäße mit und auf Globetrotter war sie nicht eingerichtet. Und so ging ich, Feigen in den Hosentaschen und im Jackett, Feigen in beiden vor mich hingestreckten Händen, Feigen im Munde, von dannen. Ich konnte jetzt mit Essen nicht aufhören, mußte versuchen, so schnell wie möglich der Masse von drallen Früchten, die mich befallen hatten, mich zu erwehren. Aber das war kein Essen mehr, eher ein Bad, so drang das harzige Aroma durch meine Sachen, so haftete es an meinen Händen, so schwängerte es die Luft, durch die ich meine Last vor mich hintrug. Und dann kam die Paßhöhe des Geschmacks, auf der, wenn Überdruß und Ekel, die letzten Kehren, bezwungen sind, der Ausblick in eine ungeahnte Gaumenlandschaft sich öffnet: eine fade, schwellenlose, grünliche Flut der Gier, die von nichts mehr weiß als vom strähnigen, faserigen Wogen des offenen Fruchtfleisches, die restlose Verwandlung von Genuß in Gewohnheit, von Gewohnheit in Laster. Haß gegen diese Feigen stieg in mir auf; ich hatte es eilig aufzuräumen, frei zu werden, all dies Strotzende, Platzende von mir abzutun, ich aß, um es zu vernichten. Der Biß hatte seinen ältesten Willen wiedergefunden. Als ich die letzte Feige vom Grund meiner Tasche losriß, klebte an ihr der Brief. Sein Schicksal war besiegelt, auch er mußte der großen Reinigung zum Opfer fallen; ich nahm ihn und zerriß ihn in tausend Stücke.

Café crème

Wer sich auf silbernem Brettchen, mit Butterkugeln und Marmelade garniert, den Morgenkaffee auf seinem Pariser Zimmer servieren läßt, weiß nichts von ihm. Im bistro muß man ihn nehmen, wo zwischen den Spiegeln das petit déjeuner selber ein Hohlspiegel ist, in dem das kleinste Bild dieser Stadt erscheint. Bei keiner Mahlzeit sind die Tempi verschiedener, vom mechanischen Handgriff des Angestellten, der am zinc sein Glas Melange herunterstürzt, bis zum beschaulichen Genusse, mit dem, in der Pause zwischen zwei Zügen, ein Reisender langsam die Tasse leert. Und selber sitzest du vielleicht neben ihm, am gleichen Tische, auf der gleichen Bank und bist doch weit entfernt und für dich. Deine morgendliche Nüchternheit opferst du, um etwas zu dir zu nehmen. Und was nimmst du mit diesem Kaffee nicht alles zu dir: den ganzen Morgen, den Morgen von diesem Tag und manchmal auch den verlorenen des Lebens. Hättest du als Kind an diesem Tische gesessen, wieviel Schiffe wären nicht über das Eismeer der Marmorplatte gezogen. Du hättest gewußt, wie es auf dem Marmara-Meere aussieht. Den Blick auf einen Eisberg oder ein Segel hättest du einen Schluck für den Vater und einen für den Onkel und einen für den Bruder genommen, bis an den dicken Rand deiner Tasse, breites Vorgebirge, auf welchem die Lippen ruhten, langsam die Sahne wäre angeschwemmt gekommen. Wie schwach ist dein Ekel geworden. Wie schnell und wie hygienisch geht es zu: du trinkst; du tunkst nicht, du brockst nicht ein. Verschlafen greifst du nach der madeleine im Brotkorb, brichst sie und merkst nicht einmal, wie es dich traurig macht, sie nicht teilen zu können.

Falerner und Stockfisch

Fasten ist Initiation in viele Geheimnisse, nicht zuletzt ins Geheimnis des Essens. Und wenn Hunger der beste Koch ist, ist Fasten der König unter den besten. Ich lernte ihn eines Nachmittags in Rom kennen, als ich von Fontäne zu Fontäne gewandert, von Treppe zu Treppe geklettert war. Auf dem Heimweg war es, um vier, in Trastevere, wo die Straßen breit und die Häuser armselig sind. Kantinen lagen genug am Weg. Mir aber schwebte ein schattiger Saal, marmorgetäfelter Boden, schneeweißes Tischtuch und Silberbesteck vor, der Speisesaal eines großen Hotels, wo ich um diese Zeit Aussicht gehabt hätte, der einzige Gast zu sein. Das Flußbett war ausgetrocknet, Staubwolken gingen über die Tiberinsel, und am anderen Ufer nahm mich die ausgestorbene Via

Arenula auf. Ich zählte die Osterien nicht, die ich zurückließ. Je hungriger ich aber wurde, desto weniger schienen sie mir einladend oder auch nur betretbar. Hier floh ich die Gäste, deren Stimmen zu mir hinausdrangen, dort die Unsauberkeit des Vorhangs, der in der Türöffnung schwankte, schließlich drückte ich mich verstohlen an den ferneren Schänken vorbei, so sicher war ich, daß jeder Blick meine Abneigung nur vermehren werde. Dazu trat – ganz verschieden vom Hunger – eine wachsende Bereitschaft der Nerven; kein Platz schien mir geborgen, keine Speise lauter genug. Und nicht, daß hier nun Phantasmagorien der erlesensten Delikatessen, Kaviar, Langusten, Bekassinen vor mir gestanden hätten, nein, mir wäre nur eben das Schlichteste, Einfältigste reinlich genug gewesen. Hier war, ich fühlte es, die nie wiederkehrende Chance, meine Sinne, die an der Koppel lagen, wie Hunde in die Falten und Schluchten der unscheinbarsten Rohkost, der Melone, des Weins, der zehnerlei Brote, der Nüsse zu senden, um ein nie gespürtes Aroma in ihnen zu stellen. So war es fünf geworden, als ich mich auf einem weiten, unebenen Pflastergelände, der Piazza Montanara, befand. Eine unter den schmalen Gassen, welche hier mündeten, schien mir genau meine Richtung zu weisen. Denn so viel war mir nun klar geworden, daß es das klügste sei, auf mein Zimmer zu gehen und vor der Haustür mein Essen zu kaufen. Da traf mich der Schein von einem erhellten Fenster, dem ersten an diesem Abend. Es war eine Osteria, in der man früher als in den Wohnungen und den Geschäftsräumen Licht gemacht hatte. Im Fenster war ein einziger Gast zu sehen, der erhob sich gerade zum Gehen. Auf einmal schien mir, ich müsse seine Stelle einnehmen. Ich trat ein und ließ mich in einer Ecke nieder; nun plötzlich war es mir gleich in welcher, während ich vor kurzem noch der Wählerischste, Unschlüssigste gewesen war. Ein Bursche fragte nur eben nach dem Maße; welchen Wein man trank, schien sich hier von selbst zu verstehen. Ich begann mich einsam zu fühlen und holte das schwarze Zauberstäbchen hervor, das schon so oft den Buchstabenflor mit jenem Namen in seiner Mitte um mich gewirkt hatte, welcher den Duft, den er in meine Einsamkeit sandte, nun mit dem des Falerner mischte. Und ich verlor mich an ihn – den Flor, den Namen, den Duft, den Wein – bis ein Rauschen mich aufblicken ließ. Die Stube war voll geworden: Arbeiter aus der Nähe, die hier mit ihren Frauen, viele sogar mit den Kindern, sich trafen, um die Mahlzeit, nach Feierabend, außer Hause zu nehmen. Denn sie aßen auch, und zwar von dem getrockneten Stockfisch, dem einzigen Gerichte, das es hier gab. Nun sah ich, ein Teller voll stand auch auf meinem Platz, und ein Schauer des Widerwillens lief mir über den Rücken. Dann betrachtete ich die Leuter näher. Es war die scharf bestimmte, einander eng verbundene Einwohnerschaft des Quartiers, und weil es ein kleinbürgerliches war, sah man niemand aus den höheren Ständen, geschweige Fremde. Wie ich da saß, hätte ich nach Kleidung und Aussehen von rechtswegen auffallen müssen. Aber seltsam – mich streifte kein Blick. Bemerkte mich keiner, oder schien der ganz an die Süßigkeit des Weines Verlorene, der ich mehr und mehr wurde, ihnen allen hierher zu gehören? Bei diesem Gedanken erfaßte mich Stolz; eine große Beglückung kam über mich. Nichts sollte mich von der Menge mehr unterscheiden. Ich tat die Feder weg. Dabei spürte ich in der Tasche ein Knistern. Es war der »Impero«, eine faschistische Zeitung, die ich unterwegs zu mir gesteckt hatte. Ich ließ eine neues Viertel Falerner kommen, schlug das Blatt auf, hüllte mich ganz in seinen schmutzigen Mantel, der mit den Begebenheiten des Tages gefüttert war wie der der Madonna mit den Sternen der Nacht, und langsam schob ich ein Stück nach dem andern von dem getrockneten Stockfisch in meinen Mund, bis der Hunger gestillt war.

Borscht

Zuerst legt er eine Dampfmaske über deine Züge. Lange, ehe deine Zunge den Löffel netzt, tränen schon deine Augen, triefen schon deine Nüstern von Borscht. Lange, ehe deine Eingeweide aufhorchen und dein Blut eine Woge ist, die mit der duftenden Gischt deinen Leib überspült, haben deine Augen schon von dem roten Überfluß dieses Tellers getrunken. Nun sind sie blind für alles, was nicht der Borscht ist oder dessen Widerschein in den Augen der Tischgenossin. Das ist Schmant, denkst du, was dieser Suppe ihren sämigen Schmelz gibt. Vielleicht. Aber ich habe sie im Moskauer Winter gegessen, und da weiß ich das eine: Schnee ist drinnen, geschmolzene rötliche Flocken, Wolkenkost von der Gattung des Manna, der ja auch eines Tages von oben herunterkam. Und wie lockert der warme Guß nicht die Krume Fleisches, daß es wie ein Sturzacker in dir daliegt, aus dem du das Kräutlein »Trauer« leicht mit der Wurzel jätest. Laß den Wodka daneben nur unberührt, schneide die Piroggen nicht an. Dann wirst du das Geheimnis der Suppe erfahren, die als einzige unter den Speisen die Gabe hat, sanft zu sättigen, allmählich dich zu durchdringen, wo über andern plötzlich ein barsches »Genug« unfreundlich deinen ganzen Körper erschüttert.

Pranzo caprese

Das war die berühmte Dorfkokotte von Capri gewesen, jetzt die sechzigjährige Mutter des kleinen Gennaro, den sie in der Trunkenheit schlug. Sie lebte in einem ockerfarbenen Haus auf der steilen Berglehne mitten in einem Weingarten. Ich kam, um die Freundin zu suchen, an die sie vermietet hatte. Droben von Capri schlug es zwölf Uhr. Niemand war zu sehen; der Garten stand leer. Ich stieg die Stufen, die ich eben gekommen war, wieder hinan. Da hörte ich dicht in meinem Rücken die Alte. Auf der Küchenschwelle stand sie in Rock und Bluse, mißfarbenen Kleidungsstücken, an denen man Flecken wohl vergebens gesucht hätte, so gleichmäßig, so gerecht waren sie verschmutzt. »Voi cercate la signora. E partita colla pìccola.« Und sie müsse gleich wiederkommen. Das war aber nur der Ursprung, von dem aus ihre schrille, spitzige Stimme sich in einem Schwall einladender Worte ergoß, zu denen ihr herrischer Kopf sich in Rhythmen bewegte, die vor Jahrzehnten eine aufregende Bedeutung gehabt haben mußten. Man hätte ein vollendeter galantuomo sein müssen, um sich ihr zu entziehen, und ich war nicht einmal des Italienischen mächtig. So viel verstand ich: es war eine Aufforderung, bei ihrem Mittagessen mitzuhalten. Jetzt sah ich auch den kümmerlichen Gatten drinnen am Herde aus einer Schüssel löffeln. Auf diese Schüssel ging sie zu. Und gleich darauf erschien sie von neuem vor mir auf der Schwelle mit einem Teller, den sie mir unter ununterbrochenem Schwatzen entgegenhielt. Mich aber verließ der Rest meiner Auffassungskraft für das Italienische. Augenblicks fühlte ich, daß es zum Gehen zu spät war. In einem Brodem von Knoblauch, Bohnen, Hammelfett, Tomaten, Zwiebeln, Öl erschien mir die gebieterische Hand, aus der ich den zinnernen Löffel entgegennahm. Nun meint ihr wohl, dies schluckend müsse mich der Ekel gewürgt haben und der Magen hätte nichts Eiligeres zu tun gehabt, als diesen Brei wieder abzugeben? Wie wenig wißt ihr von der Magie der Speise, und wie wenig wußte ich selbst davon bis zu dem Augenblick, von dem ich hier spreche. Dies zu schmecken war gar nichts, war nur der entscheidende, geringfügige Übergang zwischen jenen beiden: erst, es zu riechen, dann aber, davon gepackt, gewalkt zu werden, ganz und gar, von Kopf zu Fuß, von dieser Speise durchgeknetet, von ihr wie von den Händen dieser alten Hure ergriffen, gepreßt und mit ihrem Safte – dem Saft der Speise oder dem der Frau, das hätte ich nicht mehr sagen können – eingerieben zu werden. Der Pflicht der Höflichkeit war Genüge getan, aber dem Verlangen der Hexe auch, und ich stieg bergan, um das Wissen des Odysseus bereichert, als er seine Gefährten hatte in Schweine verwandeln sehen.

Maulbeer-Omelette

Diese alte Geschichte erzähle ich denen, die es nun mit Feigen oder Falerner, Borscht oder einem Capreser Bauernessen würden versuchen wollen. Es war einmal ein König, der alle Macht und alle Schätze der Erde sein Eigen nannte, bei alledem aber nicht froh ward, sondern trübsinniger von Jahr zu Jahr. Da ließ er eines Tages seinen Leibkoch kommen und sagte ihm: »Du hast mir lange Zeit treu gedient und meinen Tisch mit den herrlichsten Speisen bestellt, und ich bin dir gewogen. Nun aber begehre ich eine letzte Probe von deiner Kunst. Du sollst mir die Maulbeer-Omelette machen, so wie ich sie vor fünfzig Jahren in meiner frühesten Jugend genossen habe. Damals führte mein Vater Krieg gegen seinen bösen Nachbar im Osten. Der hatte gesiegt und wir mußten fliehen. Und so flohen wir Tag und Nacht, mein Vater und ich, bis wir in einen finsteren Wald gerieten. Den durchirrten wir und waren vor Hunger und vor Erschöpfung nahe am Verenden, als wir endlich auf eine Hütte stießen. Ein altes Mütterchen hauste drinnen, das hieß uns freundlich rasten, selber aber machte es sich am Herde zu schaffen und nicht lange, so stand die Maulbeer-Omelette vor uns. Kaum aber hatte ich davon den ersten Bissen zum Munde geführt, so war ich wundervoll getröstet und neue Hoffnung kam mir ins Herz. Damals war ich ein unmündiges Kind, und lange dachte ich nicht mehr an die Wohltat dieser köstlichen Speise. Als ich aber später in meinem ganzen Reich nach ihr forschen ließ, fand sich weder die Alte noch irgend einer, der die Maulbeer-Omelette zu bereiten gewußt hätte. Dich will ich nun, wenn du diesen letzten Wunsch mir erfüllst, zu meinem Eidam und zum Erben des Reiches machen. Wirst du mich aber nicht zufriedenstellen, so mußt du sterben.« Da sagte der Koch: »Herr, so möget ihr nur den Henker sogleich rufen. Denn wohl kenne ich das Geheimnis der Maulbeer-Omelette und alle Zutaten, von der gemeinen Kresse bis zum edlen Thymian. Wohl weiß ich den Vers, den man beim Rühren zu sprechen hat und wie der Quirl aus Buchsbaumholz immer nach rechts muß gedreht werden, damit er uns nicht zuletzt um den Lohn aller Mühe bringt. Aber dennoch, o König, werde ich sterben müssen. Dennoch wird meine Omelette dir nicht munden. Denn wie sollte ich sie mit alledem würzen, was du damals in ihr genossen hast: der Gefahr der Schlacht und der Wachsamkeit des Verfolgten, der Wärme des Herdes und der Süße der Rast, der fremden Gegenwart und der dunklen Zukunft.« So sprach der Koch. Der König aber schwieg eine Weile und soll ihn nicht lange danach, reich mit Geschenken beladen, aus seinen Diensten entlassen haben.

N. O. Scarpi
Mittagessen bei Rosenkavaliers

Es ist gar nicht so lange her, zweihundert Jahre etwa, als der Graf Rofrano Fräulein Sophie von Faninal die silberne Rose brachte und ›die‹ Fräulein nach verschiedenen Intrigen im Walzertakt zum Altar führte. Das Fräulein, als Tochter eines Frischgeadelten, dürfte noch verschiedene bürgerliche Verwandtschaft besessen haben, und da ist es durchaus nicht unmöglich, daß eine boshafte Muhme ihr zur Erinnerung an die unaristokratische Herkunft jenes ›Neue Kochbuch‹, bestehend ›aus ganz ordinäre oder auf bürgerliche Art zubereitete Fleisch- und Fastenspeisen‹ als Angebinde überreicht hat, das Mr. Jean Neubauer im Jahre 1776 bei Johann Georg Weingang, natürlich in Wien, erscheinen ließ. Mr. Jean Neubauer ist nicht der erste beste; er hat bereits ›Zwey herrschaftliche Kochbücher an den Tag gegeben‹ und mit ihnen ›bey hohen Herrschaften wie auch bei denen Herrn Köch und Jungfer Köchinnen Beyfall erworben, zumalen er alles, was nicht nur einen guten Geschmack als gutes Ansehen, sondern auch alles auf die wirtschaftlichste und bürgerlichste Weise nur immer sein kann, beobachtet hat‹.

Der alte Faninal war sicher zuerst erbost, aber seine vernünftige Tochter legte gar keinen Wert darauf, ihr Leben zwischen adeligen Waisen, schmelzenden Tenören und winkenden Negerknaben zu verbringen. Wenn die Marschallin zum Diner erschien, um sich mit einem nassen und einem heiteren Auge und wahrscheinlich in Gesellschaft eines reiferen Kavaliers am Glück des jungen Ehepaars zu erfreuen, dann mußte Sophie wohl die herrschaftlichen Kochbücher zu Rate ziehen, die aus lauter

Vornehmheit in französischer Sprache verfaßt sind. Um aber auch an jenem Alltag satt zu werden, der erst nach Schluß der Opern zu beginnen pflegt, wird sie das ordinäre Buch aufschlagen, das ›nur allein die glatte, bürgerliche Kochrey enthält, was ein jeder Bürger das ganze Jahr hindurch auf seinen Tisch setzen kann und verlangt: als von Suppen, Voressen, Rindfleisch, Gemüsen, Eingemachtes, Braten und Bockerey‹.

Sehr wichtig ist ›wie man das Fleisch auf bürgerlich Art zum Feuer setzt‹. ›Der Häfen muß immer wieder ausgewaschen werden, sonst bekommt die Fleischsuppe einen üblen Geschmack, welchen Geschmack zwar nicht alle Personen beobachten, was aber eine Person, die von feinem Geschmack ist, die spüret es gleich, daß die Suppe einen üblen Geschmack hat.‹

Auch muß man beobachten, ›daß niemand mehr glauben darf, ein fettes Fleisch gibt eine kräftige Suppen, sondern man muß allezeit trachten, ein Fleisch von dem hintern Viertel zu bekommen, welches allemal kräftiger ist, eine Suppe zu sieden, als von vordern Viertel, wahr ist es, daß das Fleisch vom vordern Viertel appetitlicher zu essen ist als von hintern, aber zu der Suppe ist es nicht gut‹.

Über diese Frage wäre die Gräfin Rofrano denn orientiert. Was für eine Suppe aber soll sie eigentlich kochen? Wir sind ja nicht in den ›Fasttäge‹, doch das Suppenrepertoire dieser Zeit ist besonders verlockend. ›Fröschsuppen und Krebssuppen, Milchsuppen und Sauerrahmsuppen, ordinari Erbsensuppen und Kräutersuppen.‹ Ihr Auge bleibt an einer Fischsuppe haften:

›Backe ein paar Stückel Karpfen oder Schleie wie auch etliche Semmelschnitten und ein paar Eier aus, thue dieses in ein Geschier mit etwas Wurzel, ein wenig Pasilikum und Kuttelkraut, fülle es an mit klarer Erbsensuppen, laß kochen, wenn alles wohl verkocht ist, treibe die Suppen durch, thue sie salzen, reibe ein wenig Muskatnuß dazu, bähe die Semmelschnitten, richte sie in die Suppenschüssel, gieße die Suppen darüber, so wird sie gut sein.‹

Sophie darf annehmen, daß diese Suppe ihrem Oktavian schmecken wird – oder nennt sie ihn Quinquin? Nun aber kann sie als Vorspeise nicht abermals Fisch geben, weder gefüllten Stockfisch noch Laperdon mit ›Buttersoos‹, keinen Karpfen mehr, ob schwarz oder gesotten, mit ›Kapernsoos‹, mit einer weißen ›Soos‹, auf dem Rost oder gefüllt; auch Berschling mit Petersilie nicht und auch nicht Hecht in der ›Soos‹, den Aalfisch muß sie mit Bedauern auf ein andres Mal verschieben, und vor Schildkrotten graust ihr ebenso wie vor Frösch und Schnecken. Doch selbst die Ordinari Kochkunst des Mr. Neubauer reicht auf viele Wochen auch ohne Fische. Eine Kalbszunge kochen, ›bis sie gar lind ist‹, wäre gleich nicht zu verachten. ›Aber nicht glauben, wie es viele gibt, daß sie meinen, die Limonischalen müßte mit der Soos verkochen.‹

Gar nicht schlecht ist auch eine ›Leber mit Blut‹, zu der man ›einen Zwiefel, ein Schipperl Koulag, ein Lorbeerblatt, ein wenig Pasilikum, ein wenig Kuttelkraut, ein paar große Nägerl‹ legen muß. Wie wäre es mit ›Kröss‹ in einer weißen oder braunen ›Soos‹, frikassiert oder gar als Wurst? Kalbsmagen oder Kalbsmilz, Kalbskopf oder Kalbsfüß melden sich, jedes in vier verschiedenen Möglichkeiten. Die Wahl ist schwer, und die Jungfer Köchin wird ungeduldig. Sie bringt eine der verschiedenen Kuttelfleckarten in Vorschlag, die Mr. Neubauer kennt, das aber ist doch zu bürgerlich für die Rofranos, der alte Faninal würde es sozusagen als Kuttelfleck auf der gräflichen Ehre ansehen, auch die Nieren sind kein adliger Körperteil; man einigt sich darauf, nach Vorschrift auf Seite 161 ›ein gutes Amolet‹ zu machen, ein Mittelding zwischen Omelette und Amulett, von der Omelette hat es die Eier, vom Amulett die Fähigkeit, gegen Hunger zu schützen, und mehr kann man von keinem Amulett verlangen. Man lasse sie ›auf einer Seite schön ausbacken, doch daß ein wenig drin bleibt, auf diese Art ist viel besser, als wenn es auf beiden Seiten gebacken wäre‹.

Hernach etwa ein ›Biefel Amod‹, hinter dem sich in der Orthographie Mr. Jean Neubauers, des Verfassers französischer Kochbücher, ein *Bœuf à la mode* verbirgt, oder ›Rindskarmenadel‹ mit einem ›zenkerl Knoplauch‹. Der gedämpfte Kalbsschlögel bedarf zweier Seiten, so raffiniert ist das Rezept; die gefüllte Kalbsbrust – ›man kann auch eine Maueracheн oder Schambionensoos dazu machen‹ – wird ebenso ausführlich behandelt. ›Eingemachtes Schaaffleisch mit Kukumern‹ oder ›ein Schaafschlögel auf Wildprätart‹ zurichten – Sophie ahnt in dunklem Anachronismus, daß Richard Strauß auch für dieses Rezept die passende Musik einfallen wird. Hühnel, Tauben, Kapauner und Wildenten gehören noch in die bürgerliche, aber auch schon in die herrschaftliche ›Kuchel‹; und die junge Hausfrau liest der Köchin bewegt das Rezept von ›Krebshühneln‹ vor, wo eine phantastische Mischung von Krebsschwänzen, Kalbseuter, Zwiebel, Pfeffer, Muskatnuß und zehn andern Zutaten bestimmt ist, die Hühner zu füllen.

Der Vetter Taverl, wie Hofmannsthal den Namen Oktavian im Stil der Zeit Jean Neubauers abkürzt, wird keinesfalls auf das Dessert verzichten wollen. Vorüber sind die Tage der silbernen Rosen, eine gezuckerte Spinattorte ist jedenfalls ein nahrhaftes Gemüse, gar nicht zu reden vom Rahmstrudel. Mit heißen Wangen studiert sie, was Neubauer davon hält.

Ach, Quinquin! So nannten dich vor Fräulein Rofrano die schönen Frauen, die dich liebten, als du noch ein würdiges Objekt Hofmannsthalschen Librettos und Strauss'scher Musik warst! Du hast bei den ›ganz ordinari Fleisch- und Fastenspeisen‹ Fett und Jahre angesetzt, bist vielleicht gar Marschall geworden. Hoffentlich hast du darüber nicht vergessen, daß die Marschallinnen, wie übrigens auch die Frauen der Leutnants, nichts gegen einen Koch einzuwenden haben, dessen Rezepte nicht in Jean Neubauers Kochbuch stehen!

Washington Irving
Das Weihnachtsessen

Gekommen ist das schönste Fest;
  Laßt jeden lustig sein!
Mit Efeu putzt die Stub aufs best,
  Mit Grün die Türen fein!
Aus Nachbars Schornstein raucht es toll,
  Die Weihnachtsblöcke glühn;
Von Holz ist schon der Ofen voll,
  Bratspieß' gehn her und hin.
    Den Gram laßt draußen nur getrost,
    Und sollt erfrieren er vor Frost,
    Steckt in die Christpastet ihn ein,
    Und laßt uns allzeit fröhlich sein!

Wither's Juvenilia

Ich war mit dem Ankleiden fertig und schlenderte mit Frank Bracebridge in der Bibliothek umher, als wir ein entferntes klapperndes Geräusch vernahmen, das, wie er mich unterrichtete, das Zeichen war, das Mittagessen aufzutragen. Der Squire hielt sowohl in der Küche als auch in der Halle an den alten Gewohnheiten fest, wenn der

Koch mit dem Mangelholz auf den Anrichtetisch schlug, so war das die Aufforderung an die Diener, die Speisen aufzutragen.

> Just dreimal hat geklopft der Koch;
> Wie folgen ihm die Diener doch
> Im Augenblick aufs Wort!
> Ein jeder, sein Gericht zur Hand,
> Marschiert gar kühn, wie ein Trabant,
> Trägt auf und eilet fort.*

Das Mittagessen wurde in der großen Halle serviert, wo der Squire stets seinen Weihnachtsschmaus hielt. Ein loderndes, prasselndes Holzfeuer war aufgeschichtet, das geräumige Zimmer zu erwärmen, und die Flamme stieg züngelnd und sprühend zum weitmündigen Schornstein empor. Das große Gemälde des Kreuzfahrers und seines Schimmels war bei dieser Gelegenheit reichlich mit Grün verziert, und auch an der Wand gegenüber waren Helm und Rüstung – einst die Waffen dieses Krieges, wie ich erfuhr – mit Stechpalmen und Efeu umwunden. Beiläufig muß ich gestehen, daß ich starke Zweifel an der Echtheit des Bildes und der Waffen hatte, insofern sie dem Kreuzfahrer angehört haben sollten, denn sie trugen augenscheinlich den Stempel neueren Datums; man sagte mir jedoch, man habe das Bild seit undenklichen Zeiten für echt gehalten, und was die Rüstung anlange, so sei sie in einer Rumpelkammer gefunden worden und der Squire, der unbedenklich entschieden habe, es sei die Rüstung des Familienhelden, habe ihr den gegenwärtigen bevorzugten Platz angewiesen, und weil er in seinem Haus als unbedingte Autorität in allen derartigen

* Sir John Suckling (Anmerkung des Verfassers).

Angelegenheiten galt, so hatte man seine Entscheidung allgemein akzeptiert. Gerade unter dieser ritterlichen Trophäe stand eine Anrichte, auf der prachtvolles Silberzeug prangte, das – wenigstens hinsichtlich seiner Mannigfaltigkeit – mit Belsazars kostbaren Tempelgeräten wetteifern konnte: »Krüge, Kannen, Humpen, Becher, Pokale, Becken und Schalen«, die prunkvollen Geräte der Geselligkeit, die sich nach und nach durch viele Generationen lebenslustiger Hausherren angehäuft hatten. Davor standen die beiden Weihnachtskerzen, strahlend wie zwei Sterne erster Größe; andere Lichter waren auf Armleuchtern verteilt, und das Ganze glitzerte wie ein silbernes Firmament.

Wir wurden zum Festmahl geführt unter dem Klang alter Bardenmusik, denn der alte Harfner saß auf einem Stuhl neben dem Kamin und bearbeitete sein Instrument mit ungleich größerer Kraft als Musikalität. Nie wies wohl eine Weihnachtstafel eine gemütlichere und anheimelndere Zusammenstellung von Gesichtern auf: die, welche nicht hübsch waren, waren zumindest glücklich, und Glück verschönert nicht besonders vorteilhafte Züge unendlich. Für mich ist eine alte englische Familie ebensosehr des Studiums wert wie eine Sammlung von Gemälden Holbeins oder von Holzschnitten Albrecht Dürers. Dabei verschafft man sich tiefes antiquarisches Wissen und große Kenntnis der Physiognomien früherer Zeiten. Vielleicht rührt es daher, daß sie fortwährend jene Reihen alter Ahnenbilder vor Augen haben, mit denen die Herrenhäuser dieses Landes angefüllt sind; gewiß ist es, daß sich die charakteristischen altertümlichen Züge in diesen alten Geschlechtern häufig aufs treuste fortpflanzen; so habe ich eine alte Familiennase durch eine ganze Gemäldegalerie verfolgt, die sich fast von der Zeit der normannischen Eroberung an legitim von

Geschlecht zu Geschlecht vererbt hatte. Etwas Ähnliches ließ sich auch in der würdigen Gesellschaft um mich her beobachten. Viele der Gesichter stammten offenbar aus gotischer Zeit und waren von den nachfolgenden Generationen lediglich kopiert worden. Da war namentlich ein kleines Mädchen von gesetztem Wesen, mit einer edlen römischen Nase und altfränkischem, strengem Gesicht, ein großer Liebling des Squire, weil es, wie er sagte, von Kopf bis Fuß eine Bracebridge und ganz das Ebenbild eines seiner Vorfahren sei, der am Hof Heinrichs VIII. eine Rolle gespielt habe.

Der Pfarrer sprach das Tischgebet, aber kein kurzes, familiäres, wie man es gewöhnlich an diesen Tagen der Ungezwungenheit an Gott richtet, sondern ein langes, verbindliches, wohlgesetztes im alten Stil. Es entstand eine erwartungsvolle Pause, als plötzlich der Haushofmeister ziemlich geräuschvoll in die Halle trat; er war auf beiden Seiten von einem Diener mit einer gewaltigen Wachskerze begleitet und trug eine silberne Schüssel, auf der ein ungeheurer Schweinskopf lag – mit Rosmarin verziert und mit einer Zitrone im Rachen –, der mit großer Förmlichkeit an das obere Ende der Tafel gesetzt wurde. Als dieser Aufzug erschien, spielte der Harfner einen Tusch, worauf der junge Oxforder Student, nachdem er vom Squire einen Wink erhalten hatte, mit der Miene des komischsten Ernstes ein altes Lied zum besten gab, dessen erste Strophe folgendermaßen lautete:

»*Caput apri defero*
Reddens laudes Domino.
Den Eberkopf, ich bringe ihn,
Mit Grün geschmückt und Rosmarin,
Und bitt euch, singt mit lust'gem Sinn,
Qui estis in convivio.«

Obwohl ich auf manche dieser kleinen Sonderbarkeiten vorbereitet war, weil ich das seltsame Steckenpferd des Gastgebers kannte, setzte mich doch, das gestehe ich, der Pomp, mit dem man ein so ausgefallenes Gericht auftrug, einigermaßen in Erstaunen, bis ich der Unterhaltung des Squires mit dem Pfarrer entnahm, daß dies das Auftragen des Eberkopfes bedeuten sollte, eines Gerichts, das früher an Weihnachten mit großer Feierlichkeit und mit Sang und Klang an den Tafeln der Großen aufgetischt wurde. »Ich liebe die alte Sitte«, sagte der Squire, »nicht nur, weil sie an und für sich ehrwürdig und liebenswert ist, sondern weil man sie in dem College zu Oxford pflegte, wo ich erzogen wurde. Wenn ich das alte Lied höre, erinnere ich mich an die Zeit, da ich jung und lebenslustig war – und an das stattliche alte Universitätsgebäude – und an meine Kommilitonen, die in ihren schwarzen Talaren umherwanderten und von denen viele – arme Burschen! – jetzt in ihren Gräbern ruhen!«

Der Pfarrer jedoch, dessen Geist nicht von solchen Erinnerungen heimgesucht wurde und der sich stets mehr um das Wort als um den Sinn kümmerte, rügte am Lied die Version des Oxforder Studenten, die, wie er versicherte, verschieden von derjenigen sei, die man im College singe. Mit der trockenen Ausdauer eines Erklärers begann er die Lesart des College, mit mannigfaltigen Anmerkungen versehen, vorzutragen, wobei er sich zuerst an die ganze Gesellschaft wandte; als er aber merkte, daß deren Aufmerksamkeit sich allmählich anderen Gesprächsgegenständen zuneigte, dämpfte er seine Stimme je nach der verringerten Zahl seiner Zuhörer, bis er seine Bemerkungen halblaut gegen einen dickköpfigen alten Herrn neben ihm schloß, der schweigend mit der Bearbeitung einer großen Portion Truthahn beschäftigt war.* Der Tisch war buchstäblich mit leckeren Speisen beladen und stellte in dieser Jahreszeit, da die Speisekammern überreich gefüllt sind, einen Inbegriff ländlichen Überflusses dar. Ein hervorragender Platz war dem »alten Lendenstück«, wie mein Wirt es nannte, zugewiesen, und er fügte hinzu, es sei »das Wahrzeichen altenglischer Gastfreundschaft, lieblich anzusehen und vielversprechend«. Verschiedene Gerichte waren seltsam verziert, und ihr Schmuck ging offensichtlich auf eine alte Tradition zurück, aber da ich nicht gern allzu neugierig erscheinen wollte, stellte ich keine Fragen.

* Die alte Sitte, den Eberkopf am Weihnachtstag aufzutragen, wird im Speisesaal des Queen's College in Oxford gepflegt. Der Pfarrer gab mir freundlicherweise eine Abschrift des Liedes, so wie es heutzutage gesungen wird, und da diejenigen meiner Leser, die an diesen gewichtigen und gelehrten Dingen Interesse haben, sich darüber freuen werden, gebe ich es hier vollständig wieder:

Den Eberkopf, ich bringe ihn,
Geschmückt mit Grün und Rosmarin;
Ich bitte, singt mit frohem Sinn,
Quot estis in convivio.
Caput apri defero
Reddens laudes Domino.

Der Eberkopf ist, wie bekannt,
Ein seltenes Gericht im Land;
Es kommt, verziert hier mit Girland',
Laßt's uns *servire cantico.*
Caput apri defero, etc.

Der Küchenmeister putzt' ihn fein;
So zieht der König Frohsinn ein,
Dem heut gebührt die Ehr allein
In Reginensi Atrio.
Caput apri defero, etc. etc.

(Anmerkung des Verfassers)

Ich konnte jedoch nicht umhin, eine Pastete zu bemerken, prächtig dekoriert mit Pfauenfedern, die den Schweif dieses Vogels nachahmten und einen beträchtlichen Teil des Tisches überschatteten. Dies war, gestand der Squire nach einigem Zögern, eine Fasanenpastete, obgleich eine Pfauenpastete freilich das Echte sei; es habe in diesem Jahr eine solche Sterblichkeit unter den Pfauen geherrscht, daß er es nicht habe über sich bringen können, einen davon schlachten zu lassen.*

Es würde vielleicht meine weiseren Leser langweilen, die diese törichte Vorliebe für seltsame und verschollene Dinge, zu der ich ein wenig neige, nicht teilen, wollte ich die übrigen Improvisationen dieses würdigen alten Sonderlings erwähnen, mit denen er, wenn auch nur in bescheidenem Maße, die eigentümlichen Gebräuche der Vergangenheit nachzuahmen versuchte. Ich bemerkte

* Der Pfau war in alten Zeiten bei festlichen Bewirtungen sehr beliebt. Er wurde manchmal in eine Pastete getan, an deren einem Ende der Kopf mit seinem ganzen Gefieder und mit reich vergoldetem Schnabel hervorragte, während am anderen der Schweif seine Pracht entfaltete. Solche Pasteten servierte man bei den festlichen Banketten der Ritter, wobei sich die fahrenden Ritter anheischig machten, irgendein gefahrvolles Abenteuer zu bestehen; daher kommt der alte Schwur, dessen sich auch der Richter Schaal bediente: »Bei Pfau und Pastete!«

Der Pfau war gleichfalls ein wichtiges Gericht beim Weihnachtsmahl, und Massinger gibt in seiner »Städtischen Hausfrau« einen Begriff von der Verschwendung, mit der sowohl diese als auch andere Speisen für die Schwelgereien der Vergangenheit zubereitet wurden:

Man rede nur von Weihnachten auf dem Lande,
Ihren dreißig Pfund Buttereiern, ihren Pasteten von Karpfenzungen,
Ihren in Ambra schwimmenden Fasanen, *dem Fleisch von drei fetten Hammeln, zu Brühe gekocht, einen einzigen Pfau darin aufzutragen.*

(Anmerkung des Verfassers)

allerdings mit Vergnügen die Achtung, die seine Kinder und Verwandten seinen Wunderlichkeiten erwiesen; sie gingen bereitwillig und vollständig darauf ein und schienen mit allen Einzelheiten wohlvertraut zu sein, da sie zweifellos bei manchen Wiederholungen zugegen gewesen waren. Auch ergötzte mich die ernste Würde, mit welcher der Haushofmeister und die anderen Diener die ihnen auferlegten Pflichten erfüllten, so ungewöhnlich diese auch waren. Sie hatten ein altmodisches Aussehen, denn sie waren zum größten Teil im Haus aufgewachsen und hatten sich mit dem altertümlichen Herrensitz und den Launen ihres Gebieters abgefunden, und höchstwahrscheinlich sahen sie dessen absonderliche Anordnungen als die hergebrachten Gesetze eines anständigen Hauswesens an.

Als das Tischtuch abgenommen war, brachte der Hausverwalter ein riesiges silbernes Trinkgefäß von seltener und kunstvoller Arbeit herein, das er vor den Squire hinsetzte. Sein Erscheinen wurde mit lautem Beifall begrüßt, denn es war die bei den Weihnachtsfeierlichkeiten so berühmte Punschbowle. Ihr Inhalt war vom Squire selber zubereitet worden; es war ein Gebräu, auf dessen geschickte Mischung er sich besonders viel zugute tat, und er behauptete, es sei für das Fassungsvermögen eines gewöhnlichen Bedienten zu schwierig und kompliziert. Das Getränk ließ tatsächlich einem Zecher das Herz im Leibe hüpfen, denn es war aus den stärksten und feurigsten Weinsorten zusammengesetzt, tüchtig gewürzt und gezuckert, und geröstete Äpfel tanzten auf der Oberfläche.*

* Die Bowle wurde zuweilen aus Ale statt Wein zusammengebraut, mit Muskatnuß, Zucker, geröstetem Brot, Ingwer und gebratenen Äpfeln; auf diese Weise wird das dunkelbraune Getränk noch heute in einigen alten Familien und am Kamin wohlhabender Bauern zu Weihnachten bereitet. Es heißt auch

Das ganze Gesicht des alten Herrn leuchtete vor innerem Vergnügen, als er diese mächtige Bowle umrührte. Nachdem er sie an die Lippen gehoben und allen Anwesenden herzlich ein fröhliches Christfest gewünscht hatte, ließ er sie, bis zum Rande voll, herumgehen, auf daß jeder seinem Beispiel folge und nach der alten Sitte dabei verkünde, es sei »der alte Quellborn wohlwollender Gefühle, an dem alle Herzen einander begegnen«.*

Es wurde viel gelacht und gescherzt, während das ehrbare Sinnbild der Weihnachtsfreude kreiste und von den Frauen gar sittsam geküßt wurde. Als der Humpen an Meister Simon kam, hielt er ihn mit beiden Händen empor und stimmte mit der Miene eines lustigen Gesellen ein altes Punschlied an:

»Der braune Humpen,
Der lust'ge braune Humpen,
Wie kreist er rund umher – ah!
Wein
Rein;
Mag die Welt auch Zeter schrein,
Trinkt nur die Schale leer – ah!

Die tiefe Kanne,
Die lust'ge tiefe Kanne,

»Lammwolle« und wird von Herrick in seinem »Dreikönigstag« besungen:

Dann krönt den Becher voll
mit sanfter Lammeswoll,
Tut Zucker, Ingwer, Muskatnuß rein,
Viel Ale dann auch
Nach altem Brauch,
Dann wird der Humpen herrlich sein.

* »Die Sitte, aus einem Becher zu trinken, hat der Platz gemacht, daß jeder seinen eigenen Becher hat.

Flugs kommt ihr auf den Grund – ah!
Sing,
Kling,
Gibt's wohl ein lust'ger Ding?
Nun lacht aus vollem Mund – ah!«

Die Unterhaltung drehte sich während des Mittagessens meist um Familienangelegenheiten, die mir fremd waren. Man neckte jedoch Meister Simon mit einer fröhlichen Wirtin, mit der er eine Art Verhältnis haben sollte. Dieser Angriff wurde von den Damen eröffnet, aber die ganze Mahlzeit hindurch vom dickköpfigen alten Herrn neben dem Pfarrer mit der Beharrlichkeit eines zähen Jagdhundes fortgesetzt; denn er gehörte zu jenen langatmigen Spaßvögeln, die zwar schwerfällig im Aufjagen des Wildes, jedoch in ihrem Talent, es zu Tode zu hetzen, unübertrefflich sind. In jeder Gesprächspause erneuerte er seine Witzeleien mit fast denselben Worten, und er blinzelte mir mit beiden Augen triumphierend zu, sooft er wähnte, Meister Simon wacker heimgeleuchtet zu haben. Letzterer schien sich freilich nicht ungern in diesem Punkt foppen zu lassen, wie es bei den meisten Junggesellen der Fall ist, und er nahm eine Gelegenheit wahr, mir zu versichern, daß die fragliche Dame eine sehr hübsche Frau sei und ein eigenes Kabriolett fahre.

Die Mittagsstunde verging mit dieser unschuldigen Heiterkeit, und wenn auch die Halle in früheren Zeiten häufig von manch lauterem Fest und Gelage widergetönt haben mag, so bezweifle ich doch, daß sie jemals Zeuge einer ehrlicheren und natürlicheren Freude gewesen ist. Wie leicht ist es doch für ein wohlwollendes Wesen, Frohsinn um sich zu verbreiten, und wie wahr ist es, daß ein gütiges Herz eine Quelle der Freude ist und alles um sich her zum Lächeln erquickt! Die lustige Stimmung des würdigen Squire steckte einfach an; er war selbst glücklich und geneigt, die ganze Welt glücklich zu machen, und seine kleinen exzentrischen Launen würzten gewissermaßen die Süßigkeit seiner Menschenliebe.

Heinrich Heine
Küche und Weiblichkeiten

Jedes Land hat seine besondere Küche und seine besondere Weiblichkeiten, und hier ist alles Geschmacksache. Der eine liebt gebratene Hühner, der andere gebratene Enten; was mich betrifft, ich liebe gebratene Hühner und gebratene Enten und noch außerdem gebratene Gänse. Von hohem idealischen Standpunkte betrachtet, haben die Weiber überall eine gewisse Ähnlichkeit mit der Küche des Landes. Sind die britischen Schönen nicht ebenso gesund, nahrhaft, solide, konsistent, kunstlos und doch so vortrefflich wie Alt-Englands einfach gute Kost: Roastbeef, Hammelbraten, Pudding in flammendem Cognac, Gemüse in Wasser gekocht, nebst zwei Saucen, wovon die eine aus gelassener Butter besteht? Da lächelt kein Frikassee, da täuscht kein flatterndes Vol-au-vent, das seufzt kein geistreiches Ragout, da tändeln nicht jene tausendartig gestopften, gesottenen, aufgehüpften, gerösteten, durchzückerten, pikanten, deklamatorischen und sentimentalen Gerichte, die wir bei einem französischen Restaurant finden, und die mit den schönen Französinnen selbst die größte Ähnlichkeit bieten! Merken wir doch nicht selten, daß bei diesen ebenfalls der eigentliche Stoff nur als Nebensache betrachtet wird, daß der Braten selber manchmal weniger wert ist als die Sauce, daß hier Geschmack, Grazie und Eleganz die Hauptsache sind. Italiens gelbfette, leidenschaftgewürzte, humoristisch garnierte, aber doch schmachtend idealische Küche trägt ganz den Charakter der italienischen Schönen. Oh, wie sehne ich mich manchmal nach den lombardischen Stuffados, nach den Tagliarinis und Broccolis des holdseligen Toskana! Alles schwimmt in Öl, träge und zärtlich, und trillert Rossinis süße Melodien, und weint vor Zwiebelduft und Sehnsucht! Den Makkaroni mußt du aber mit den Fingern essen, und dann heißt er: Beatrice!

Nur gar zu oft denke ich an Italien und am öftersten des Nachts. Vorgestern träumte mir: ich befände mich in Italien und sei ein bunter Harlekin und läge, recht faulenzerisch unter einer Trauerweide. Die herabhängenden Zweige dieser Trauerweide waren aber lauter Makkaroni, die mir lang und lieblich bis ins Maul hineinfielen; zwischen diesem Laubwerk von Makkaroni flossen, statt Sonnenstrahlen, lauter gelbe Butterströme, und endlich fiel von oben herab ein weißer Regen von geriebenem Parmesankäse.

Ach! von geträumten Makkaroni wird man nicht satt – Beatrice!

Von der deutschen Küche kein Wort. Sie hat alle möglichen Tugenden und nur einen einzigen Fehler; ich sage aber nicht welchen. Da gibt's gefühlvolles, jedoch unentschlossenes Backwerk, verliebte Eierspeisen, tüchtige Dampfnudeln, Gemütssuppe mit Gerste, Pfannkuchen mit Äpfel und Speck, tugendhafte Hausklöße, Sauerkohl – wohl dem, der es verdauen kann.

Was die holländische Küche betrifft, so unterscheidet sie sich von letzterer, erstens durch die Reinlichkeit, zweitens durch die eigentliche Leckerkeit. Besonders ist die Zubereitung der Fische unbeschreibbar liebenswürdig.

Rührend inniger, und doch zugleich tiefsinnlicher Sellerieduft. Selbstbewußte Naivität und Knoblauch. Tadelhaft jedoch ist es, daß sie Unterhosen von Flanell tragen; nicht die Fische, sondern die schönen Töchter des meerumspülten Hollands.

Aber zu Leiden, als ich ankam, fand ich das Essen fürchterlich schlecht. Die Republik Hamburg hatte mich verwöhnt; ich muß die dortige Küche nachträglich noch einmal loben, und bei dieser Gelegenheit preise ich noch einmal Hamburgs schöne Mädchen und Frauen. O ihr Götter! in den ersten vier Wochen, wie sehnte ich mich zurück nach den Rauchfleischlichkeiten und nach den Mockturteltauben Hammonias! Ich schmachtete an Herz und Magen. Hätte sich nicht endlich die Frau Wirtin zur Roten Kuh in mich verliebt, ich wäre vor Sehnsucht gestorben.

Émile Zola
Die schöne Lisa

Die schöne Lisa blieb am Ladentisch stehen, den Kopf ein wenig den Markthallen zugewandt. Überrascht, sie so schön zu finden, betrachtete Florent sie stumm. Er hatte sie bis jetzt nicht richtig gesehen; er verstand es nicht, Frauen anzuschauen. Da erschien sie ihm über den Fleischwaren auf dem Ladentisch. Vor ihr waren auf weißen Porzellanschalen angeschnittene Arleser und Lyoneser Würste zur Schau gestellt, Zungen und Stücke gekochtes Pökelfleisch, Schweinekopfsülze in Gelee, ein offener Topf mit feingehacktem, in Schmalz gebratenem Schweinefleisch und eine Büchse Sardinen, deren Metall aufgeschnitten war und einen See von Öl sehen ließ, ferner rechts und links auf Brettchen Lebersülze und Preßkopf, ein gewöhnlicher blaßrosa Schinken, ein Yorker Schinken mit blutigem Fleisch unter breiter Fettschwarte. Außerdem standen da noch runde und ovale Schalen mit nappierter Zunge, getrüffelte Sülze, Wildschweinskopf mit Pistazien, während ganz dicht bei ihr unter ihren Händen gespicktes Kalbfleisch, Leberpastete und Hasenpastete in gelben Terrinen standen. Da Gavard noch nicht kam, ordnete sie den Brustspeck auf der kleinen Marmoretagere am Ende des Ladentisches, stellte den Topf mit Schweineschmalz und den mit Bratenfett in eine Linie, wischte die beiden neusilbernen Waagschalen ab und befühlte den Würstchenkessel, dessen Wärmpfanne im Ausgehen war; und schweigend wandte sie wieder den Kopf und begann von neuem zu den Hallen hinüberzublicken. Der Fleischduft stieg auf; in ihrer trägen Ruhe war sie vom Duft der Trüffeln wie benommen. An diesem Tage hatte sie eine prächtige Frische; das Weiß ihrer Schürze und ihrer Ärmel bildete die Fortsetzung vom Weiß der Platten bis zu ihrem üppigen Hals, ihren rosigen Wangen, wo die zarten Farbtöne der Schinken und die Blässe der durchscheinenden Fette wieder auflebten. Eingeschüchtert, je länger er sie ansah, beunruhigt durch diese untadelige Selbstsicherheit, musterte Florent sie schließlich verstohlen in den Spiegeln rings im Laden. Sie wurde darin von hinten, von vorn und von der Seite widergespiegelt; sogar an der Decke fand er sie wieder, den Kopf nach unten, mit ihrem festen Haarknoten und ihren schmalen, an den Schläfen wie angeklebten Strähnen. Das waren unzählige Lisas, die die Breite der Schultern, den gewaltigen Ansatz der Arme zeigten und die wohlgerundete Brust, die so stumm und straff war, daß sie keinerlei fleischliche Gedanken erweckte und einem Bauch ähnelte. Er verweilte und fand Gefallen besonders bei einem ihrer Profile, das er neben sich in einem Spiegel zwischen zwei halben Schweinen sah. Längs der Marmorplatten und der Spiegel hingen an Stangen mit Wolfszähnen Schweine und Speckseiten zum Spicken; und Lisas Profil mit seinem starken Hals, seinen runden Linien, dem vorstehenden Busen stand wie das Bildnis einer genudelten Königin inmitten dieses Specks und dieses rohen Fleischs. Dann neigte sich die Fleischersfrau vor und lächelte freundlich den beiden Goldfischen zu, die in dem Aquarium in der Auslage unaufhörlich herumschwammen.

Hans W. Fischer
Vom Essen nach dem Programm

Du merktest es bereits, mein Freund: während ich dich durch das Gewühl schlemmerhafter Fressereien hindurch bugsierte, steuerte ich zielstrebig auf eine gewisse Einfachheit hin. Ich schwieg von den Kniffichkeiten des Kochbuchs, den listigen Tricks der Kochkünstler, den ehrgeizigen Schöpfungen der großen Gourmets. Warum? Weil diese Künste mehr auf gewohnheitsmäßig überfüllte Mägen berechnet sind, die die Naivität des Genusses verloren haben; weil sie der Mode und dem Zufall unterliegen; weil sie nicht für sich, sondern nur in der Einschachtelung innerhalb einer verzwickten Speisenfolge bestehen; weil sie endlich meist mehr kosten, als sie wert sind. Es ist mit dem Essen wie mit den Weibern: ich liebe Natur und Kultur, aber nicht so sehr die Zivilisation; und ich habe nie für die geschwärmt, die um ihrer Aufmachung willen Ansprüche erheben und, so apart sie sich gebärden, doch nur Erzeugnisse einer luxuriösen Umwelt sind. Rede nicht wie der Fuchs von den sauren Trauben, koste auch einmal diese Wonnen für das bunte Amüsement einer flüchtigen Stunde; aber dazu brauchst du keinen Handweiser, sondern nur die Gelegenheit oder die Mittel, unter allen Umständen aber eine tadellose Kluft. Was wir von uns aus suchen, ist kernhafter Gehalt und natürliche Beschwingtheit.

Gewiß gibt es – aber sie sind sehr selten – geistreiche Menschen, die eine Pyramide von der festen Basis bis zur lustigen Spitze zu bauen wissen. Sie müssen darauf freilich viel Zeit verwenden. Meist sind sie selbst Köche höchsten Grades, und ihr Werkraum hat etwas von einem Laboratorium und einer Dichtermansarde zugleich. Sie wissen auch die Reste hoher alter Magenkultur aufzufinden. Etwa Friedrich Freksa: man sieht ihn mit allen Sinnen saugen, wenn er beschreibt, wie ein Hühnchen in der Presse zu Püree zerdrückt wird. Wird dir die Möglichkeit gegeben, ähnliches zu erleben, greif zu! Aber verlaß dich nicht darauf: denn solches ist Glück oder Vorherbestimmung.

Langwierige Abfütterungen sind meist furchtbar. Man fühlt sich rettungslos eingeklemmt, und den Teilnehmern bricht schließlich der Angstschweiß aus, bis sie sich zum Kaffee mit Likören und einem guten Glimmstengel retten. Wenn schon vielerlei gegessen werden soll, dann unter dem Vorbehalt, daß die Speisenfolge traumhaft schnell vorüberflitzt, zehn Gänge in einer Stunde, in einer Abwechslung kleinster Bissen, jeder nur ein Haps; oder daß alle Feierlichkeit, aller Zwang aufgehoben sei und man zwischen die Gänge eine Zigarette setzen darf; jedenfalls aber, daß sich das Ganze abspiele in einer Tafelrunde wahrhaft gebildeter Epikuräer, deren jeder blitzschnell die Nuance zu fangen weiß. Dann sieht man jede Einzelheit wie in drehenden Spiegeln allseitig abgeleuchtet, spielerisch, elegant, weltmännisch. Ein geistloses Mastschwein, eine Kunst-mekkernde Ziege – und aller Aufwand ist futsch. Man ist in der Hand des Zufalls, und es kann einem bös in die Schüssel gespuckt werden.

Nein, das Essen sei in der Hauptsache kurz. Ein, höchstens zwei Gerichte; und die sinnvoll. Ein Mensch, der mit Verstand ißt, weiß schon ein einzelnes Gericht systematisch zu stufen, und sei es auch nur, daß er auf den besten Bissen hin zuspitzt. Wenn man will, eine Suppe voraus. Vor kräftigen Speisen liebe ich besonders eine leichte Weinsuppe mit gehäuftem Schnee; oder eine der Fruchtsuppen, unter denen Hagebuttensuppe, durch einen Schuß Rotwein gekräftigt, und Fliederbeersuppe, von einigen Makronen besegelt, besondere Vorzüge haben. Klare Fleischbrühe in gebührenden Ehren. Den abgeklapperten Krebs- und Schildkrötensuppen ziehe ich eine Suppe von Karpfenrogen mit gerösteten Semmelwürfeln weit vor. Wer mit einem Paukenschlag beginnen will, probiert eine echte Hamburger Aalsuppe, auf dem Schinkenknochen gekocht, mit fetten Aalbrocken, Gemüsekrümeln und Backpflaumen darin. Friedlicher, aber auch füllend ist eine Minestrone, von Gemüsen starrend, mit viel Parmesankäse. Zum Vollkröpfen, eigentlich schon Hauptgericht, Brühe mit Gänseklein oder Huhn mit Reis.

Die Sitte, vor oder statt der Suppe Bissen zu essen, die den Magen munter machen, ist nicht zu tadeln. Austern und Kaviar: jawohl, jawohl. Austern können es allerdings – wie Krebse – auch vertragen, um ihrer selbst willen, nicht nur als aufschließender Gaumenreiz, gegessen zu werden. Man wird von zwei bis drei Dutzend Austern angenehm satt, wenn man dazwischen bedächtig schöne Keile von Chesterkäse setzt. Hors d'œuvre, denen man die Kümmerlichkeit von weitem ansieht, soll man sich ganz sparen. Wenn schon, denn schon: ich lobe mir die Üppigkeit schwedischer Vorgerichte, in denen sich, zu dreierlei Brot, die ganze Fülle der Schöpfung vom roten Kaviar bis zum Gurkenblättchen tummelt. Ich drücke dir gerührt die Hand, tüchtiger Bauinspektor und Addagrammatiker, der du unter das Roastbeef ein Fundament aus getrüffelter Gänseleberpastete, Spickaal, Ölsardinen, Makrelen in Tomaten, Bauernwurst und Chester zu mauern weißt.

Bestandteil jedes ausführlichen Essens sei Kompott oder Salat; im Zweifelsfall beides. Gedünstetes Obst, von konzentrierter herber Süße, kratzt den Geschmack, dessen Reiz durch seine Vergänglichkeit erhöht wird, lieblich hinweg; in diesem Punkte ist die Preiselbeere allen Rivalen überlegen. Salat hellt den Gaumen auf; ein leichtes, spitziges Aufpeitschen des Schlingmuskels macht den ganzen Menschen wieder frisch. Beizende, in die Nase krabbelnde Brunnenkresse, bitterliche Rapunzel, saftig kühle Gurke, kitzelnde Endivie, forscher Sellerie, pralle Tomate, einzeln oder in vielfältiger Kombination; über alle geht der Kopfsalat. Nichts hat mich von der überlegenen Magenkultur Frankreichs tiefer überzeugt als die Liebe, mit der in den einfachsten Pariser Kneipen Arbeiter in Blusen den Salat selbst bereiten: mit Perlzwiebeln, Schnittlauch, Petersilie und andern Kräutern, dazu Weinessig und echtes bernsteingelbes Provencer Öl, eine Prise Salz und ganz wenig Pfeffer hurtig dazwischen. Hauptsache ist freilich der Salat selbst: von ihm pflückt der Schlemmer sorgsam jedes grüne Blatt fort, nur der bleichgelbe Kern wird auseinandergebrochen und das innerste Köpfchen ganz in die

Schüssel versenkt. Solcher wohlgelesene Salat schmeckt, wenn man edles Öl nicht hat, auch einfach mit Essig und Salz oder süß mit Sahne. Sehr liebe ich ihn sauer mit gebratenen Speckwürfeln, die man mit einem Teil des ausgelassenen Fetts vorsichtig von der Seite in die Schüssel schüttet, ehe man sie mengt. Dies mit Spiegeleiern und Bratkartoffeln oder zu einem Eierkuchen ist essenswert.

Käse: ironischer Geselle, der den Verdauungsduft in die beste Gesellschaft schmuggelt! Selbstzweck kann er sein, wenn er in Verwesungsfarben schillert und läuft; ich sah mal einen dicken Landarzt, der als Abendbrot Gänseschmalz auf derbe dunkle Brotscheiben strich und sie abwechselnd mit fester, leicht geräucherter Hausmacherleberwurst und solchem Käse belegte. Wer's verträgt, dem schmeckt's mit einem Korn sehr gut. Im Gefolge des Essens bevorzugt man die edlen Sorten: Gorgonzola oder Roquefort mit grüngrauem Marmorgeäder, Emmentaler, dem die klare Träne im Auge steht, sahnigen Camembert und schaumigen Brie, alten Holländer mit seinem alkoholischen Gärungsduft, seifigen Chester.

Die Süßspeise schließt den planmäßigen Vorbeimarsch der Gerichte. Ich liebe sie als vorbeiflatternde Schlußerscheinung, allein sagt sie mir nicht viel, weil sie allzu einseitig auf der Basis des Zuckers aufgebaut ist. Zucker ist im Grunde ein schrecklicher Nivellierer; als Individuum ist ihm der Honig mit seiner vielfältigen Abwandlung – Zwei-Oktaven-Spannung vom Lindenblüten- zum Fichtenhonig, den die Fachleute ablehnen – weit überlegen. Aber gerade diese Gleichförmigkeit der Grundlage stachelt die Erfindungsgabe auf. Welche unheimliche Fülle vom geblasenem Schaum bis zum dickstehenden Eigelb, von der gehauchten Kruste bis zur kompakten

Krume, vom fließenden Creme bis zum kristallisierten Eis, von der harmlosen Kindlichkeit bis zur raffinierten Veralkoholisierung (o Marasquino!).

Nun löst sich die Ordnung, und es schwärmen die Freuden in bunter Reihe: Obst, Zigaretten, Konfekt, Kaffee, Schnäpse. Der Nachgenuß und die liebe Verdauung beginnen, Vergeistigung und Verstofflichung.

Ist es nötig, sich an diese Route zu halten? Sie ist als zweckmäßig durch Generationen erprobt; aber man kürze sie ab, mache nicht zur Strapaze, was Genuß, nicht zur Zerstreutheit, was Konzentration sein sollte. Wer diesem Rat folgt, für den vereinfacht sich auch die Getränkefrage. Es ist nicht ohne, jeden Gang mit einem besonderen Wein zu begleiten; und geradezu imponierend, wenn einem stets von neuem ein befrackter Sklave einen erlauchten Namen und Jahrgang zuflüstert, – bei welcher Gelegenheit schlechte Menschen der gespreizten Feierlichkeit und geheuchelten Selbstverständlichkeit einen Possen spielen, indem sie sich auch nach dem Namen der Gerichte erkundigen und wie man sie eigentlich essen soll. Aber gute Dinge zu trinken, ist im Grunde eine Sache für sich; es heißt sie mißachten, wenn man ihnen nicht den ganzen Menschen widmet. Man behandle beim Essen das Essen als Hauptsache und verfahre mit dem Getränk sachlich. Ich bin nicht für Selterswasser beim Mahl; wer den Alkohol abschwört, der sollte auch nicht so lasterhaft viel essen, daß er der Gurgelspülung bedarf; er verkleinere die Speisen, fletschernd, zu einem leichtflüssigen Brei und stille seinen bescheidenen Durst an Kompott und Obst. Übrigens gibt es ein Gericht, zu dem nichts so schmeckt wie ein Glas frisches Wasser; es sind – der Kuriosität halber sei's angemerkt – Makkaroni. Zu manchen Deftigkeiten ist ein Glas Bier jedem andern Getränk vorzuziehen; manches –

Beefsteak, Roastbeef, Austern – paart sich schön mit Porter und Ale; allzu dreistes Fett schreit nach Bändigung durch einen Schnaps. Ein Glas Portwein zur Suppe, Sekt zum Nachtisch haben ihre Rechte. Bei kurzen Mahlzeiten leistet auch dem Schlemmer ein Wein genug, und er wird, weil er den Wein ehrt, in der Regel keine große Marke, wennschon eine gute wählen. Falls er überhaupt zur Mahlzeit trinkt, was, namentlich wenn er sich an ein Gericht hält, keineswegs immer lohnt. Hinterdrein kommt ja der Kaffee, der viel wichtiger ist als ein Beigetränk, dieweil er aus der Animalität wieder zur Geistigkeit zurückführt. Merk's, Schlemmer: kurze Genüsse sind die schönsten!

Und so kann es dir geschehen, daß dir weit stärker als ein sorgfältiges Eßprogramm ein einfacher, guter und starker Eindruck an die Nieren greift. Etwa eine Gänsekeule in Weißsauer oder ein Trumm fettgerandeten zarten Schinkens, dem Kienholz das Aroma gab; oder ein dick mit Butter gestrichenes, ja selbst ein trockenes Stück Bauernbrot, aus schwarzem Roggenmehr gebacken, fein durchsäuert, mit einer Kruste, deren brenzlige Bittersüße den ganzen Mund füllt, – wobei wieder ein Unterschied zu machen ist zwischen der braunglasierten oberen und der weißbestäubten unteren Rinde. Eine Hand voll Knorpelkirschen am frühen Morgen; ein Glas Milch frisch aus dem Eimer, warm und wie Champagner schäumend, am Vorabend; oder eine gute Dickmilch mit geriebenem Brot: wenn man's im richtigen Augenblick hat, gibt's nichts Besseres.

Trotzdem ist es gut, sich nicht auf solche Glücksfügungen allein zu verlassen. Namentlich nicht zu zweit, insbesondere ganz und gar nicht, wenn du mit einem reizenden Weib zusammen bist, die gern was Gutes ißt. Für solche Fälle magst du schon einen kleinen Magenfahrplan bereit halten, einfach, ohne dem Nachtisch vorzugreifen. Etwa –

im Sommer: Kirschensuppe, Spargel mit Schinken, Erdbeeren mit Schlagsahne; oder Blumenkohlsuppe, junge Tauben mit Kopfsalat, Eierkuchen mit Stachelbeeren. Getränk Mosel;

im Herbst: Gemüsesuppe, Lebern auf Reis, Ente mit Sauerkohl, Brie. Getränk Bordeaux; oder Kaviar, Hagebuttensuppe, Rebhuhn mit Rotkohl, Preißelbeeren, Roquefort. Getränk Burgunder;

im Winter: Klare Brühe, Rheinlachs, Rehrücken, Apfelmus, Schweizerkäse. Getränk Rheinwein; oder Austern, Nierensuppe, Roastbeef mit Gemüsen, Kompott und Salat, Holländer Käse. Getränk abermals Rheinwein. Oder – an einem naßkalten Tage, an dem es euch bis ins Mark fröstelt: Hummer, Beefsteak mit Bratkartoffeln, englischer Sellerie, Chester. Getränk Porter mit Ale.

Es ist nichts angenehmer bei ausgezeichnetem und gestuftem Essen als ein junges Weib, dem es schmeckt und das es sich unverhohlen schmecken läßt. Betröpfle nach der Mahlzeit ein paar Erdbeeren oder eine Scheibe Ananas in hohem Glase mit Sekt. Man spürt Zusammenhang, wie frischer Saft und Duft der Erde in ein edles Geschöpf hochquillt und als Fröhlichkeit blüht. Hier geschieht die wahre und sinnfällige Veredlung der Materie: Verleiblichung, die die Fortsetzung in der Vergeistigung findet.

Auch sie beginnt schon beim Essen. Manchmal, seltsam überrascht, spürst du Wesen dessen, was du zwischen den Zähnen oder auf der Zunge hast. Das ist – Brot, schlechthin; das ist – Fleisch, schlechthin; das ist – Blut, Muskel, Fett, Zelle, lockeres Pflanzengewebe, gedrängte Frucht. Das sind Gruppierungen des Stoffs, die du plötzlich mit hellhörigem Gaumen als überindividuell empfindest, als letzt und endgültig. Aus beschaulichem Essen keimt jezuweilen, unleugbar, eine metaphysische Ergriffenheit.

Du lachst? Gleich wirst du schimpfen, Oberflächlicher, der du für alles nur deine abgegriffene Scheidemünze hast, und wirst mich als Lästerer verschreien. Aber ich bin keiner, sondern nur sachlich, wenn ich dich darauf aufmerksam mache, daß nicht ein Zufall es war, der das Essen zum Sakrament erhöhte. Eine lange, seltsam gewundne, aber nie abgerissene Reihe führt vom Fraß des Wilden über die Obferspeise zum Abendmahl. Symbole sind – das ist ihr Unterschied vom kalten Vergleichen – nie bloße Ähnlichkeiten, sondern Wesensgleichheiten; nicht Parallelen, sondern Identitäten. Das Abendmahl ist feierliche Sublimierung des Essens und Trinkens, letzte Verseelung eines natürlichen Vorganges, genau wie Taufe des Bads und Ehe der Begattung. Über alle Verleugnungen der Askese, alle Kasteiungen durch Fasten, Schmutz und Enthaltung triumphierte die Erhöhung und Heiligsprechung der Grundlagen des Lebens. Essen, Trinken, Reinigung, Fortpflanzung: gibt es Einfacheres, gibt es Erhabeneres? Kein Denken allein würde ausreichen, diese Entwicklung von der Wurzel bis zur feinsten Spitzenstrahlung zu fassen; man muß sie körperlich fühlen. Und was ist Schlemmen anderes als Gefühl der eigenen Leiblichkeit, Versinken in ihrem Augenblick, ohne Leid und Reue?

Ernst Lößnitzer
Mahnruf an die deutschen Köche

»Deutschland, Deutschland über Alles, über Alles in der Welt!«
Schallt's vom Rhein bis an die Memel, von den Alpen bis zum Belt.
»Einigkeit und Recht und Freiheit sind des Glückes Unterpfand!«
Rufen Millionen Deutsche in dem deutschen Vaterland.

Alle uns're deutschen Köche stimmen ein in diesen Ruf,
Preisen unsern großen Kanzler, welcher Deutschlands Einheit schuf,
Rühmen sich der deutschen Größe, deutschen Denkens, deutscher Wacht,
Deutschen Mutes, deutscher Treue, deutscher Stärke, deutscher Macht.

Doch die Sprache deutscher Köche ist durch welsches Gift versehrt,
Und die Namen unsrer Speisen sind verwelscht, verzerrt, verkehrt.
Klaget nicht Ihr deutschen Köche, wenn der Franzmann Spott und Hohn
Auf Euch häuft ob Eurer Sprache, Ihr verdient nicht bess'ren Lohn.

Denn, kein Wort der Muttersprache unsre edle Kochkunst ziert,
Man spricht nur in deutschen Küchen: ab- zu- durch- und einpassiert,
Attachiert, barbiert, blanchiert, bardiert, braisiert und bridiert,

Ciselieren, dekorieren, kandiert, daubiert, degorgiert.

Dressiert, doubliert, desossieren, farciert, filtriert,
gratiniert,
Clar'ficieren, degraissieren, coloriert, flambiert,
garniert,
Glaciert, grilliert, marinieren, hachiert, legiert,
mijotiert,
Maskiert, mitonniert, panieren, mort'ficiert, pariert,
pochiert,

Pralinieren, reducieren, reveniert, sautiert, tabliert,
Rapiert, rafraichiert, tournieren, troussiert, nappiert u.
tranchiert.
– Kunstausdrücke? welscher Flitter! Eurem Volkstum
weit entfernt;
Habt Ihr denn die deutsche Sprache, deutsches Reden
nie gelernt? –

Schon am frühen Morgen denkt Ihr nur an Euer
Déjeuner,
Diesem folgt im Lauf des Tages noch das Diner und
Souper,
Um den Appetit zu reizen, ist geschaffen das Menu,
Bringt die Namen unsrer Speisen, aber fragt mich nur
nicht: Wie?

Auf der deutschen Speisekarte steht: Potage und
Consommé,
Und nächst diesen, als Hors d'œuvre, größtenteils:
Petites bouchées,
Mit verschiedener Benennung folgt alsdann der:
Poisson,
Paupiettes de sandre, Turbot, Truites und Soles, wohl
auch Saumon.

Um zu sätt'gen sind geschaffen: Grosses pièces und
Relevés,
Doch der Gourmand liebt vor allem die verschiedenen
Entrées,
Rôtis, Légumes, Entremets und dann als letzten
Hochgenuß,
Kommt: Fromage, Dessert et fruits, eines jeden Mahles
Schluß.

Rätsel sind die Speisenamen, kein Gelehrter kennt sich
aus,
Wär' nicht das à la erschaffen, schlimm säh's mit der
Kochkunst aus;
In den Küchen unsrer Heimat ist das Deutsche
unbekannt,
Alle Sprachen sind geduldet, nur die eigne ist verbanntt.

Beignets, Steaks, Risotto, Pilaw, Irish stew und
Attereaux,
Goulacz, Fricco, Curry, Szrászy, Welsh rabbit und
Puchero
Steht auf deutschen Speisekarten; doch das Tollste, was
man sieht,
Ist geschmortes Würfelfleisch, des kühner Name: Cinq
minutes.

Schaffet ab die Sprachverwirrung, fegt hinaus die fremde
Spreu,
Bleibt auch mit der Muttersprache Eurem Vaterlande
treu,
Dann erst könnt Ihr Zutritt finden in das deutsche
Ruhmeszelt,
Rufen: »Deutschland über Alles, über Alles in der Welt!«

Beilage

Garnituren[1]

Vier Portionen

Gänselebertaler im Strudelteig

Zutaten:
4 ausgestochene Taler von
Gänsestopfleber
4 schwarze Trüffelscheiben
½ Stange Lauch
2 Kartoffeln (Nicola)
Salz, Pfeffer
Muskat
$^1/_{20}$ l Madeira
¼ Glas Champagner

Für den Strudelteig:
250 g Mehl
1 Eigelb
Öl
Salz und lauwarmes Wasser

Zubereitung:
Lauch der Länge nach halbieren, waschen und schneiden. In Butter mit einem Glas Champagner dünsten. Die Kartoffeln waschen, schälen und zu Rösti verarbeiten. Strudelteig[2] ausstechen, mit Gänsestopfleber und Trüffelscheiben füllen.

1 von E. Witzigmann als Beilagen etwa zum Rinderfilet (s. S. 131) empfohlen
2 Zubereitung s. S. 134

Chartreuse von Gemüsen und Pfifferlingen

Zutaten:
4 Chartreuseformen
2 Karotten
2 Zucchini
1 kleine Kartoffel
(3 cm Durchmesser)
½ Sellerieknolle
250 g Pfifferlinge
½ Kopfsalat
1 Handvoll Petersilie
Salz, Pfeffer
Muskat
⅛ l Kalbsjus

Zubereitung:
Gemüse waschen, schneiden, blanchieren und in der Form kreisförmig schichten. Kopfsalat waschen, kurz blanchieren, in Butter mit den Pfifferlingen dünsten. Mit Salz, Pfeffer und Muskat abschmecken, mit Kalbsjus verfeinern, in die Chartreuseformen einfüllen und schmoren.

Gefüllte gratinierte Markknochen

Zutaten:
4 gleich groß geschnittene
Markknochen
150 g Ochsenmark
3 Scheiben Toastbrot

1 Handvoll Kerbel
1 kleiner Bund Schnittlauch
50 g Butter
100 g Kalbszunge
$^{1}/_{16}$ l Kalbsjus
Salz, Pfeffer
Muskat

Zubereitung:
Markknochen waschen, kurz blanchieren, mit Kalbsjus einstreichen und im Ofen ganz leicht kroß braten. Ochsenmark waschen, würfeln und mit dem geschnittenen Toastbrot in Butter leicht andünsten. Feingewürfelte Kalbszunge zugeben, mit Salz, Pfeffer und Muskat abschmecken, gehackte Kräuter untermengen, in die Knochen einfüllen und im Ofen leicht gratinieren.

Francis Ponge
Die Kartoffel

Eine gekochte Kartoffel von guter Qualität zu schälen ist ein erlesenes Vergnügen.

Man nimmt sie zwischen die Daumenbeere und die Spitze des Messers, das die andern Finger derselben Hand halten, und zieht – nachdem man sie angeschnitten hat – dieses rauhe, dünne Papier an einer seiner Lippen zu sich, um es vom appetitlichen Fleisch der Knolle zu lösen.

Der leichte Eingriff verschafft, wenn man gelernt hat, ihn ohne allzuviel Neuansetzen durchzuführen, ein Gefühl unaussprechlicher Befriedigung.

Das leichte Geräusch beim Ablösen der Gewebe ist für das Ohr angenehm und die Entdeckung des eßbaren Fleisches erfreulich.

Wenn man die Vollkommenheit der entblößten Frucht, ihr Anders-Sein, ihre Ähnlichkeit, ihre Überraschung – und die Leichtigkeit des Eingriffs – bedenkt, so scheint's, als habe man etwas Rechtes vollbracht, etwas von der Natur schon lange Vorhergesehenes und Gewünschtes, das zu erfüllen jedoch uns zum Verdienst gereicht.

Deswegen will ich auch nichts weiter drüber sagen, selbst auf die Gefahr hin, daß ich mich scheinbar mit einem allzu simplen Werk zufriedengebe. Ich brauchte ja nur – in ein paar mühelos hingeworfenen Sätzen – mein Thema zu entkleiden, brauchte nur ganz genau dem Umriß seiner Form nachzugehen: sie unberührt, doch poliert, strahlend und durchaus bereit, die Freuden des Genusses zu erleiden wie zu spenden, hinterlassend.

... Diese Zähmung der Kartoffel durch eine zwanzigminütige Behandlung mit kochendem Wasser ist recht merkwürdig (gerade jetzt, während ich schreibe, kochen vor mir – es ist ein Uhr morgens – Kartoffeln auf dem Herd).

Man hat mir gesagt, es sei besser, wenn das Wasser scharf, gesalzen sei: es muß nicht sein, ist aber besser so.

Ein Heidenlärm läßt sich vernehmen: das Wasser kocht. Es gerät in Zorn, ist zumindest auf dem Gipfel der Unruhe. Wütend löst es sich in Dampf auf, schäumt, brüht sogleich, pfeift und zischt: kurz und gut, es ist höchst aufgeregt auf diesen glühenden Kohlen.

Meine Kartoffeln, die da drin schwimmen, werden von Zuckungen befallen, durcheinandergeschüttelt, beschimpft, bis aufs Mark durchtränkt.

Zweifellos gilt der Zorn des Wassers nicht ihnen, doch müssen sie seine Auswirkungen ertragen, – und da sie sich nicht freimachen können von dieser Umgebung, werden sie tiefgreifend von ihr verändert (ich wollte schreiben: gehen sie dabei auf ...).

Zu guter Letzt bleiben sie erledigt oder zumindest sehr abgekämpft darin liegen. Wenn sie mit ihrer Gestalt davongekommen sind (was nicht immer der Fall ist), sind sie gar, sind sie gefügig geworden. Alle Härte ist aus ihrem Fleisch verschwunden: sie schmecken einem.

Auch ihre Haut hat sich ebenso rasch verändert: man muß sie abziehen (sie ist zu nichts mehr nutze) und zum Abfall werfen ...

Bleibt der bröcklige und schmackhafte Block, – der zunächst zwar, doch nicht so sehr, zum Leben und dann zum Philosophieren taugt.

Mascha Kaléko
Ansprache eines Bücherwurms

Der Kakerlak nährt sich vom Mist,
Die Motte frißt gern Tücher,
Ja selbst der Wurm ist, was er ißt.
Und ich, ich fresse Bücher.

Ob Prosa oder Poesie,
Ob Mord – ob Heldentaten –
Ich schmause und genieße sie
Wie einen Gänsebraten.

Ich bin ein sehr belesner Herr,
Nicht wie die andern Viecher!
Daß Bücher bilden, wißt auch ihr,
Und ich – ich fresse Bücher.

Die Nahrung, sie behagt mir wohl,
Verleiht mir Grips und Stärke.
Was andern Wurst mit Sauerkohl,
Das sind mir Goethes Werke.

Ich fraß mich durch die Literatur
So mancher Bibliotheken;
Doch warn das meiste, glaubt es nur,
Bloß elende Scharteken.

Das Bücherfressen macht gescheit.
So denken sich's die Schlauen.
Doch wer zuviel frißt, hat nicht Zeit,
Es richtig zu verdauen.

Drum lest mit Maß, doch lest genug,
Dann wird's euch wohl ergehen.
Bloß Bücher *fressen* macht nicht klug!
Man muß sie auch verstehen.

Karl Valentin
Semmelnknödeln

LIESL KARLSTADT Ja sag einmal, warum bist du denn heute Mittag nicht zum Essen gekommen? 2 Stunden hab ich auf dich gewartet.

KARL VALENTIN Ja, ich hab da draußen gleich gegessen, wo ich zu tun g'habt hab, in der kleinen Wirtschaft, und da ißt man sehr gut, fast tadellos.

LIESL KARLSTADT No, so gut, wie ich koche, wirds bestimmt nicht sein.

KARL VALENTIN Doch, doch.

LIESL KARLSTADT Aber jetzt ist es neun Uhr abends, wo warst du denn in der langen Zwischenzeit?

KARL VALENTIN Nirgends, da hab ich auf das Mittagessen gewartet.

LIESL KARLSTADT Ja ist dir denn das nicht zu langweilig geworden?

KARL VALENTIN Nein – in der Zwischenzeit hab ich mit der Kassierin gesprochen.

LIESL KARLSTADT Was, neun Stunden warst du mit der Kassierin beisammen? Über was habt ihr denn da gesprochen?

KARL VALENTIN Ja über dös, daß die Semmelnknödel so lange nicht kommen.

LIESL KARLSTADT So lang wartet doch kein vernünftiger Mensch auf das Mittagessen.

KARL VALENTIN Da war ich ja nicht vernünftig, ich war ja hungrig.

LIESL KARLSTADT Papperlapapp – wenn man das Essen um zwölf Uhr bestellt und in einer halben Stunde ist es noch nicht da, dann geht man einfach.

KARL VALENTIN Freilich, dann frißt's ein anderer für mich ...

LIESL KARLSTADT Und ausgerechnet Semmelknödel hat er sich bestellt, wo doch ich heute auch Semmelknödel gemacht habe.

KARL VALENTIN Was, dieselben?

LIESL KARLSTADT Ah, dieselben! Unsinn – andere hab ich halt gemacht, aber Semmelknödel sind Semmelknödel.

KARL VALENTIN deln.

LIESL KARLSTADT Was deln?

KARL VALENTIN Semmelnknödeln heißt's.

LIESL KARLSTADT Ich hab ja g'sagt, Semmelknödel.

KARL VALENTIN Nein, Semmelnknödeln.

LIESL KARLSTADT Nein, man sagt schon von jeher Semmelknödel.

KARL VALENTIN Ja zu einem – aber zu mehreren Semmelknödel sagt man Semmelnknödeln.

LIESL KARLSTADT Aber wie tät man denn zu einem Dutzend Semmelknödel sagen?

KARL VALENTIN Auch Semmelnknödeln – Semmel ist die Einzahl, das mußt Ihnen merken, und Semmeln ist die Mehrzahl, das sind also mehrere einzelne zusammen. Die Semmelnknödeln werden aus Semmeln gemacht, also aus mehreren Semmeln, du kannst nie aus einer Semmel Semmelnknödeln machen.

LIESL KARLSTADT Machen kann mans schon.

KARL VALENTIN Ja ja, machen schon, aber wenn du aus einer Semmel 10 Semmelnknödeln machen tätst, dann würden die Semmelnknödeln so klein wie Mottenkugeln. Dann würde das Wort Semmelknödeln schon stimmen. Weils bloß aus einer Semmel sind. Aber solang die Semmelnknödeln aus mehreren Semmeln gemacht werden, sagt man unerbitterlich: Semmelnknödeln.

LIESL KARLSTADT Da sagst es aber auch nicht richtig, jetzt hast grad g'sagt Semmelnknödeln.

KARL VALENTIN Nein, ich hab g'sagt Semmelnknödeln.

LIESL KARLSTADT Richtig muß es eigentlich Semmelnknödeln heißen, die Semmel muß man betonen, weil die Knödel aus Semmeln gemacht sind – überhaupt das Wichtigste ist der Knödel – Semmelknödeln müßt es ursprünglich heißen.

KARL VALENTIN Nein, das Wichtigste ist das ›n‹ zwischen Semmel und Knödeln.

LIESL KARLSTADT Ja wie heißt es dann bei den Kartoffelknödeln?

KARL VALENTIN Dasselbe ›n‹, Kartoffel n knödeln !!!

LIESL KARLSTADT Und bei den Schinkenknödeln ah – hahaha –

KARL VALENTIN Da ist's genau so – da ist das ›n‹ schon zwischendrinn, es gibt keine Knödeln ohne ›n‹.

LIESL KARLSTADT Doch, die Leberknödeln.

KARL VALENTIN Ja, stimmt – Lebernknödeln kann man nicht sagen!

Heinz Behrend
Radieschen

Ein kleines Radieschen, gewaschen, geputzt;
Mit Kerbelschnitten zum Röschen gestutzt,

Fühlt mit Salat sich und Kräutern verziert,
Auf einer silbernen Platte serviert,

Umgeben von Austern und Krabbengelees
Als Mittelpunkt eines Gala-Diners.

Doch als ihm im Laufe des Abends klar,
Daß es statt Mittelpunkt – Beilage war,

Da wurde vor Ärger es rot im Gesicht
Und mochte die ganze Gesellschaft nicht.

Es war jetzt sogar darüber verschnupft,
Daß man's überhaupt einmal ausgerupft.

Sie wundern sich nun, warum und wieso?
– – – Die kleinen Radieschen sind immer so!

Friedrich Georg Jünger
Spargelzeit

Im Frühling, wenn ich die ersten Spargel in den Gemüseläden sehe, wenn sie da in geflochtenen Körben ausliegen oder auch in kleinen, kreuzweise verschnürten Bündeln, woran denke ich dann zuerst? Welche Bilder tauchen vor mir auf? Ich sehe – und ich sehe sie so deutlich – die vielen Mädchen, die über die kahlen, gerippten Felder gehen, sich tief bücken und den Spargel mit ihren Messern stechen. Die Felder sind bunt von ihnen, denn sie tragen bunte Blusen, Hemden und Röcke. Schritt für Schritt gehen sie voran, die Körbe neben sich, in die sie den Spargel füllen. Der Wind weht, die Sonne sticht, die Gesichter sind braun gebrannt vom heißen Licht, das auf die Felder niederbrennt. Manchmal richtet sich eines der Mädchen auf, es wölbt die Brust vor und zieht die Schulterblätter nach innen, es reckt und streckt sich, der Schweiß steht ihm auf der Stirn, es legt die Hand vor die Augen, die von der Sonne geblendet werden. Es atmet tiefer, und dann bückt es sich wieder auf die Erde, von der die warme Luft aufsteigt. Bück dich nur, bück dich nur, ruft die Wachtel aus den Kornfeldern nebenan.

Da ist der große, schwarze, hölzerne Schuppen, in dem die Mädchen wohnen, schlafen und arbeiten. Ich sehe wieder, wie diese Mädchen, die so munter waren und ein neues, unruhiges Leben in die Landschaft brachten, mit ihren Koffern und Bündeln im Frühling ankamen, wie sie in der Stadt aus der Bahn stiegen und feldeinwärts gefahren wurden, nach dem Schuppen hin, in dem sie sich einrichteten. Zum Spargelstechen werden fremde Mädchen gebraucht, die von weither kommen. Auf dem Lande fehlt es an Arbeitern, die das tägliche Stechen und Einmachen der Spargel besorgen könnten. Sie zur Ansiedlung herbeizuziehen, bringt keinen Nutzen, denn wer sollte sie für den großen Teil des Jahres beschäftigen, wer sie erhalten? Hier können nur fremde Arbeiterinnen verwendet werden, Arbeiterinnen, nicht Arbeiter, denn für das Stechen, Sammeln, Säubern, Schälen und Einmachen sind weibliche Hände geschickter. So kamen sie denn Jahr für Jahr, genau zu der Zeit, in der sie gebraucht wurden. Die Arbeit ist wegen des beständigen Bückens und Kniens, das in den Rücken geht, nicht leicht, gehört aber auch nicht zu den schweren, weil sie keine große Anstrengung fordert und weil man bei einiger Übung darin rasch vorankommt und lange aushält. Frische Luft, Sonne und Gesellschaft ist immer da, und auch an Neckereien, Stichelreden, Eifersucht und sonntäglichen Belustigungen ist kein Mangel. Wie fröhlich, wie übermütig waren doch diese Mädchen. Der Mensch lebt nicht von der Arbeit allein, und wenn sie die Woche über in ihren bunten, leichten Arbeitskleidern auf den Feldern geschafft hatten, dann zerstreuten sie sich an den Sonntagen in noch bunteren Kleidern über das Land, durchstreiften die Gegend und eilten den Tanzböden zu. Meist schwärmten sie in kleinen Gruppen aus, und von fern gesehen leuchteten ihre bunten Blusen und Röcke wie Blumensträuße. Der Frühling war da.

Der Spargel ist – wer es noch nicht weiß, der achte darauf – ein Zauberkraut. Etwas Zauberisches ist am Spargel. Er gehört zu den wunderbaren Pflanzen, ob er nun in weißen Pfeifen, die rasch bläulich und rötlich sich verfärben, den Boden durchbricht, oder ob er sich verkrautet und zu einem dünnblättrigen Bäumchen wird, an dem erst grüne, dann rote Beeren hängen. Wenn der Wind durch diese Bäumchen fährt, hört man ein feines Rauschen. Sie biegen und bauschen sich wie grüne Röckchen, und die roten Beeren schaukeln im Wind. Ein zartes, grünes Weben und Flirren geht durch die Felder, geht wie ein feingesponnener Schleier durch sie hin. Später werden die grünen Blätter gelb und rieseln auf die Erde. Wenn sie dann abgeschnitten und verbrannt werden, senden sie zum letzten Male ihren Duft aus. Das alles ist schon Zauberei. Hinzukommt, daß der Spargel den Boden verändert. Und so, wie er den Boden verändert, so veränderten die Mädchen, die als Stecherinnen kamen, die Gedanken der Männer. Wenn sie, ein wenig später als die Schwalben, mit dem Frühling kamen, war es, als ob die Luft sich lockerte und leichter wurde. Obwohl ihre Arbeit nicht leicht war, entstand der Eindruck, daß Gäste gekommen waren und ein Fest gefeiert wurde. Auch das war Zauberei. Manche, und nicht nur die Spötter, führen die Fröhlichkeit, die sich bis zum leichten Rausch steigerte, auf die Spargelpflanze zurück, an deren besondere Kräfte das Volk ja von jeher glaubt. So wie die Ankunft der Mädchen unzweifelhaft mit dem Spargel zusammenhing, so auch ihre Fröhlichkeit. Mag dem sein, wie ihm wolle, niemand konnte leugnen, daß die Anwesenheit so vieler junger Mädchen, die nichts als Lachen, Lieder, Geschwätz und Lustbarkeiten im Kopf hatten, ein unruhiges Feuer in die Gegend brachte, ein Feuer, dessen Funken weithin flogen, manchmal auch auf Orte fielen und zündeten, an denen man den Brand nicht erwartet hatte. Die Frauen und Mädchen der Landschaft sahen die Eindringlinge nicht gern. Sie waren argwöhnisch und urteilten über die Beziehungen, die sich flüchtig entspannen, nicht ohne Bitterkeit.

Flüchtig und vergänglich wie die Pflanze selbst, vorübergehend wie ihr Sprossen war ja alles. Es dauerte nicht länger als sechs Wochen und war mit einem Schlage wieder vorbei. Die Mädchen packten ihre Koffer und Bündel und zogen ab; der Schuppen, in dem sie wohnten und schliefen, wurde abgeschlossen und mit Schlössern versehen, und an die Stelle des bunten, unruhigen Lebens dieser Wochen trat tiefe Stille, die durch kein Geräusch mehr unterbrochen wurde. Wenn nicht der Schuppen geblieben wäre, wenn nicht die Spargelbäumchen jetzt zu wachsen begonnen hätten, hätte man alles für einen Traum halten können.

Damals, als ich auf dem Lande und in unmittelbarer Nachbarschaft der Spargelfelder lebte, beschäftigte mich das alles. Oft denke ich an die Landschaft zurück. Wie schön waren doch die Maitage in ihr. Dort gibt es weder Seen noch Berge, nicht einmal einen Hügel, den man ersteigen und von dem man herabsehen könnte. Aber ich vermißte die Seen und Berge nicht. Geht einmal ins Moor an einem solchen Tage. Das Moor grünt, die Moose schwellen von Feuchte, und die Sträucher strömen einen starken Duft aus. Dort stehen Gagel, Porst, junge Birken, und die Luft ist ganz süß von ihrem Duft. In den schwarzen und braunen Torfstichen, deren Ränder rot von Sonnentau sind, spiegelt sich der klare Himmel. Blaue und grüne Libellen schwirren über den Boden, der weich wie ein Teppich ist, und Kiebitze und Brachvögel rufen in der Luft. Kein Mensch weit und breit. Um das Moor herum aber liegen die Wiesen und Weiden. Da gibt es Auwälder, in denen der Kuckuck ruft, Büsche, Wallhekken und mannigfaches Grün. Das Grün ist saftig, feucht, glänzend vom Tau, und die Herden von schwarzweißgefleckten Kühen ziehen still in die Flur hinein und ruhen am Mittag im Schatten der Erlen und Eichen aus. Auch Espen wachsen dort, und ihre Blätter sind immer in Bewegung. Jetzt aber kommt die Straße und an der Straße das Dorf. Der Boden wird trockener, die Felder beginnen, der Gesang von unzähligen Lerchen wirbelt in die Lüfte. Die Höfe liegen an der Straße, im Schatten alter Eichen, und wer die Straße hinuntergeht, der sieht die Spargelfelder, auf denen das Stechen begonnen hat. Eine lange Reihe rechteckiger, gerippter Felder beginnt neben der Straße, und sie reichen bis an einen Wald, der sie mit seinen Bäumen begrenzt. Die Felder sehen so kahl aus, als ob sie nicht bepflanzt worden wären, und die Beete sind sorglich abgeteilt. Wer die Spargelköpfe sehen will, die aus der Erde hervorkommen, der muß dicht an die Beete herantreten. Wenn er aber nicht früh aufgestanden ist, dann sieht er die Spargel nicht mehr, denn die Stecherinnen waren früher da und haben ihre Ernte schon in den Schuppen getragen.

Wenn ich mich recht entsinne, wurde meine Teilnahme für den Spargel durch die Beobachtung geweckt, daß er auch wild vorkommt oder doch verwildert, denn die Vögel verschleppen im Herbst die kugeligen, roten Beeren, die so groß wie eine Erbse sind. Sie fressen sie und pflanzen die unverdauten Samen aus. Bald sprießen die jungen Spargel an Gräben, Hecken und Waldsäumen hervor. Wer sich ihren Standort merkt, der kann die wilden Spargel in jedem Frühjahr stechen. Sie sind dünner als die auf den Feldern, sind nicht weiß, sondern grün, aber sie sind zart, saftig und würzig. Ich habe mir oft ein Bündel von ihnen gestochen, dazu die Triebe des wilden Hopfens, der in Hecken und Büschen hochklimmt. Ich fand den Spargel leicht, weil ich mit dem Einsammeln von Pflanzen beschäftigt war und die Standorte nicht vergaß. Manches Eigene, das sich erst bei genauerer Betrachtung zeigt, ist an der Pflanze. Wer weiß denn, daß sie in zwei Geschlechtern vorkommt, daß es männliche und weibliche Spargel gibt? Die Spargelmänner sind dicker und gedrungener als die Spargelweibchen. Aber bei den wilden und verwilderten ist das nicht so leicht zu erkennen. An den verwilderten erkennt man auch nicht, von welchen Sorten sie kommen. Es gibt viele Sorten von angebauten Spargeln, und sie haben gepriesene Namen: Ruhm von Braunschweig, Superior Palmetto, Erfurter Riesen. Wer kennt sie alle, wer vermöchte sie aufzuzählen? In ihnen allen, in ihren jungen Sprossen ist der wunderbare Saft, der mancherlei Kräfte enthält. Wer sich davon überzeugen will, der braucht nur eine tüchtige Portion solcher Sprossen zu essen.

Frank Wedekind
Marys Kochschule

Daß in deinem Engelsköpfchen
So viel Teufelei rumort,
Hätt' ich nimmer ahnen können;
Aber deine Küsse brennen,
Wie kein Höllenfeuer schmort.

Deiner Seele heiße Sauce
Gießt sich prasselnd auf mich aus;
Mit den neusten Apparaten
Werd' ich Ärmster ausgebraten,
Ein bejammernswerter Schmaus.

Schließlich öffnest du die Brust mir
Und transchierst mein dampfend Herz,
Weidest dich an seinem Pochen,
Wie's zerrissen und zerstochen
Und in Stücke sprang vor Schmerz.

Jürg Federspiel
Das Zeugnis

Jules d'Albert war ein Ekel, und Mary erfuhr alsbald, wie grundlegend seine Rede vom Tage zuvor gemeint war. Er ließ sie Kartoffeln schälen, Zwiebeln schneiden, Salat waschen, bis ihre doch arbeitsgewöhnten Hände dunkelrot geschwollen waren, was ihn nicht hinderte, sie während der halbstündigen Arbeitspause in den Keller zu führen, um sie dort in kaninchenhafter Eile zu genießen, nachdem er ihr mit einem einzigen raschen Griff die Unterwäsche ausgezogen hatte. Als er fertig war, gab er ihr einen Klaps auf den Hintern und schickte sie wieder nach oben. Die Kolleginnen grinsten schadenfreudig, denn es erging ihnen nicht besser. Jede der Gehilfinnen hatte ihren jour fixe im Keller, und wie Mary hatten alle die Hotelsuite von Monsieur d'Albert nur einmal gesehen.

An Hitze und Lärm mußte sich Mary nicht mehr gewöhnen. Sie wußte von der LEIBNITZ her, wie all dies zu Küche und Kochen gehörte. Doch hier wurde noch mehr geschrien als auf dem Schiff, wo nur drei Leute in der Küche gearbeitet hatten. Hier klapperten Teller, schepperten Pfannendeckel, und wütende Kellner brachten die Gerichte zurück, die heikle und anspruchsvolle Gäste zurückgewiesen hatten.

Um halb fünf durfte Mary nach Hause, müde und doch glücklich. Sie sah sich dem fernen Berufsziel etwas näher. Abends glaubte sie, Chris Cramer zuweilen trösten zu müssen, denn er erzählte allzu oft und mit schlechtem Gewissen, die echten Anarchisten seien so beschäftigt, daß sie einer regelmäßigen Arbeit nicht nachgehen könnten. Er las und las, und die Bücher stapelten sich um seine Matratze. Er kannte eine Gruppe von Leuten, meist Einwanderer, die ihn mit Lektüre versorgte.

Marys Erwartungen wurden allerdings am Wochenende, als der Lohn überreicht wurde, arg enttäuscht. Eine der netteren Kolleginnen belehrte sie, man müsse sich zum Ausgleich der Lebensmittel bedienen und diese unter dem Rock verstecken, das falle niemandem auf bei den Unmengen an kulinarischem Rohmaterial, die sich in den Schränken und im Keller türmten. Die Freundin täuschte sich übrigens: Monsieur d'Albert hatte den

Diebstahl einkalkuliert. So gingen zwei Monate ins Land, Tage harter Arbeit und abendlichen Glücks mit Chris Cramer, der ihr zuweilen auch etwas vorlas, von dem er glaubte, daß es ihr gefallen könnte: Bis eines Tages Mary in der Hotelküche erfuhr, es erwarte sie an diesem Tag besonders viel Arbeit, da drei Kolleginnen und ein Koch schwer erkrankt seien. Es war Monsieur d'Albert, der ihr dies mitteilte. Mary geriet in Ängste, die sie sich selber nicht erklären konnte, etwas riet ihr zur Flucht. Sie beschloß aber zu bleiben.

Am folgenden Morgen erschienen zwei weitere Köche nicht, auch eine vierte der insgesamt sieben Kolleginnen, sowie einer der Kellner. Kein Grund zur Besorgnis, befand Monsieur d'Albert. Er schickte allen Erkrankten die sofortige Kündigung ins Haus und engagierte für die Küchenhilfen ein paar herumlungernde Arbeitslose. Nicht betteln, arbeiten, bleute ihnen der Chef de Cuisine ein. Er ließ sie doppelt so viel schuften und zahlte ihnen die Hälfte. Er wußte, was sich gehört.

Nach einer Woche mußte das Hotel St. Denis geschlossen werden. Unter den inzwischen Erkrankten befanden sich auch zwei stadtbekannte Herren, die sich im Hotel zu einem Geschäfts-Lunch getroffen hatten und mit beginnendem Leiden sofort Zeitungsredaktionen informierten, denn die Symptome ihrer Erkrankung waren dieselben: Einem Reichen konnte die Welt ein Unglück antun, so befanden die Redakteure, jedoch nicht zweien zur selben Zeit und am selben Ort. Da die beiden Herren ihre kräftigsten Jahre längst hinter sich hatten – »mit zu schnellen Weibern und zu langsamen Rennpferden« –, eine Redewendung damals, und zudem überfüttert waren, fanden beide schon bald die Gnade des Himmels und wurden zu Grabe getragen. Die Zeitungsjungen schrien sich am Todestag die Kehle heiser:

»Mr. Stewart Kinstler ist tot! Mr. Everett Douglas tot! St. Denis Hotel! Pest! Pest! Pest!«

Monsieur d'Albert überreichte den Küchenangestellten eine Abfindung, sieben Dollar für die Gehilfinnen, zehn Dollar für die Köche. Doch diesmal geschah etwas Unerwartetes. Während die Köche und die Mädchen apathisch die Wegzehrung akzeptierten, hielt sich Mary, Böses im hellen Blick, im Hintergrund und näherte sich dem Chef erst, als alle gegangen waren. Ihre Forderungen waren keineswegs zimperlich. Nicht nur verlangte sie den dreifachen Lohn in die Hand, anderenfalls werde sie bei Zeitungen vorsprechen, was gewisse Arbeitsbedingungen betreffe, nein, sie diktierte dem Herrn, an dem nur der Schnurrbart und der Name französisch waren, auch ein Abgangszeugnis, das sie als hervorragende Köchin auswies. Monsieur d'Albert – zuweilen hat auch die Gemeinheit Stil – zögerte keinen Augenblick und tat, wie ihm befohlen. Er lächelte und verbeugte sich sogar zum Abschied.

Die Arbeit bei Monsieur d'Albert war für Mary in jeder Hinsicht ein Gewinn gewesen. Sie hatte immer einen Bleistift und ein Stück Papier bei sich, hatte die Gewürze notiert, sei es für Gemüse, Fisch oder Fleisch, und die Dekoration raffinierter Leckerbissen auf Silber- oder Porzellanschüsseln blieben fotografisch genau in ihrem Gedächtnis haften. Ihre zierliche Nase unterschied von nun an auf seismographisch feine Weise, welche Farbe, zum Beispiel einer Sauce, im Einklang mit dem Duft war; zugleich hatte sie das Überfeinerte von Delikatessen, die keiner hochstapelnden Krönung mehr bedurften, verachten gelernt. Sie wollte für Menschen kochen, die gerne aßen, nicht für verschwenderische Angeber. Eine Herrschaft müßte es schon sein, kein Kantinen-Volk im heutigen Sinn. Sie entschied sich endgültig für grobkörniges Brot statt weißer Semmel und für reine

Früchte statt Früchten in Sirup. Als Chronist kann ich ihr nur beipflichten. »Mit gutem Brot ist selbst die gröbste Verpflegung auszuhalten, und ohne gutes Brot ist auch die luxuriöseste Tafel nicht zu genießen.« Dies hatte im Jahre 1844 eine gewisse Mary Cornelius in ihrem Kochbuch »The Young Housekeeper's Friend« geschrieben, also ein Vierteljahrhundert vor Mary Mallon.

Talent ist Talent, es erfaßt das bereits Vollbrachte mit Intuition und entwickelt gleichzeitig Fähigkeiten in ein Neuland. Natürlich war das bei Mary ein individueller Prozeß, und ihr phantastisches Talent beschränkte sich auf Suppen, Brot, Braten, Gemüse, Salat und Nachtisch. Das Essen ist nach der Liebe das Wichtigste im Leben eines Menschen, und wer Politik für wichtiger hält, der möge bedenken, daß auch sie im Grunde nur eine Folge des Mangels an Essen und Liebe ist.

Es folgte keine sonderlich gute Zeit für Mary. Das Zeugnis des Chefs im Hotel St. Denis war – wie man sich vorstellen kann – für geraume Zeit alles andere als eine Empfehlung. Und das hatte der maliziös lächelnde Monsieur d'Albert sehr wohl gewußt. Also arbeitete sie mehrere Monate als Plätterin oder Waschfrau in einem Hotel, suchte zuweilen heimlich die Küche auf und beschnupperte sie wie eine Katze.

Einmal begann sie ein Verhältnis mit dem Koch. Die Affäre war von kurzer Dauer: Der Koch liebte zwar gut, doch er kochte lausig, und somit war für sie der Fall erledigt.

Sie fand Stellen als Gehilfin in privaten Haushalten. Sie blieb selten länger als ein paar Wochen, vor allem weil sie sich mit der jeweiligen Herrschaftsköchin zerstritt, wenn sie ohne deren Erlaubnis den Deckel von den Töpfen hob und Gerichte kritisierte oder sie gar der Unfähigkeit bezichtigte. Sie war wohl meist im

Recht. Amerikaner sind in ihren Eßgewohnheiten ziemlich stur, sie waren es schon damals, und wenn eine Köchin vier bis fünf bestimmte Gerichte zur Zufriedenheit der Familie zubereiten konnte, war ihre Lebensstellung gesichert. Zuweilen war es aber auch die Dame des Hauses, die nichts anderes zu tun hatte, als die Dienstboten auszuspionieren oder in Versuchung zu bringen, und wenn es nur mit einem Dollarschein war, ein alter Trick: Man ließ ›zufällig‹ den Dollarschein auf der Treppe fallen und wartete ab, ob die Hausangestellten das Gefundene zurückbrachten oder für sich behielten, ein Zuverlässigkeitstest, den Mary jeweils bestand, indem sie den Schein mit ironischem Knicks der Dame überreichte. Zuweilen aber brach auch ihre bäurische Heftigkeit aus (eine Art Atavismus, eine seelische Wetterabhängigkeit, verursacht etwa durch plötzlichen Hagel), sie holte kurzerhand ein Dutzend Nägel und hämmerte den Geldschein auf der Treppe fest. Natürlich wurde sie daraufhin fristlos entlassen. Doch wenn man von solchen Temperamentsausbrüchen absah, war sie ihrer Fröhlichkeit und Munterkeit wegen beliebt; bei den Kindern wegen ihrer noch immer vorhandenen Kindlichkeit, bei den Herren wegen ihres hübschen Aussehens.

Die Welt drehte sich.

1873 veröffentlichte Michael Alexandrowitsch Bakunin sein Buch »Staat und Anarchie«, Nietzsche hatte die »Unzeitgemäßen Betrachtungen« abgeschlossen, Bruckner vollendete seine 3. Symphonie in d-Moll. 1874 wurde Winston Churchill geboren und zwar als grundsätzlicher Versager bis zu seiner zweiten Lebenshälfte; Emile Zola schrieb »Le ventre de Paris«, ein Buch, das Mary zweifellos interessiert hätte, und Johann Strauß, der Sohn, verewigte sich bis in die Mitte des folgenden Jahrhunderts mit der »Fledermaus«, ja, und Englands Industrie-Produktion wurde von jener der einstigen Kolonie, heute USA genannt, überflügelt. 1875 empörte sich Bismarck über die französische Aufrüstung, und Zyniker kritzelten Sprüche wie »Sozialismus ist Opium für die Proletarier« an die Wände der Universitäts-Toiletten; Helen Blawatzki gründete hier in New York die »Theosophische Gesellschaft«, die in Rudolf Steiners Anthroposophie gipfelte. 1876 fiel Bizets »Carmen« in Paris durch, in England erfand jemand ein Fahrrad mit Rücklauf, und während des ersten Sechstage-Rennens in Birmingham erblickte man lustvoll zum ersten Mal Damen der Gesellschaft in der Turnüre, also in hoher Schnürung und beachtlicher Entenpolsterung...

1876 befand sich Mary Mallon auf dem Weg zu ihrer ersten Stelle als Köchin. Sie hatte es geschafft, ohne Agentur, ohne Empfehlung, dank der etwas hochtrabenden Annonce in einer Zeitung.

Franz Hessel
Frau Menschenfresser

Ich bin des Menschenfressers Frau.

Ich selbst, ich nähre mich wie alle Welt. Mein Leibgericht ist Reis mit Zucker und Zimt. Mein Mann hat seine Eigenheiten wie alle Männer. Er ist ein guter Mann. Ich habe ihm sieben schöne Töchter geboren. Ach, sie sind nun tot; er hat sie selbst geschlachtet, wie ihr wißt, aus Versehen; und daran ist der kleine Teufel, der Däumling, schuld.

Als in der Sturm- und Wetternacht die sieben Holzhauerjungen in unser Haus kamen, da dauerten sie mich, und ich versteckte sie vor meinem Mann. Aber er roch das frische Menschenfleisch und langte die armen Bübchen unterm Bett hervor. Um sie zu retten, redete ich ihm zu, sie erst morgen zu essen, ich wolle das verhungerte Volk erst auffüttern. Damit war er einverstanden, nahm den Abend nur ein paar Kälberschenkel, ein Hämmelchen und ein halbes Schwein vor und trank heftig dazu, der gute Mann, denn er war durstig vom langen Weg im Regen und schlief bei Tische ein.

Nun bracht' ich die sieben Knaben ins Kinderzimmer. Zwei große Betten standen darin. In dem einen schliefen meine süßen Mädchen. Ins andere tat ich die Knaben.

Der Lausbub, der Däumling, nahm nachts den Mädchen ihre Schlafhäubchen mit Goldkronen ab. Goldkronen trugen sie, es waren ja Prinzessinnen, mein Mann ist ein Fürst unter den Menschenfressern. Die Häubchen setzte der kleine Teufel sich und seinen Brüdern auf.

Um Mitternacht, als ich schon fest schlief, stand mein Mann von Tische auf und hatte Lust, nach dem Jungmenschernen zu sehen, stieg in die Kinderkammer und tastete im Dunkeln die Betten ab. Da fühlte er auf den Köpfen der Buben die Krönchen, meinte, das wären seine Töchterchen, ging zum andern Bett hinüber und schnitt seinen eigenen Kindern die Hälse durch. Danach kam er zu mir ins Bett und schnarchte.

Als ich früh aufstand und ins Kinderzimmer sah, waren die sieben Buben fort, und meine geliebten Mädchen lagen da in ihrem Blut. Ich fiel in Ohnmacht. Mein Mann kommt hinzu, verflucht Durst und Schicksal, zieht die Siebenmeilenstiefel an und steigt den Buben nach.

Nachts kommt er heim ohne die Meilenstiefel. Die hatt' ihm der Lausbub, der Däumling, ausgezogen, als er sich unterwegs schlafen gelegt. Ich hatte inzwischen meine Töchterchen gewaschen und für ein christliches Begräbnis hergerichtet. Wir weinten beide sehr, mein Mann und ich.

Seither ißt er nur noch selten Menschenfleisch. Nur, wenn ich gar nichts andres für ihn auftreiben kann, langt er sich ein Stück alten Handwerksburschen von der Landstraße oder ein paar Reisigweiblein im Wald, die ihm aber nicht recht munden. Er ist melancholisch geworden. Er ist ein guter Mann, der viel durchgemacht hat. Gestern roch er in die Küche, als ich mir meinen Reis aufsetzte, und hat dann ein bißchen mitgegessen. Vielleicht bekehr' ich ihn noch ganz zu der für alte Leute so bekömmlichen Pflanzenkost.

Wilhelm Busch
Das Brot

Er saß beim Frühstück äußerst grämlich,
Da sprach ein Krümchen Brot vernehmlich:

Aha, so ist es mit dem Orden
Für diesmal wieder nichts geworden.
Ja Freund, wer seinen Blick erweitert
Und schaut nach hinten und nach vorn,
Der preist den Kummer, denn er läutert.
Ich selber war ein Weizenkorn.
Mit vielen, die mir anverwandt,
Lag ich im rauhen Ackerland.
Bedrückt von einem Erdenkloß,
Macht ich mich mutig strebend los.
Gleich kam ein alter Has gehupft,

Und hat mich an der Nas gezupft,
Und als es Winter ward, verfror,
Was peinlich ist, mein linkes Ohr,
Und als ich reif mit meiner Sippe,
Oweh, da hat mit seiner Hippe
Der Hans uns rutschweg abgesäbelt
Und zum Ersticken festgeknebelt
Und auf die Tenne fortgeschafft,
Wo ihrer vier mit voller Kraft
In regelrechtem Flegeltakte
Uns klopften, daß die Schwarte knackte.
Ein Esel trug uns nach der Mühle.
Ich sage dir, das sind Gefühle,
Wenn man, zerrieben und gedrillt
Zum allerfeinsten Staubgebild,
Sich kaum besinnt und fast vergißt,
Ob Sonntag oder Montag ist.
Und schließlich schob der Bäckermeister,
Nachdem wir erst als zäher Kleister
In seinem Troge baß gehudelt,
Vermengt, geknetet und vernudelt,
Uns in des Ofens höchste Glut.
Jetzt sind wir Brot. Ist das nicht gut?
Frischauf, du hast genug, mein Lieber,
Greif zu und schneide nicht zu knapp
Und streiche tüchtig Butter drüber
Und gib den andern auch was ab.

Getränke

Friedrich Rückert
Das Surrogat

Viel zu lange meinen Mond
mußt' ich nun entbehren,
und es ist mir ungewohnt,
an der Sehnsucht zehren.

Bringet mir ein Surrogat,
das ein Kuß mir scheine,
sei's ein frisches Rosenblatt,
sei's ein Glas mit Weine.

Carl Zuckmayer
Ratschlag für gutes Trinken

O trinke nie um etwas zu vergessen.
Es sinkt nur um so schwerer in dich ein.
Und trinke lieber bei und nach dem Essen:
Zuerst ein klarer Schnaps. Dann Bier. Dann Wein.

Viel besser ist, beim Trunk sich zu erinnern.
Die Seele spinnt, wenn man gelassen säuft,
Ein zart Gewebe, gleich den Seidenspinnern,
Dieweil die Rede hin und wieder läuft.

Zwiefache Gnade ist, zu zweit zu trinken,
Und sich die höchste Freude anzutun,
Bis dann die beiden auf ein Lager sinken,
Wo sie gesättigt miteinander ruhn.

Am besten trinkt sichs in vertrautem Kreise,
Um einen Tisch gesellt, daran man lang
Und müßig sitzt, mit faulem Fleiße
Einander steigernd bis zum Pansgesang!

Vermeide stets, dich einsam zu besaufen,
Und laß es bleiben, wenn du traurig bist.
Doch laß getrost dich voll und voller laufen,
Wenn dir so ist, wie mir es immer ist.

Hör auf, wenn dir im Kopf die Bienen sausen,
Hör auf, wenn Ärger oder Scham dich plagt.
Doch segne jenes ungeheure Brausen
Windstiller Nächte, kurz bevor es tagt.

Dann mag geschehen, während Fensterscheiben
Wie Gletscher blühn im ersten Morgenstrahl,
Daß Worte dir und Bilder sich verleiben,
Und dir für immer eingebildet bleiben,

Wie eine unverrückbar heilige Zahl.

Peter Altenberg
Alkohol

Ich bin ein fanatischer Anti-Alkoholiker, aber ausschließlich nach dem Tolstoi-Prinzipe: Wenn die Menschen einmal so gesundheitsmäßig, so weise mäßig, so bewußt, erkennend das Gute und das Böse, leben werden, dann werden sie in ihren genialen Nüchternheiten des Alkohols entbehren können. Die Krücke Alkohol für den Lahmen! Der Alkohol ist das Betäubungsmittel, damit wir es nicht spüren, wie weit entfernt von unseren innersten unentrinnbaren Idealen wir dahin vegetieren! Damit wir nicht vorzeitig verzweifeln! Der Alkohol läßt uns Zeit – – – zum Entschluß des Selbstmords! Der Gulden, den wir mehr ausgeben als wir sollten, die Frau, die wir als Ungeliebte, Unverehrte dennoch in unsere Arme nehmen, die Stunde, die wir dem notwendigen Schlafe rauben, die Nahrung, die wir überflüssigerweise genießen, alles, alles, was nicht das heilige Notwendige im Haushalt des natürlichen Organismus repräsentiert, es muß durch Alkohol in unseren reuevollen Gedächtnissen ausgetilgt werden! Die Melancholie über seine Sünden, seine Unwissenheiten, seine Schwachheiten muß hinweggeschwemmt werden durch Bier und Wein und Schnaps! Bei irgendeinem Glase Bier wird einem die ohne Liebe genossene Frau, der überflüssig ausgegebene Gulden und das ganze Martyrium des Daseins gleichgültig! Bier besiegt jede unglückliche Stimmung, schwemmt sie dahin. Der Zins steht vor der Türe oder die Schneider-Rechnung. Aber beim vierten Krügel Löwenbräu sage ich dem Hausherrn die gräßlichsten Dinge ins Gesicht, innerlich natürlich, schmeiße ich den Schneider die fünf Treppen hinab, innerlich. Und selbst die Geliebte erhält einen Tritt, innerlich. Bier besiegt jede unglückliche Liebe.

Alkohol füllt die schreckliche Kluft aus zwischen dem, was wir sind, und dem, was wir sein möchten, sein sollten! Werden müßten! Als der Affe erkannte, daß er ein Mensch werden könnte, begann er zu saufen, um den Schmerz seines Noch-Affe-Seins hinwegzuschwemmen. Als der Mensch erkannte, daß er ein Göttlicher werden könnte, begann er zu saufen, um den Schmerz seines Noch-Mensch-Seins hinwegzuschwemmen. Gebt dem Menschen die ihm zugehörige

Tätigkeit – geistige oder körperliche –, die ihm zugehörige Frau, die ihm zugehörige Nahrung, die ihm zugehörige Ruhe – – – und er wird es, ohne selbst es zu wissen, spüren: Ἄριστον μὲν ὕδωρ.

Alkohol ist die Ausgleichung für unsere Unzulänglichkeiten! Je zulänglicher wir sind nach den idealen Plänen Gottes, desto weniger Alkohol brauchen wir. Alkohol ist der Maßstab für die Melancholie des Idealisten. Ich schwemme es hinweg, daß ich noch nicht göttlich sein kann!

Jeremias Gotthelf
Die Wirte im Keller

Hier nun strömt es zusammen von den Bergen, aus den Tälern, akkurat wie die Wasser in einen Bergsee, den Brienzersee zum Beispiel, wenn über den Bergen die Wolken brechen. Wie das am Tage vorher schon sich rührt und tummelt! Da merkt man, wie man steht am Vorabend wichtiger Ereignisse. Am Morgen brüllt das Vieh durcheinander wie in der Arche, wenn Noah sich verschlief und das Füttern vergaß: Kühe, Schafe, Schweine, Geflügel, welchen das Messer an der Gurgel sitzt, nur die armen Tauben werden schweigend abgetan. Im Blute schwimmen Wirte und Metzger, backen und wursten, daß sie am Ende selbst aussehen als wie ungeheure zweizentnerige Blutwürste. Die Bäcker hantieren im Mehl und heizen ihre Öfen, daß die Frau Lot abermals zu Salz geworden wäre, wenn sie Langnau vom Berge herab gesehen hätte. Bäcker ist ein uralter aristokratischer Beruf. Der erste, welchen wir kennen, war Pharaos Hofbäcker und wurde gehängt. Wird ein Schalk gewesen sein, und kurios, etwas von Schalkhaftigkeit muß den Bäckern geblieben sein. So ein Markttag ist ein wahrer Erntetag für sie, da brauchen sie wenig Mehl und viel Brot. Aber nicht nur die Bäcker wissen das Glück beim Zipfel zu fassen, die Wirte sind auch nicht dumm, ja sie sind noch feiner als die Bäcker; was die einen in heller Backstube treiben, so bloß in einer weißen Mehlwolke, das treiben die Wirte im Keller in purer lauterer Finsternis. Darum kam es dem Mundschenken Pharaos auch nicht aus, was er getrieben hatte, sondern Pharao ließ ihn nicht nur gesund wieder laufen, sondern nahm ihn wieder zu Gnaden an, setzte ihn wieder ans Faß. Wird ihm doch heimelig gewesen sein, dem Mundschenken, als er wieder am Fasse saß. Die Wirte sitzen ebenfalls im Keller und machen Wein. Wer nicht aufgeklärt ist und nicht im Fortschritt, meint, unser Herrgott mach' eigentlich selbst den Wein, und derselbe wachse in den Weinbergen; aber jeder Seminarist weiß jetzt, daß dies anders ist. Was Gott macht, lassen die Bescheidenen dahingestellt. Darin aber sind Bescheidene und Unbescheidene einig, daß in den Weinbergen, sprachlich genommen, nicht Wein wächst, sondern bloß Trauben, und daß bis auf Wurst den Sprachkünstlern die Welt in Finsternis gelegen, akkurat als wie in einem Keller. Aus den Trauben wird Most gekeltert, Most kommt in Keller, im Keller macht sich erst der Wein selbst, und aus dem einfachen Weine macht erst der Wirt den zusammengesetzten Wein, den sechs-, acht-, zehn-, zwölfbatzigen. Ja, es soll Wirte geben, welche, um zehnbatzigen zu machen, gar keinen Wein brauchen, sondern ganz was anderes.

Am Vorabend wichtiger Ereignisse sitzen also auch in Langnau die Wirte im Keller und machen Wein, sechs-, acht-, zehnbatzigen; der zwölfbatzige ist gewöhnlich bereits gemacht und liegt behaglich in wohl- und schlechtvermachten Flaschen. Es reuet die Guggers Wirte nur gar zu oft, mit neuen Zapfen die Flaschen zu vermachen, nehmen alte, graue, rote, zerbröckelte, angebohrte dazu, wie sie ihnen in die Finger kommen. Werden glauben, der Wein sei an die Zapfen zu wagen, und sei in einer Flasche der Wein nicht gut, sei es bequem, dem Zapfen die Schuld zu geben. Nun, wenn sie auch nicht immer nach Witzens Rechenbuch fahren, namentlich beim acht- und zehnbatzigen, sondern sich verschießen, so ist Irren menschlich, und im Keller ist es finster. Zudem erfordert es eigentlich sowohl Staatsklugheit als Menschenliebe, daß man die Köpfe an Markttagen nicht zu sehr erhitze, denn man hat Beispiele von Exempeln, daß an solchen Tagen gern hitzige Fieber ausbrechen, was großes Blutvergießen zur Folge hat. Die Neuhausische Staatsmoral oder Staatsraison scheint daher noch mehr dumm als verwerflich, eine wahre commis voyageur-Moral, die will bloß heiße Köpfe, aber kein Blut. Wenn sie recht tapfer eingeheizt, soll es kalt wieder ablaufen, ungefähr wie das Wasser in einer Flachsspinnerei. Da sind wirklich die Wirte praktischer und selbst die dümmsten. Sie nehmen für eine Maß Wein lieber zehn als nur sechs Kreuzer. Das ist begreiflich, aber sie haben doch nicht gern zerbrochene Gläser, Flaschen, Mobilien und andere Molesten; darum heizen sie so schwach als möglich ein, und ist das nicht vernünftig? Hat man einen vernünftigen Zweck, muß man doch auch die passendsten Mittel wählen, und warum Wasser sparen, was gar nichts kostet? Während so der Wirt am Fasse sitzt und Zehnbatzigen macht in aller Behaglichkeit, tut oben die Wirtin wild und schlägt Pasteten mürbe, die Köchin rupft zornig Tauben und andere wilde Tiere, Mehl und Federn verfinstern die Luft, und Küchliduft schlingt sich mitten durch, zart und weich, mild und fein; man weiß gar nicht, woher er kommt, und wohin er geht.

Adelbert von Chamisso
Mäßigung und Mäßigkeit

Lass't das Wort uns geben heute,
Uns vom Trunke zu entwöhnen;
Ziemt sich's für gesetzte Leute,
Wüster Völlerei zu frönen?
Nein, es ziemt sich Sittsamkeit.
Gutes Beispiel will ich geben:
Mäßigung und Mäßigkeit! –
Stoßet an, sie sollen leben!
Mäßigung und Mäßigkeit!
Maß! Maß!
Leert darauf das volle Glas!

Seht, ein Glas ist Gottes Gabe,
Und das zweite stimmt uns lyrisch;
Wenn ich gegen drei nichts habe,
Machen viele doch uns tierisch;
Trinket mehr nicht als genung!
Und mein Lied will ich Euch singen:
Mäßigkeit und Mäßigung! –
Lass't die vollen Gläser klingen! –
Mäßigkeit und Mäßigung!
Maß! Maß!
Leert darauf das volle Glas!

Seht den Trunkenbold in schrägen
Linien durch die Gassen wanken;
Kommt die Hausfrau ihm entgegen,
Hört sie keifen, hört sie zanken;
Das verdient Beherzigung.
Lass't uns an der Tugend haften:

Mäßigkeit und Mäßigung!
Pereant die Lasterhaften!
Mäßigkeit und Mäßigung!
Maß! Maß!
Leert darauf das volle Glas!

Was hast, Schlingel, Du zu lachen?
Will das Lachen Dir vertreiben;
Dich moralisch auch zu machen,
Dir die Ohren tüchtig reiben;
Pack Dich fort bei guter Zeit!
Doch ich will mich nicht erboßen:
Mäßigung und Mäßigkeit! –
Eingeschenkt und angestoßen! –
Mäßigung und Mäßigkeit!
Maß! Maß!
Leert darauf das volle Glas!

Modus, ut nos docuere,
Sit in rebus, sumus rati;
Medium qui tenuere
Nominati sunt beati;
C'est le juste Milieu zur Zeit!
Ergo! Ergel! – deutsch gesprochen:
Mäßigung und Mäßigkeit!
Frisch das Glas nur ausgestochen –
Mäßigung und Mäßigkeit!
Maß! Maß!
Leert darauf das volle Glas!

Nüchtern bin ich, – Wein her! Wein her! –
Immer nüchtern, das versteht sich. –
Nur das Haus, der Boden, – Nein, Herr,
Nicht betrunken! – Wie doch dreht sich

Alles so um mich im Schwung?
Laß' mich, Kellner, laß' mich liegen!
Mäßigkeit und Mäßigung!
Heute mußt die Tugend siegen!
Mäßigkeit und Mäßigung!
Maß! Maß!
Noch ein Glas – so – noch ein Glas!

Peter Altenberg
Champagner im Film

Der Konsum an Schaumwein in der Kino-Industrie ist fast so groß wie der an Liebe. Ein Unterhaltungsfilm ohne Champagner gehört zu den seltensten Seltenheiten, und vielleicht ist auf diese nie fehlende Zutat moussierenden Getränks ein Teil der überwältigenden Rausch-Wirkung zurückzuführen, die das Kino ausübt.

Im Film ist Sekt privilegierter und höchster Ausdruck jener Lebensfreude, zu welcher die Figuren des Spiels – in der Regel ein Mann und eine Frau, die, nach mancherlei Aufhaltungen und Mißverständnissen, einander kriegen – allen Grund haben. Denn sie sind, wie immer sie sonst sein mögen, schön und sonnig, und wenn ihnen auch vielleicht, zufolge schlauer Absicht des Manuskripts, in der ersten Hälfte des Drehbuchs Reichtum versagt bleibt, so fällt er ihnen in der zweiten mit der Gewißheit eines garantierten Zufalls in den Schoß. Dann tritt sofort Champagner ein.

Solcher wird, wie man weiß, vor allem in Nachtlokalen, Bars und Tanzdielen getrunken, und da dies Stationen sind, welche jeder Lustspielfilm fahrplanmäßig berührt, erklärt sich schon hieraus der große Sekt-Verbrauch. Es fällt ja schließlich angesichts der bedeutenden Kosten, die jeder rechte Film verursacht, auch wirklich wenig ins Gewicht, ob im Atelier die Gläser mit purem Wasser gefüllt sind, oder ob in diese auch etwas Brausepulver hineingetan wird.

Im Film wird niemals eine bestimmte Marke Champagner bestellt, sondern immer nur schlechtweg gerufen: »Sekt!« Sekt ist eben im Kino-Bezirk mehr als ein Getränk, er ist dort Symbol für Vornehmheit und Kultur, die leuchtkräftigste Farbe im Spektrum großen Lebens, die der Film zu setzen weiß. Er, der Sekt, wird ebenso auf Gipfelhöhen der filmischen Stimmung wie in deren Abgrundtiefen angefordert, er ist unerläßliches Requisit der Seligkeit, wie das Kino sie vorträumt, er ist Nähr- und Weihwasser der Liebe, er ruft Freude herbei, wie die Freude ihn herbeiruft. Der Marathon-Läufer, dessen letzter Atem den Sieg verkündet, würde, vertonfilmt, nicht mit dem schwierigen Perfektum: »Enenikamen!« tot zusammenbrechen, sondern mit dem Triumphschrei: »Sekt!« Die Athener wüßten schon, was er damit sagen will.

Ganz unentbehrlich ist Film-Champagner zu Zwekken der Verführung. Wenn die Dame dem Liebreiz des Herrn, der auf sie spitzt, der schummrigen Wohnung, in die er sie hineingelistet hat, den Blumen, die dort duften, sowie dem hinreißend geschnittenen Frack, den der Verführer trägt, standhält, wenn sie in die Wangengrübchen des bezaubernden Mannes, die so vielen Frauen zum Massengrab werden, nicht hineinfällt, wenn sie selbst auf das Konfekt nicht anbeißt, das er für sie nach uralter Verführertechnik vorbereitet hat, ja wenn sogar das Grammophon, das der Film-Don Juan virtuos spielt, sie nicht herumkriegt, der Sekt wird ihr den Rest geben oder eigentlich nehmen. Erst nippt sie nur, dann tut sie ein kräftiges Schlückchen, dann trinkt sie ex, und jetzt darf auch schon – denn wir sind von allen Zweifeln über das Nachfolgende befreit – abgeblendet werden. Geschieht das nicht, und wird die Szene, etwa weil noch ein Lied zu singen, ein Tänzchen zu tanzen ist, fortgesponnen, dann kann es allerdings leicht geschehen, daß der Zuschauer den gefüllten Pokal, den die überrumpelte Dame nun nicht mehr aus der Hand gibt, mehr als störend denn als zweckfördernd empfindet. Der Film in seiner Sekt-Idolatrie vernachlässigt das Moment der Unbequemlichkeit, das solches hartnäckig hochgehaltene volle Glas in die überreife Situation hineinträgt. Daran ist wohl die klassische Saskia schuld, die mit dem gefüllten Becher auf Rembrandts Schoß.

Verführung durch Champagner, wie sie der Film-Ritus vorschreibt, wird auch sonst im Zuschauer gewisse Zweifel – bei Sekt-Szenen darf man wohl so sagen –; aufstoßen lassen. Vielleicht tränke die Dame etwas anderes lieber als Sekt? Vielleicht bekommt er ihr überhaupt nicht? Vielleicht wird das Bedürfnis nach Zärtlichkeit, das der Champagner in ihrem Innern weckt, zugedeckt von dem Bedürfnis nach Soda bicarbon, das er ebenfalls dort wachruft? Der Film geht über derlei Bedenken hinweg, zweitens weil es klein-realistische Bedenken sind, die den Flug der künstlerischen Phantasie nicht hemmen dürfen, erstens, weil ihm Sekt, wie gesagt, ein Begriff ist, dem sich die Vorstellungen: Glück und Liebe so zwangsläufig assoziieren, daß hierbei die physiologisch-lästigen Nebenwirkungen der Kohlensäure gar keine Rolle spielen.

Hans W. Fischer
Vom starken Getränk

Die Wonne, den Durst zu löschen, teilen wir mit dem Tier. Sie sinkt darum nicht in unsrer Achtung. Es tut ungemein wohl, einen kalten, klaren Wasserstrahl in sich hineinlaufen zu lassen, frische geschleuderte Tropfen aufzufangen, Mund und Schlund zu durchrieseln und zu durchspülen, als nähme man eine inwendige Dusche. Milch, Fruchtsäfte, die lebhaften natürlichen Mineralwasser filtern zudem den kräftigen Extrakt von Kuh und Wiese, Garten und Wald, Stein und Salzen in unsere Gewebe, und die zarte Energie des Tees füllt die Zellen mit neuer Spannung. Da es so reine Mittel gibt, bedarf es nicht der ordinären giftfarbenen Brausen, die eine schweinische Erfindung sind.

Aber man trinkt nicht über den Durst. Der Magen, der von Flüssigkeit schwappt, wird hilflos. Es ist das Gemeine am Bier – von dem ein Glas zur rechten Zeit seine Qualitäten haben kann –, daß es zwar berauscht, aber nur, wenn man es in Mengen säuft; daß es also die Überfüllung des Magens zur Bedingung der Bezechtheit macht. Alle Biertrinker pumpen sich zu voll, so daß ihnen im Unterleib bange wird. Ihre Gemütlichkeit ist stumpfsinnige Ergebung, ihr Radau Angst vor dem würgenden Ekel. Sie sind unappetitlich, ob sie nun das Zuviel aus den Poren schwitzen oder aus dem Halse speien. Der Schlemmer meidet die Kneip- und Stammtische, an denen diese Sippschaft klebt und sich beschlaucht, es sei denn, daß er sie sich einmal verordnet wie einen recht stinkigen Harzer: als Protest gegen die Arroganz zu großer Verfeinerung.

Wer fliegen will, bindet sich keinen Klotz ans Bein;

und wer sich berauschen will, schont den Magen. Rauschgetränke müssen konzentriert sein. Man trinkt sie überhaupt nicht für den Durst, sondern ganz von ihm absehend. So wenig man einen Tizian mietet, damit er eine Wand weiße, so wenig mißbraucht man edlen Wein zu einem Zweck, zu dem Wasser vollauf genügt. Feine Werte entziehen sich einer Zwecksetzung, die nicht in ihnen selbst liegt. Darum muß man edlen Getränken Gelegenheit geben, sich in ihrer vollen Glorie zu zeigen. Wenn man Wein zum Essen trinkt, darf er nicht dazu dienen, schlechtgekaute Speiseknödel hinunterzuschwemmen, sondern höchstens, um mit erlesenen Speisen ein anmutiges Gesellschaftsspiel zu treiben. Aber auch zu diesem bereits gehöhten Zweck sind die ganz edlen Weine zu schade; man darf höchstens zu *ihnen* essen, und dann etwas Einfaches: Obst, Brot. Denn sie treten mit dem Recht und dem Anspruch des Individuums auf, sie wollen für voll genommen werden. Sie verlangen die Intimität der Freundschaft, die auf gegenseitiger Wertschätzung beruht.

Sie geben ihre Seele nur im kleinsten Kreise. Es war wohl schön, wie wir einmal die Nacht zu drei vertranken: das zarte Brautglas meiner Urgroßmutter, eine geblasene Blume auf hölzernem Stil; das Leibglas meines Urgroßvaters, auf goldgelbem Schild eine Grille eingegraben – Nur eine ist erlaubt! – und das handfeste grüne, vieleckige Glas, das einst Abzeichen einer noblen Tafelrunde war. Das hatte ich. Aber war da wohl der Wein das Wichtigste? Nein. Am allerbesten trinkt man Erlesenes – so lehrte mich mein erfahrener Freund Gustav Friedrich schon in blühender Jugend-Jugend – allein mit einem erwählten Mann. Die gute Flasche ist dazu der dritte im Bunde, gleichwertiger Genosse, dem man auch noch in der Vertraulichkeit Respekt erweist. Man behandelt den Wein nicht als Statisten, sondern als Persönlichkeit, vielleicht gar, wenn er seine Vorzüge zum ersten Mal entfaltet, als Hauptperson. Der Aufmachung bedarf es nicht, wohl aber der Stille. Flasche und Glas – das, wenn es sich nicht um ein kostbarstes Stück handelt, immer feingeschliffen, ungehökert und auch bei Rheinwein farblos sei – stehen am besten auf einer blanken gebräunten Tischplatte. Dämmerung dickwandiger Keller schafft ein Gefühl der Sicherheit und hält die Atmosphäre der nahe gelagerten Fässer und tausend guter Trünke zusammen. Genug Licht, um den Sonnentropfen im Becher schweben zu sehen; nicht zu viel, damit das Auge nicht das Übergewicht erhalte über die Nase, die die Blume saugt, vorsichtig genähert, tastend, leise gestrafft. Es geht nichts über die guten alten Ratskeller, die noch nicht Vergnügungsort geworden sind wie der Bremer und ach so viele andere, sondern Stätten der Beschaulichkeit blieben; nachmittags, wenn durch einen Fensterstollen das Licht quer in den schmalen Raum ragt.

Ich muß gestehen, daß ich es mit einem erlesenen Tropfen ganz gut auch allein aushalte, ohne mich nur einen Augenblick zu öden. Wir freuen uns gegenseitig an einander, was wir für feine Kerle sind. Da tanzt der leichtfüßige Dhroner vor Übermut; der Caseler strahlt aus seinem vornehmen Bauerngesicht erdige Heiterkeit; der Niersteiner Pfuhlweg lächelt aus seinem herrlichen Ernst; der temperamentvolle Steinwein blitzt schneidig ins Gespräch; der Chambertin strömt seine feurige Fülle; der Pomerol dämmert gedankenvoll vor sich hin; der Yquem schweigt, und sein Schweigen ist ein Lied. Verdammt noch mal, man muß allerhand Selbstbewußtsein besitzen, um vor Partnern zu bestehen, die es so in sich haben; und sich so beschenken zu lassen, ohne daß einen die Scham packt. Alle Sinne sind ausgefüllt. Man rutscht sacht, aber unaufhaltsam in seinen eigenen Urgrund: nicht als ein blindes Tiefseetier, das schleimig um sich tastet, sondern wachträumend, hellhörig und feinfühlig, von Hemmungen befreit, seines nackten Wesens königlich bewußt. Alles Zufällige flattert ab; vor dem feinsten Auszug aller Elemente besteht nur das Elementarische. Seht, so ein Weinstock spannt sich wie eine Antenne, feinste schwingende Ätherteilchen aus Sonne, Lust, Regen und Erde an sich zu reißen und sie in die Traube zu sammeln: diese zusammengepreßte Energie entspannt sich schon im Glase durch Abschleudern kleinster Partikelchen, die als Duft schweben, vollends aber im Munde und im ganzen Körper des Trinkenden; sie füllt ihn bis in die Fingerspitzen und strahlt aus den Nervenden wie ein Sankt Elmsfeuer. Die ätherhafte Auflösung, die Entstofflichung ist's, die wir im edlen Weine suchen und finden.

Diesen Vorgang zu fühlen, ist unsre Beschäftigung beim Trinken. Wer ihn kennt, der verhält sich zum bloßen Markenkenner wie der Prophet zum Systematiker. Laßt uns die Männer ehren, die aus einem winzigen Schluck, aus dem bloßen Geruch gar Wachstum, Lage und Jahrgang bestimmen können. Aber dieses Studium erfordert ein ganzes Leben, das wir für diesen Zweck nicht einzusetzen vermögen; wir wollen etwas anderes als sie, die oft genug den Probeschluck nur ein Weilchen im Munde behalten und ihn wieder ausspucken, statt ihn durch die Kehle gleiten zu lassen. Innerlich näher fühlen wir uns jenen kräftigen Greisen mit schneeweißem Haar und glattrasiertem, rosig überhauchtem Gesicht (ach, jetzt sind sie wohl ausgestorben!), denen man ansah, daß sie ein halbes Jahrhundert lang mit Freude, Kennerschaft und vornehmem Maß ihren Wein tranken. Uns fiel ein andres Lebenslos; was sie aus sorgfältiger Vergleichung heraussieben konnten, müssen wir aus Stichproben intuitiv herausreißen. Immerhin!

Die Erlauchtheit eines edlen Gewächses erlaubt nicht, ihm ein weniger edles folgen zu lassen. Man muß steigern und den größten Wein an den Schluß stellen; denn er ist in jeder Beziehung Selbstzweck. Man darf sich in ihm auch nicht hemmungslos bezechen, was aus andern Gesichtspunkten gewiß erlaubt sein mag, aber nicht aus dem des Schlemmers. Ihm genügen zur Erzeugung der Feuchtfröhlichkeit die minder edlen Genossen, mit denen man gleich zu Anfang auf du und du steht; die hemdärmeligen, rotbackigen, sauberen und gesunden Landweine: etwas ein starker Walliser, der jählings köpft; ein vergnügter Schillerwein aus Schwaben; ein treu- und warmherziger Kalterer aus Tirol; ein feuriger, dunkelgelockter Veltliner; ein ernsthafter, kräftiger Chianti; ein leichter Ungar, der in den Rieslingduft ein wenig südlichen Hauch mischt; alle die guten Getränke, die man am besten nicht aus der Flasche, sondern vom Faß und am allerbesten an der Stelle trinkt, wo sie gewachsen sind. Sie haben nicht die feinen persönlichen Unterschiede der edlen Weine von Mosel, Rhein, Hessen, Franken, Bordeaux und Burgund, aber kräftigen Rassecharakter; man kriegt sie beim Kopf wie ein hübsches Bauernmädchen.

Was die ausgesprochenen Südweine betrifft, so scheinen sie mir ein Geschlecht für sich zu sein, von den andern getrennt, wie die Südfrüchte von unserm Obst. Hier scheiden sich für meinen Geschmack nur noch die großen Arten, innerhalb ihrer gibt es kaum noch Unterschiede des Charakters, sondern nur noch der Güte und Stärke. Ein ganz alter Malaga, rostbraun, vor Schwere starrend, ist allerdings etwas Köstliches; und Portweine und Sherrys sind feine Begleiterscheinungen andrer Genüsse. Man begegnet diesen Weinen überhaupt gern in Gesellschaft, wie dem Sekt oder der

Bowle. Zum intimen Verkehr wählt sie wohl nur, wer den schweren Rausch sucht.

Aber den findet man sicherer und gedrängter beim Schnaps. Nicht bei den Likören, die selbst, wenn sie ausgesucht sind, immer nur Zierat bleiben, weil ihre Süße schließlich widersteht; sondern bei den Ur- und Erzschnäpsen, die reine Destillate aus einfacher Grundsubstanz sind. Zu ihnen zählen Getreidekorn, Whisky, Kognak, Rum, Arrak, Kirschwasser, Enzian, Wacholder, Genever, Absinth. Rum und Arrak kann man ganz gut auch pur trinken; namentlich der Rum hat dann einen exotischen Reiz, etwas Schnupf- und Kautabakiges, etwas von der Atmosphäre des kleinstädtischen Kolonialwarenladens mit dem Neger vor der Tür, der die dicke Zigarre im Munde und das Zuckerrohr im Arme hält. Aber meist mischt man sie mit heißem Wasser und Zukker zu Grog, der als inwendiger Umschlag, als versetzte Bauchbinde bei Schlackerwetter und Nebel nicht minder wohltut als bei klingendem Frost. Er schützt vortrefflich gegen Erkältung, wenn man ihn rechtzeitig trinkt, das heißt ehe man die ersten Anzeichen spürt, und schmeckt am allerbesten in der Kabuse eines leicht schwankenden Schiffspontons, wenn einem ein alter Seebär dazu plattdeutsche Döntjes oder deftige Lebensweisheit vorschnackt. Wer je Sehnsucht nach einem Priem fühlte, befriedige sie bei solcher Gelegenheit. Wünscht man die Volltrunkenheit nicht allzu stürmisch zu erleben – und davor ist bei Rum jeder zu warnen, der nicht gern mit seinem Bett Karussell fährt – so nehme man wenig Zucker, ein halbes Stück genügt aufs Glas. Die Verzuckerung und das Verschneiden des Rums haben den Grog sehr verpöbelt; probier's mal mit ganz reinem Jamaika und ganz wenig Zucker, und dann sage, ob das nicht edel schmeckt! Whisky und Kognak sind für Grog zu schade und auch zu dünn, man muß, will man's probieren, die Mischung sehr nördlich nehmen. Whisky mit Soda – keiner besser als Sweps – ist ein guter Pausenfüller und Aufspritzer, höchst geeignet – Sie können es bezeugen, lieber Erwin Rosen –, die Kraft eines gehetzten Nervenmenschen aufzupulvern. Absinth, wenn man, wie bei uns üblich, ein Gläschen über Zucker in Eiswasser laufen läßt, daß das Glas sich wölkt und leicht fluoresziert, ist eine Vorspiegelung falscher Tatsachen. Kippt man ihn ausgiebig aus der Flasche, so läßt sich ernsthaft über ihn reden. Man spürt eine seltsame Zerfaserung der Gehirnmasse, als löse sich ein Knäuel in flatternde Fäden auf. Ein buntes Traumnetz daraus wird aber nur weben, wer Farbe und Muster in sich selbst hat. Die Jünglinge mit der Stirnlocke schaffen's nicht.

Will man sich, ohne weitere Redensarten, weidlich bedudeln, so führen Korn, Whisky und Kognak auf dem gradesten Wege zu diesem Ziel. Sie überfüllen, kraft ihrer äußersten Konzentration, den Magen nicht; sie rufen infolge ihrer Herbheit keine Gärung in den Eingeweiden hervor; sie irritieren die Zunge nicht durch Nebengeschmäcke, die auf die Dauer immer schlechte Geschmäcke sind; sie bepelzen nicht den Gaumen. Korn muß man in Schlesien trinken, wo man den hellen Getreideduft nicht durch Kümmel verunreinigt. Hier gibt es Korne, die wie Öl fließen und füllig-vornehm schmecken, beinahe wie Cordial Medoc (der ja auch ein reines Destillat ist). Sie kratzen nur ganz leicht die Speiseröhre hinunter und fegen den Magen mit einer sanften Bürste. Ein leichtes spritblaues Licht schwankt durchs Gehirn, die Welt liegt im Schein eines fahlen Morgens, ein bißchen fröstelnd, ein ganz klein wenig unheimlich. Es ist eine Stimmung, um Depressionen auszukosten (nicht wegzuschwemmen, wie die Spießer wähnen). Der Whisky ist eine Tönung wärmer; weizenblond; nicht so abstrakt, sondern eher traumhaft-verblasen. Einen Goldton, der die Trübsal wegpustet, bringt der Kognak; Kognak dem Wesen, nicht dem Namen nach, also konzentrierter Geist des Weins. Er gleitet sanft durch die Kehle; erst wenn er im Magen landet, glüht die Spur von seinem Feuer, das den Mund in eine glimmende Tropfsteinhöhle verwandelt.

Die drei großen Schnäpse trinkt man am besten allein. Sie gehen einen eigenwilligen Schritt mit einem jeglichen, und es ist peinlich, wenn der Partner vorauspurzelt oder nachhinkt. Wie viel schöner als solche aus dem Takt fallende Kameradschaft (oder gar die turbulente Wüstheit des Massensuffs) ist die grandiose Einsamkeit. Gewiß, es gibt Segnungen auch zu zweit. Man saß plötzlich mit Paul Scheerbart – gesegnet sei dein Andenken, du zartfühlendster aller Menschen! – in einem Turm von buntem Glas. Oder man erschreckte und erbaute sich – weißt du noch, alter Kupferstecher, den ich hier nicht nennen will, weil sonst deine ganze mühsam auf Glanz polierte Reputation in die Binsen ginge – an grotesken Bildern, bis die Bude wie ein indischer Tempel austapeziert war. Aber der Vorgang an und für sich, den so nur der einsam Pichelnde erlebt, ist doch der stärkste Ertrag: Gefühl der Atomisierung, Abbröckeln der Welt und des eigenen Leibes, Auflösung in einen kreisenden Staubwirbel.

Edle Räusche – edel kann nur sein, was selten ist – bekommen ausgezeichnet. Sie entfesseln keinen Kater, es bleibt nur eine leichte Benommenheit, die gründliche Reinigung fast völlig hebt. Wunderbar aber ist nach durchzechter Nacht die Nachwirkung am Nachmittag, wenn man das leichte, warme, niemals saure Mittagsbrot und den Kaffee hinter sich hat. Man ist auf eine äußerst angenehme Weise faul, zum Handeln ganz und gar nicht aufgelegt, aber höchst empfindlich und aufnahmefähig in jedem Nerv. Die ihr von solchen Dingen nichts wißt, mögt es glauben oder nicht, das soll mir völlig wurst und pimpe sein: aber da sind Stunden voll feinster Berührungen; nicht, ein Weib zu erobern, sondern den flüchtigen Reiz ihrer Nähe zu fühlen; an einer Blume zu riechen; seine Zähne sanft in sanftes Fruchtfleisch zu setzen; eine Landschaft mit der Haut zu trinken; sich von einer Mozartcantilene wie vom Hauch eines Rosenbeets anwehen zu lassen; die Lichtschwingung eines Gedichts zu fühlen, das aus Sternenfernen kommt wie die Selige Sehnsucht. Du nanntest – weißt du noch, Liebste? – diesen meinen Zustand damals, fern jedem geschwollenen Lyrismus, veralkoholisiert; aber du sagtest: angenehm veralkoholisiert. Und es war auch schön, weil er alle Zwänge des Alltags, alle Absichten des Männchens, alle Drohungen des Schicksals aufhob und nur die Erschlossenheit für den Augenblick kannte. Dieses gibt es auch ohnedem. Aber selten für einen, der in Ketten geht: und wie schön für ihn, ganz in Seide zu versinken.

Johann Peter Hebel
Der geschlossene Magen

Als einst der Zirkelschmied wieder auf vier bis sechs Wochen in gute Umstände gekommen war, lebte er so lange gar ehrbar und häuslich mit seiner Frau, der Bärbel, und war in keinem Wirtshaus mehr zu sehen. Nein, er aß alle Mittag ein Pfündlein Fleisch mit ihr daheim und ließ eine halbe Maß Wein dazu holen aus dem Adler und gab auf ihre Ermahnungen. Einmal jedoch, als es ihm besonders schmeckte, schickte er nach dem Essen das Büblein heimlich in das Wirtshaus, daß es noch eine Halbe holen sollte. Als aber das Büblein die zweite Halbe brachte und auf den Tisch stellte, schaute seine Frau ihn bittend an: »Männlein«, sagte sie, »laß es jetzt genug sein! Weißt du nicht, was im Doktorbuch steht, daß der Magen nach dem Essen geschlossen sei.« Dementgegen schaute der Zirkelschmied so lieb und freundlich zuerst den Wein, hernach die Bärbel an: »Liebes Weiblein«, sagte er, »sei unbesorgt! Soll der Magen auch geschlossen sein, so viel bring ich noch wohl durch das Schlüsselloch.«

Nachspeise

Pfirsich in Honig-Likör gedünstet

Vier Portionen

Zutaten:
4 vollreife Pfirsiche
Saft einer halben Orange
Saft einer halben Zitrone
70 g Zucker
100 g Honig-Likör
50 g Honig
10 g Ingwer
Julienne von einer halben Limette oder Zitrone
Julienne von einer halben Orange
40 g gestiftelte frische Mandeln

Zubereitung:
Die Pfirsiche 2-3 Sekunden in kochendes Wasser tauchen und sogleich in bereitstehendem Wasser abschrecken, um die Haut abziehen zu können. Den ausgepreßten Orangen- und Zitronensaft mit 30 g Zucker aufkochen, die Pfirsiche darin wenden und zugedeckt langsam in 5-10 Minuten weich dünsten. Des öfteren mit Saft begießen.
In der Zwischenzeit die restlichen 40 g Zucker mit 4 cl Wasser zu einem hellbraunen Karamel kochen, mit Honig-Likör ablöschen, den Honig dazugeben und alles (langsam!) auf $^1/_3$ reduzieren. Den frischen Ingwer in den Honig-Karamel raspeln und den Topf ca. 10 Minuten beiseite stellen. Danach durch ein Sieb streichen.
Von den Orangen und Limetten die Schalen (ohne das Weiße) abheben und in feine Streifen (Julienne) schneiden, ins kochende Wasser geben, einmal aufkochen las-

sen, auf ein Sieb schütten und kalt abspülen. Gut abtropfen lassen und zum Honig-Karamel geben. Pfirsiche und Flüssigkeit zum Honig-Karamel geben, nochmals zugedeckt ca. 3 Minuten ziehen lassen, bzw. leise köcheln.

Anrichten:
In tiefe Teller verteilen, mit dem Sirup begießen und mit den frischen Mandeln bestreuen. Mit einigen Himbeeren umlegen, Vanille-Eis à part oder in allerletzter Sekunde dem Pfirsich beigeben.
(Sollten Sie keine frische Mandeln zur Verfügung haben, können Sie auch gehobelte oder gestiftelte verwenden oder darauf verzichten. Die gehobelten oder gestiftelten Mandeln vorher anrösten.)

Rhabarber-Timbale mit Kirsch-Ragout

Sechs Portionen

Zutaten:
Für das Rhabarber-Püree:
Saft von 1 Zitrone
Saft von ½ Orange
140 g geschälter Rhabarber
(Erdbeer-Rhabarber)
50 g Zucker

Für die Rhabarber-Timbale:
1 Eigelb
25 g Puderzucker
2 Blatt Gelatine
Zimt, Nelkenpulver
1 dl geschlagene Sahne
1 Eiweiß

Für das Kirsch-Ragout:
2 dl Rotwein
50 g Zucker
Saft von je 1/4 Orange und Zitrone
250 g entsteinte dunkle Kirschen
1 cl Whisky-Likör Drambuie

6 Förmchen von 6 cm Ø, 35 cm hoch

Zubereitung:
Rhabarber-Püree: Orangen und Zitronen auspressen und den Saft in ein Jenaer Glas gießen. Den geschälten Rhabarber in Stücke schneiden und dazugeben, ebenso den Zucker. Zudecken und langsam dünsten, bis sämtliche Flüssigkeit verdunstet ist. Mit dem Mixstab pürieren und kalt stellen.

Rhabarber-Timbale: Gelatine-Blätter in Wasser einweichen. Eigelb und Puderzucker schaumig schlagen und etwas Zimt und Nelkenpulver beigeben. Gelatine aus dem Wasser nehmen, ausdrücken und zerlaufen lassen. Mit dem Rhabarber-Püree zum Eigelb geben und nun fast stocken lassen.
In der Zwischenzeit wird die Sahne, dann das Eiweiß steif geschlagen und unter die Rhabarbermasse gehoben. In die Förmchen füllen und etwa 3 Stunden durchkühlen und stocken lassen.

Kirsch-Ragout: Rotwein und Zucker in einem Inox-Geschirr auf ein Viertel einkochen. Saft von je einer Viertel Orange und Zitrone sowie die entsteinten Kirschen zufügen. Gut durchschwenken und zum Schluß den Whisky-Likör beigeben (nicht binden).

Anrichten:
Die Förmchen kurz in kochend heißes Wasser tauchen und den Inhalt auf eiskalte Teller stürzen. Mit dem Kirsch-Ragout umgeben und eventuell mit einigen Minzeblättern garnieren, die mit Puderzucker bestäubt wurden.
(In den Rhabarber kann zum Schluß auch etwas frisch gehackter Ingwer gegeben werden.)

Hoffmann von Fallersleben
Café National

»Welch ein Flüstern, welch ein Summen!
Welch ein stiller Lesefleiß!
Nur Markeure schrein und brummen:
Tasse schwarz! und Tasse weiß!

Und die Zeitungsblätter rauschen,
Und man liest und liest sich satt,
Um Ideen einzutauschen,
Weil man selbst gar wenig hat.

Und sie plaudern, blättern, suchen,
Endlich kommt ein Resultat:
Noch ein Stückchen Apfelkuchen!
Zwar der Kurs steht desolat.

Und sie sitzen, grübeln, denken,
Und sie werden heiß und stumm,
Und mit kühlenden Getränken
Stärken sie sich wiederum.

So vertreibt man sich die Zeiten
Und des Tages Hitz und Last,
Bis erfüllt mit Neuigkeiten
Geht nach Haus der letzte Gast.

Doch am Morgen sieht sich wieder
Hier der alte Leserkreis
Und man läßt sich häuslich nieder:
Tasse schwarz! und Tasse weiß!«

Guy de Maupassant
Der Kuchen

Wir wollen sie Madame Anserre nennen, damit man ihren wirklichen Namen nicht entdecken kann.

Sie war einer jener Pariser Kometen, die gleichsam eine Schleppe von Feuer hinter sich lassen. Sie schrieb Verse und Novellen, hatte ein poetisches Herz und war zum Entzücken schön. Sie empfing nur wenig, ausschließlich Leute von besonderem Rang, Leute, die man allgemein Fürsten von irgendwas nennt. Von ihr empfangen zu werden, war gewissermaßen ein Diplom, ein Diplom der Intelligenz; so wenigstens schätzte man ihre Einladungen ein.

Ihr Gatte spielte die Rolle eines obskuren Satelliten. Der Gatte eines weiblichen Kometen sein, ist keine ganz leichte Aufgabe. Dieser Gatte hatte immerhin eine ausgezeichnete Idee, die Idee, einen Staat im Staat zu schaffen, sein eigenes Verdienst zu haben, zugegebenermaßen ein zweitklassiges Verdienst. Aber schließlich empfing er an den Empfangstagen seiner Frau auch; er hatte sein spezielles Publikum, das ihn schätzte, ihm lauschte, ihm mehr Aufmerksamkeit schenkte als seiner strahlenden Ehegefährtin.

Er hatte sich dem Ackerbau gewidmet; dem Ackerbau im Zimmer. Auf gleiche Art gibt es Generäle im Zimmer; alle jene, die auf den runden Lederkissen des Kriegsministeriums geboren werden, leben und sterben, gehören sie nicht dazu? Seeleute im Zimmer – siehe Marineministerium, Kolonisatoren im Zimmer und so weiter, und so weiter. Er hatte also Ackerbau studiert, aber er hatte ihm ein vertieftes Studium geweiht mit den Beziehungen des Ackerbaus zu den andern Wissenschaften, zur Nationalökonomie, zu den Künsten – Künste streut man in jede Sauce, da man doch die abscheulichen eisernen Eisenbahnbrücken »Kunstbauten« nennt. Man gelangte schließlich dazu, von ihm als einem »bedeutenden Mann« zu reden. Man zitierte ihn sogar in den technischen Zeitschriften. Und seine Frau hatte durchgesetzt, daß er im Ackerbauministerium zum Mitglied irgendeiner Kommission ernannt wurde.

Dieser bescheidene Ruhm genügt ihm.

Unter dem Vorwand, die Kosten zu verringern, lud er seine Freunde am selben Tag, an dem seine Frau ihre Freunde empfing, so daß eine Mischung zustande kam oder nein, vielmehr, so daß sich zwei Gruppen bildeten. Madame, mit ihrem Gefolge von Künstlern, Akademikern, Ministern, ließ sich in einer im Stil der Kaiserzeit eingerichteten und geschmückten Art Galerie nieder. Monsieur dagegen zog sich mit seinen »Bauern« in einen kleineren Raum zurück, der als Rauchzimmer diente und den Madame Anserre ironisch den Ackerbausalon nannte.

Die beiden Lager waren gut voneinander abgesondert. Monsieur kam manchmal, ohne jegliche Eifersucht übrigens, in die Akademie, und es wurde ein herzlicher Händedruck gewechselt; doch die Akademie hegte tiefste Verachtung für den Ackerbausalon, und nur selten geschah es, daß einer der Fürsten der Wissenschaft, des Gedankens oder irgendwelcher anderer Dinge sich zu den »Bauern« gesellte.

Diese Empfänge waren nicht kostspielig: ein Tee, ein Kuchen, das war alles. Anfangs hatte Monsieur zwei Kuchen verlangt, einen für die Akademie und einen für den Ackerbau; doch Madame hatte sehr richtig bemerkt, ein solches Vorgehn schiene anzudeuten, daß zwei Lager, zwei Empfänge, zwei Gesellschaften vorhanden wären, und so hatte Monsieur nicht darauf bestanden. Da gab es denn nur einen einzigen Kuchen, mit dem Madame zuerst die Akademie sättigte und der nachher in dem Akkerbausalon angeboten wurde.

Nun, dieser Kuchen wurde bald für die Akademie ein Gegenstand der seltsamsten Beobachtungen. Madame Anserre schnitt ihn niemals selber auf. Diese Rolle fiel stets dem einen oder andern der illustren Gäste zu. Und dieses eigenartige, höchst ehrenvolle und begehrte Amt dauerte für einen jeden mehr oder weniger lang. Manchmal drei Monate, selten länger, und man stellte fest, daß das Privilegium, »den Kuchen aufzuschneiden«, anscheinend eine ganze Menge anderer Privilegien nach sich zog, gleichsam eine sehr betonte königliche oder eher vizekönigliche Würde mit sich brachte.

Der Kuchenaufschneider sprach mit größerer Autorität, in einem wahren Kommandoton. Und jede Gunst der Hausfrau war ihm vorbehalten – jede!

Vertraulich, halblaut und hinter den Türen nannte man diese Günstlinge die »Favoriten des Kuchens«, und jeder Wechsel des Günstlings führte in der Akademie zu einer kleinen Revolution. Das Messer war ein Zepter, der Kuchen ein Wappen, man beglückwünschte die Erkorenen. Die »Bauern« dagegen kamen nie dazu, den Kuchen aufzuschneiden. Selbst Monsieur war immer davon ausgeschlossen, obgleich er natürlich auch sein Stück essen durfte.

Der Kuchen wurde nacheinander von Dichtern, von Malern, von Romanschriftstellern aufgeschnitten. Einige Zeit hindurch maß ein großer Musiker die Portionen zu, ihm folgte ein Botschafter. Manchmal kam auch ein weniger bekannter, aber eleganter und beliebter Herr, einer von jenen, die man je nach der Epoche einen echten Gentleman, einen vollendeten Kavalier, einen

Dandy oder sonstwie nannte, zu der Ehre, seinen Platz vor dem symbolischen Kuchen einnehmen zu dürfen. Jeder von ihnen bezeigte, solange seine ephemere Herrschaft dauerte, dem Gatten eine besondere Rücksicht; dann, wenn die Stunde seines Sturzes gekommen war, trat er das Messer einem Nachfolger ab und mischte sich wieder unter die Schar der Verehrer und Bewunderer der »schönen Madame Anserre«.

Dieser Zustand dauerte lange, lange; doch auch die Kometen leuchten nicht immer mit dem gleichen Glanz. Alles hienieden altert. Man hätte feststellen können, daß der Eifer der Kuchenzerschneider nachließ; manchmal schienen sie zu zaudern, wenn man ihnen die Schüssel reichte, dieses einst vielbeneidete Amt wurde weniger begehrt, man bewahrte es weniger lang, man war sichtlich weniger stolz darauf. Madame Anserre sparte nicht mit ihrem Lächeln, nicht mit ihrer Liebenswürdigkeit; doch ach, man schnitt nicht mehr gern den Kuchen auf! Die neuen Gäste wollten offenbar nicht recht mitmachen. Die »früheren Favoriten« tauchten, einer nach dem andern, wieder auf wie entthronte Könige, denen man für einen Tag ihre Macht zurückgibt. Dann aber wurden die Erkorenen rar, sehr, sehr rar. Einen Monat lang, o Wunder, schnitt Monsieur Anserre den Kuchen auf; dann hatte er es wohl auch satt, und eines Abends sah man, wie Madame Anserre, die schöne Madame Anserre, den Kuchen selber aufschnitt.

Doch das war ihr anscheinend sehr zuwider, und am nächsten Empfangstag setzte sie einem Gast so beharrlich zu, daß er nicht abzulehnen wagte.

Das Symbol war unterdessen nur allzusehr bekannt; man warf einander heimlich besorgte, angstvolle Blicke zu. Den Kuchen aufzuschneiden, das war weiter nichts; doch die Privilegien, auf die diese Gunst jederzeit das

Recht gegeben hatte, schreckten jetzt, und so drängten die Akademiker sich, sobald der Kuchen aufgetragen wurde, in hellen Haufen in den Ackerbausalon, als wollten sie hinter dem Gatten Schutz suchen, der stets eine lächelnde Miene zeigte. Und wenn Madame Anserre beunruhigt, den Kuchen in der einen, das Messer in der andern Hand, auf der Schwelle erschien, sammelten sich alle offenbar um ihren Gatten, um bei ihm Zuflucht zu finden.

Abermals vergingen Jahre. Niemand schnitt mehr den Kuchen auf, aber, aus alter, eingewurzelter Gewohnheit, suchte jeden Abend sie, die man noch immer galant »die schöne Madame Anserre« nannte, mit ihrem Blick einen Verehrer, der nach dem Messer greifen würde, und jedesmal entstand rund um sie die gleiche Unruhe; eine allgemeine, geschickte, mit Kniffen und Schlichen verschnörkelte Flucht, um der Aufforderung zu entgehn, die ihre Lippen formen wollten.

Nun, eines Abends wurde bei ihr ein ganz junger, unschuldiger, ahnungsloser Jüngling eingeführt. Ihm war das Mysterium des Kuchens unbekannt. Und so, als der Kuchen gebracht wurde und die Flucht einsetzte, sobald Madame Anserre die Schüssel aus den Händen des Dieners Baptiste nahm, blieb er ganz gelassen neben ihr sitzen.

Vielleicht glaubte sie, daß er eingeweiht war; sie lächelte, und mit bewegter Stimme sagte sie:

»Wollen Sie, mein lieber junger Herr, so freundlich sein, diesen Kuchen aufzuschneiden!«

Er war sogleich bereit, zog die Handschuhe aus. Soviel Ehre beglückte ihn.

»Aber selbstverständlich, Madame! Mit dem größten Vergnügen!«

Von weitem, in den Ecken der Galerie, im Rahmen

der offenen Türe zum Ackerbausalon schauten verdutzte Gesichter heraus. Dann, als man merkte, daß der neue Gast ohne Zaudern den Kuchen zerschnitt, näherte man sich rasch.

Ein alter, wohlgelaunter Dichter klopfte dem uneingeweihten Jünger auf die Schulter.

»Bravo, junger Mann!« flüsterte er ihm ins Ohr.

Neugierig musterte man ihn. Selbst der Gatte schien überrascht zu sein. Der junge Mann aber staunte über die Hochachtung, mit der man ihn plötzlich behandelte, er verstand vor allem die betonte Bevorzugung, die offenkundige Gunst, die unverkennbare stumme Dankbarkeit nicht, welche die Frau des Hauses ihm bezeigte.

Am Ende aber begriff er anscheinend doch.

Wann und wo ihm die Offenbarung zuteil wurde? Man weiß es nicht; doch als er am nächsten Abend wieder auftauchte, sah er besorgt, fast beschämt drein und schaute sich unruhig um. Die Stunde des Tees schlug. Baptiste trat ein. Madame Anserre nahm lächelnd die Schüssel, und ihre Augen suchten den jungen Freund. Er aber war so schnell entflohen, daß er einfach nicht mehr da war. Da ging sie auf die Suche und entdeckte ihn bald im Grunde des Ackerbausalons. Er hatte den Arm unter den Arm des Gatten gelegt und befragte ihn mit größtem Interesse über die Mittel zur Vernichtung der Phylloxera.

»Mein lieber Herr«, sagte sie, »würden Sie so freundlich sein, unsern Kuchen zu zerschneiden?«

Da errötete er bis zu den Ohren, stammelte, verlor den Kopf. Doch Monsieur Anserre hatte Mitleid mit ihm und wandte sich zu seiner Frau:

»Ach, meine Liebe, es wäre sehr nett von dir, wenn du uns nicht gerade jetzt stören würdest; wir sprechen über wichtige Fragen des Ackerbaus. Laß ihn doch von Baptiste aufschneiden, deinen Kuchen!«

Und seit jenem Tag schnitt niemals mehr ein Gast den Kuchen der Madame Anserre auf.

Johann Wolfgang Goethe
An den Kuchenbäcker Händel

O Händel, dessen Ruhm vom *Süd* zum *Norden* reicht,
Vernimm den *Päan*, der zu deinen Ohren steigt!
Du bäckst, was *Gallier* und *Briten* emsig suchen:
Mit *schöpfrischem Genie originelle* Kuchen.
Des Kaffees *Ozean*, der sich vor dir ergießt,
Ist süßer als der Saft, der vom *Hymettus* fließt.
Dein Haus, ein *Monument*, wie wir den Künsten lohnen,
Umhangen mit *Trophän*, erzählt den *Nationen*:
Auch ohne *Diadem* fand Händel hier sein Glück
Und raubte dem *Kothurn* gar manch Achtgroschenstück.
Glänzt deine *Urn* dereinst in majestät'schem *Pompe*,
Dann weint der *Patriot* an deiner *Katakombe*.
Doch leb! dein *Torus* sei von edler Brut ein *Nest*,
Steh hoch wie der *Olymp*, wie der *Parnassus* fest!
Kein *Phalanx* Griechenlands mit römischen *Ballisten*
Vermög *Germanien* und Händeln zu verwüsten.
Dein *Wohl* ist unser *Stolz*, dein *Leiden* unser *Schmerz*,
Und Händels *Tempel* ist der *Musensöhne Herz*.

Heinrich Heine
Die Heimkehr

Das ist ein schlechtes Wetter,
Es regnet und stürmt und schneit;
Ich sitze am Fenster und schaue
Hinaus in die Dunkelheit.

Da schimmert ein einsames Lichtchen,
Das wandelt langsam fort;
Ein Mütterchen mit dem Laternchen
Wankt über die Straße dort.

Ich glaube, Mehl und Eier
Und Butter kaufte sie ein;
Sie will einen Kuchen backen
Fürs große Töchterlein.

Die liegt zu Haus im Lehnstuhl,
Und blinzelt schläfrig ins Licht;
Die goldnen Locken wallen
Über das süße Gesicht.

Robert Neumann
Mehlspeis

Warum heißt eine aus Papier gedrehte Tüte »Stanitzl«? Warum heißt, was in Frankreich farbloserweise als Crêpe Suzette bezeichnet wird, bei uns in Österreich »Palatschinken?« Ganz abgesehen davon, daß diese ungleich deliziöser sind als das französische Gegenstück – Palatschinken: woher das Wort? Und um einmal von der weltberühmten Wiener Küche abzuweichen zur noch weltberühmteren Wienerin – kann ein piefkischer »Busen« sich etwa messen mit dem bei uns in Österreich mit unvergleichlicher Plastik als »Gspaßlaberln« bezeichneten Körperteil?

Die Plastik, das ist es. Sie bringt mich in ungezwungener Weise zurück zu der jener Plastik überaus förderlichen Wiener Ernährungsform. Der eine Mahlzeit abschließende Gang heißt im Französischen armseligerweise Dessert und ist nicht einmal obligatorisch. Das überaus obligatorische österreichische Äquivalent heißt »Mehlspeis« – unbedingt fein sein Wollende sprechen französischerweise von »Farinage« – und das heißt dann im Französischen wieder »Teigwaren«, Spaghetti und derlei Minderes, was allein schon genügt, den Ruhm der französischen Küche anrüchig zu machen.

Farinage – Mehlspeis – bedeutet bei uns in Österreich jene Palatschinken, dazu Böhmische Dalken, Buchteln, Powidltascherln und vielerlei – alles aus gutem Mehl, aus guter Farine, und gleich unseren mit einer herzhaften Einbrenn aus guter Farine à l'Autrichienne bereiteten österreichischen Gemüsen so recht geeignet, die Plastik der schon erwähnten Gspaßlaberln zu jenen generösen Maßen zu steigern, die für die Österreicherin charakteristisch sind. Aber auch die Zuagraste, selbst bloß für wenige Wochen der Wiener Cuisine überantwortet, wird den betreffenden Teil – was sage ich! – *alle* Teile ihres falschen Dirndls aufs erfreulichste schwellen und schwellen sehen – darauf kann sie sich verlassen, da kann sie ganz ohne Sorge sein.

N. O. Scarpi
Dreimal Plumpudding

Emile Deschamps, in der ersten Hälfte des vorigen Jahrhunderts ein sehr bekannter Schriftsteller, übrigens auch Mitautor des Librettos der »Hugenotten«, erzählt folgende Geschichte, und man muß gestehen, daß sie die Grenzen des Zufälligen um Haaresbreite zu überschreiten scheint.

Er war als junger Mensch in einer Pension in Orléans untergebracht und lernte dort eines Tages bei Tisch einen Herrn von Fontgibu kennen, einen adligen Emigranten, der kurz vorher aus England zurückgekehrt war. Herr von Fontgibu hatte einen Plumpudding vor sich stehn, eine Speise, die in Frankreich damals noch ziemlich unbekannt war. Der junge Deschamps mochte neugierige Blicke darauf geworfen haben, und so lud ihn Herr von Fontgibu an seinen Tisch und teilte das Dessert mit ihm.

Die Erinnerung an diesen unerheblichen Vorfall erwachte zehn Jahre später, als Deschamps an einem Restaurant auf dem Boulevard Poissonière vorbeiging und durch die Auslage einen herrlichen Plumpudding erblickte. Er trat ein und bestellte ein Stück, doch die Buffetdame bedauerte; der Plumpudding sei für einen Herrn reserviert. Da sie aber merkte, daß der neue Gast das Lokal wieder verlassen wollte, rief sie:

»Herr von Fontgibu, würden Sie so freundlich sein, diesem Herrn ein Stück Ihres Plumpuddings abzutreten?«

Es war tatsächlich Herr von Fontgibu, der, wesentlich gealtert, in Oberstenuniform an einem Tisch saß. Sie erkannten einander wohl nicht gleich, aber der Plumpudding frischte ihr Gedächtnis auf, und sie verbrachten eine angenehme Stunde.

Diesmal vergingen etwa zwanzig Jahre, ohne daß von Herrn von Fontgibu und dem Plumpudding zu hören gewesen wäre. Eines Tages war Deschamps bei englischen Freunden zum Abendessen eingeladen, die in Paris lebten. Man setzte sich zu Tisch, die Stimmung war ausgezeichnet wie das Essen und erreichte ihren Höhepunkt, als ein riesiger Plumpudding aufgetragen wurde. Deschamps erinnerte sich natürlich an die beiden Vorgänger dieses Plumpuddings und erzählte der Gesellschaft ihre Geschichte. Man lachte, trank auf das Wohl des Herrn von Fontgibu, falls er noch leben sollte, und Deschamps meinte, es sei eigentlich eine Treulosigkeit von ihm, diesen Plumpudding nicht mit Herrn von Fontgibu zu teilen, wie jener zweimal mit ihm geteilt hatte.

In diesem Augenblick öffnete sich die Türe, und ein Diener meldete:

»Herr von Fontgibu.«

Und herein trat ein Greis, gebückt von den Jahren, doch vornehm und würdig.

Die Gesellschaft saß erstarrt, und Deschamps erzählte später, ihm hätten sich buchstäblich die Haare gesträubt.

Der Greis ging langsam um den Tisch, als suchte er einen freien Platz. Trotz allen Verheerungen des Alters erkannte Deschamps, daß es unzweifelhaft Herr von Fontgibu war, der anscheinend kam, seinen Teil vom Plumpudding zu holen.

Das dauerte zwei oder drei Minuten – zählt einmal bis hundertzwanzig oder gar bis hundertachtzig, und ihr werdet ahnen, wieviel Verwirrung und Bestürzung darin Platz haben können. Dann stand Herr von Fontgibu vor der Hausfrau und sah sie so betreten an, wie die Gesellschaft ihn ansah.

Und dann klärte sich der Vorfall so auf, wie solche Vorfälle sich aufzuklären pflegen. Anscheinend vollkommen natürlich und doch mit einem Rest von Unbehagen. Im selben Haus, aber eine Treppe höher wohnte ein Attaché der englischen Botschaft in Paris, bei ihm war Herr von Fontgibu eingeladen und hatte sich lediglich im Stockwerk geirrt.

Doch Deschamps bekennt zum Schluß, daß ihm an jenem Abend der Plumpudding nicht mehr recht geschmeckt habe.

Alfred Kerr
Das Bäckermädchen

I

Ich traf jedesmal, wenn ich zum Diktieren ging und daher wütend war, ein entzückendes Mädel. Sie stand vor der Tür.

Mitmensch, ich verhehle nicht, daß es eine Bäckerei war.

Dies einfache knusprige Geschöpf heiterte mich auf. Und ich heiterte sie auf. Mein Grimm (eingeborene Abneigung wider schriftstellerische Tätigkeit) wandelte sich in liebevolles Lächeln. Ich lächelte von rechtem Ohr zum linken.

II

Nur einmal schritt ich unbeweglich an ihr vorüber, als ich einen Aufsatz über Ibsen für »Die Nation« zum siebzigsten Geburtstag diktieren ging. Damals war ich so ganz geladen, daß ich, ohne mit einer Wimper zu zukken, rasch entlangfloß.

Das nächste Mal doppelt freundlich. Jetzt ist alles aus.

III

Weg ist sie... Auch das Fräulein, der ich mitunter diktiere, ist in eine neue Straße gezogen.

Auf der neuen Straße befindet sich eine bauchige Gasanstalt, während das Bäckermädchen so schlank war.

Plötzlich ist so was weg, plötzlich zieht das fort, ohne Rücksicht.

IV

Ich erwäge jetzt: Warum bin ich niemals in den Laden gegangen und habe nicht einen Zwieback, eine Schnecke, zwei Nußtorten, eine Napoleonschnitte, einen Mohrenkopf, sechs Makronen, ein Lucca-Auge, mehrere Windbeutel, drei Biskuits, ein Sahnbaiser, etwas Streuselkuchen, bißchen Käsetorte und ein Fünfgroschenbrot gefordert? Der Gedanke kam mir einfach nicht.

Vielleicht hätte das Schönste, was ich erleben soll, in dieser Bäckerei geruht.

V

Das Schicksal hat es gewollt. Kein Murren!

(Das Schicksal beschert mir noch ganz andre Bäckereien!)

August Wilhelm Wohlbrück
Wahrhaftigen Gott, ich kann nicht mehr!

Von einem heitern Mittagsmahl,
Wo nach Belieben man konnt' wählen,
Wo's Speisen gab fast ohne Zahl,
Will ein Geschicht'chen ich erzählen. –

Ein dicker Herr sitzt an dem Tisch –
Er kann, ach leider! nichts vertragen –
Ißt Suppe, Fleisch, Ragout und Fisch
Und wehklagt über seinen Magen;
Zwar ißt er rasch, und Eins, Zwei, Drei!
Wird der gehäufte Teller leer,
Doch seufzt er immerfort dabei:
Wahrhaftigen Gott, ich kann nicht mehr! –

's wird Frikassée herumgereicht
Mit Trüffeln, Klößen, ach, so niedlich!
Ich glaub', das Ding verdaut sich leicht,
Es duftet gar zu appetitlich!
Probieren könnte man's denn doch –
Das schmeckt famos, auf meine Ehr!
Hm! ein paar Löffelchen nur noch: –
Wahrhaftigen Gott, ich kann nicht mehr! –

Die fünfte Speise wird gebracht,
So würzreich und so auserlesen,
Fürwahr, das Herz im Leibe lacht,
Das ist noch gar nicht dagewesen! –
Ein kleines Stückchen, zum Versuch –
Ach, wie pikant! und gar nicht schwer;
Schnell noch ein Stück. Nun ist's genug.
Wahrhaftigen Gott, ich kann nicht mehr! –

Gebrat'ne Gans? – Wie delikat!
So braun, so glänzend anzuschauen!
Ein Schenkelchen wär' in der Tat
Mit Sauerkraut noch zu verdauen;
Man trinkt ein Gläschen Wein darauf –
Nein, was ich alles heut verzehr'! –
Jetzt ist's vorbei, ich stehe auf.
Wahrhaftigen Gott, ich kann nicht mehr! –

Ist das nicht Pudding, was der bringt?
Der könnte mich beinah verführen.
Wenn an der West' ein Knopf auch springt,
Den Pudding muß ich noch probieren! –

Die Sauce ist so süß, so schön –
Ein zweites Stückchen noch, Marqueur! –
Nun aber muß ich wirklich gehn:
Wahrhaftigen Gott, ich kann nicht mehr! –

Was gibt's denn da noch zum Dessert?
Ich glaub', 's ist Alexanderkuchen!
Den eß' ich gar zu gern, auf Ehr'!
Davon muß ich ein Stückchen versuchen. –
Das ist ein wahrer Hochgenuß! –
Wenn nur mein Magen besser wär'! –
Na, Käs' und Butter zum Beschluß; –
Wahrhaftigen Gott, ich kann nicht mehr! –

Nun geht er fort. Da fällt ihm ein,
's sind frische Austern annoncieret,
Das zieht zum Keller ihn hinein;
»Ein Dutzend nur« – wird kommandieret.
Jetzt sitzt er fest bis Mitternacht.
Manch Dutzend schluckt und schlürft er leer,
Und stöhnt bei jeder Auster sacht:
Wahrhaftigen Gott, ich kann nicht mehr! –

Sprach das Geschichtchen Euch nicht an,
So bitt' ich, zürnt nicht allzusehr,
Ein Schelm tut mehr nur als er kann;
Wahrhaftigen Gott, ich kann nicht mehr! –

Nachwort

Vom Schreibtisch zum Herd

In schlechten Zeiten, schrieb Tania Blixen 1931 an ihren Bruder, gebe es zu wenig Plätze, an denen man, wie sie es sich wünschte, kochen lernen könne. Also entschied sie sich zu schreiben. Ob sie sich von der literarischen Produktion größere finanzielle Vorteile als vom Angestelltendasein in einer Pariser Küche versprach, sei dahingestellt (und ist aus heutiger Sicht recht unwahrscheinlich), eines aber liegt auf der Hand: Es gab in ihrer Vorstellung offenbar nur eine Alternative zum Kochen und die hieß Schreiben, so wie umgekehrt die einzige Alternative zum Schreiben Kochen hieß.

Tania Blixens Äußerungen waren keine bloße Koketterie. Dem Kochen wie dem Schreiben galt ihre Hingabe; nicht etwa deshalb, weil sich die beiden Tätigkeiten voneinander unterscheiden, sondern weil sie sich ähneln – und ergänzen. Im Kochen wie im Schreiben erkannte sie die Möglichkeit, sich mitzuteilen, indem sie rohem Material zu neuer Form verhalf. Beide Arbeiten gründen auf Handwerk *und* Eingebung, beide durchlaufen verschiedene Stadien, bevor das Ziel erreicht ist, beider Wirkungen sind ebenso vielfältig wie unberechenbar und beide bedürfen, um wirklich geschätzt zu werden, eines Kenners, der sie zu genießen und von minderwertigen Ergebnissen zu unterscheiden weiß.

Letzterer ist unentbehrlich: Der Koch braucht den Esser wie der Schriftsteller den Leser. Ohne das Gefäß, den Rezipienten, bleibt die Arbeit auf den Produzenten beschränkt und deshalb unbefriedigend; der Koch, der sein Mahl allein verzehren muß, wird seines Lebens nicht froher als der Schriftsteller, der sein einziger Leser bleibt. Was nicht in nimmersatte Bäuche und fantasierende

Hirne eingehen darf, was weder auf Ablehnung noch Verständnis stoßen kann, bewirkt nichts, weder Kritik noch Genuß, weder Widerspruch noch Zustimmung.

Es gibt mehr Parallelen zwischen Literatur und Küche, als hier überhaupt aufgezählt werden können. Der Weg vom Schreibtisch zum Herd ist kaum länger als jener vom Herd zum Schreibtisch, und er ist nicht weniger steinig. Nicht jeder kann ihn gehen, wenngleich es den Anschein hat, als wäre zumindest die Küche leichter zu erreichen als der Schreibtisch. Doch weder die fachgerechte Bedienung einer Küchenmaschine noch der unbedingte Gehorsam gegenüber Kochbüchern macht aus einer Hausfrau eine gute Köchin. Will man ihr eine gewisse Begabung auch sicher nicht absprechen, so hat sie doch einige Ähnlichkeit mit einer flinken Schreibkraft, die eine Schreibmaschine zwar sachgemäß zu handhaben weiß, sich aber sonst in fast allem von einer Dichterin unterscheidet. Wobei anzumerken bleibt, daß die Hausfrau sich eines Tages vielleicht vom Joch gestrenger Kochbücher befreien wird, um eine wahre Köchin zu werden, während die maschinenkundige Fachfrau vermutlich niemals auch nur auf den Gedanken kommt, eine Lyrikerin sein zu wollen (obwohl leider auch das vorkommt).

Kochen und Schreiben will nicht nur gelernt sein (ersteres sehr viel gründlicher als letzteres), beides bedarf über das erlernbare Handwerk hinaus einiger unverzichtbarer Voraussetzungen und Anstrengungen. Wer das alltägliche Mittelmaß überwinden will, muß wissen, was er tut; auf den ungelenkten, vom Schicksal gesteuerten Zufall sollte er sich tunlichst nicht verlassen; der bringt nur kurzen Gewinn. Wem aber andererseits die Gabe fehlt, sich mit offenen Augen und wachem Sinn im Meer des Bestehenden treiben zu lassen, um so zu erkennen, wonach zu streben es sich lohnt, taugt bestenfalls zum Imitator. Der Koch, der sich von der einschüchternden Macht überlieferter Rezepturen nicht befreien kann, hat eine Menge Ähnlichkeiten mit jenem Autor, der sich verzweifelt entweder an tote und deshalb wehrlose Lehrmeister oder an den zwar öden, doch sehr lebendigen Zeitgeist klammert. Mag er sich an den einen für eine Weile auf- und sich im anderen erfolgreich einrichten, Bestand werden seine Werke gewiß nicht haben, auch wenn sie ihn zunächst mit Ruhm bekleckern. Er wird auf Dauer nicht verbergen können, daß er sich von Aufgewärmtem ernährt.

Daß Erneuerer allerdings sowohl in der Literatur wie in der Kochkunst von Zeit zu Zeit notwendig sind, um deren Überleben zu sichern, soll nicht in Abrede gestellt werden. Sei es, daß sie uns nach einer Zeit des Überflusses Bescheidenheit im Umgang mit den Zutaten lehren, sei es, daß sie barocken Formen nach karger Prosa den Vorzug vor formaler Armut geben; als Aufrührer entweder gegen konkrete Poesie oder Proustsches Übermaß an Zeit und Raum, als Störenfriede in bürgerlichen Küchen oder verschmockten Beletagen, müssen sie uns wohl oder übel manchmal, nicht immer, willkommen sein.

Wer aber glaubt, auf alles verzichten zu können, was die Tradition ihn – zum Nutzen seiner Arbeit – lehren könnte, wird über einige Experimente (am Herd wie am Schreibtisch) nicht hinausgelangen. Wenn er seine kühn gewürzten Versuche auch mit geschwellter Brust Wagnisse oder Kreationen nennt, sie werden sich spätestens dann, wen sie dem Kenner vorgesetzt werden, als ungenießbar erweisen. Was nicht schmeckt, will *der* gewiß nicht essen, der weiß, was wirklich schmeckt. (Was natürlich nicht heißt, daß, was gegessen wird, in jedem Fall auch schmeckt. Ganz im Gegenteil: Bei näherer

Betrachtung stellt sich das meiste, was auf den Tisch kommt bzw. über die Theke gereicht und geschluckt wird, als so wenig schmackhaft heraus wie das, was uns an Literatur aus aller Welt, begleitet vom Geschrei der Vor- und Wiederkäuer, erreicht.)

Mag eine Rose eine Rose eine Rose sein, im Reich der Küche und der Fantasie entleert sich die geraunte Behauptung jeden Sinns. Daß ein Koch ein Koch ein Koch sein könnte, ist eine ebenso absurde Vorstellung wie die, daß ein Autor ein Autor ein Autor sei. War Gertrude Stein gewiß keine andere als Gertrude Stein Gertrude Stein – zwischen dem großen Auguste Escoffier und seinem kleinen Bruder, dem abgebrühten Kneipenwirt, der seinen Gästen *alles* vorsetzt, besteht ein ebenso gravierender Unterschied wie zwischen Thomas Mann und Barbara Cartland.

Ein Koch ist kein Koch ist kein Koch. Wer gern und regelmäßig Briefe schreibt oder Tagebuch führt, ist a priori so wenig ein Dichter (kann es aber sein), wie jener auch schon ein Koch ist, der selber Hand an seine Spiegeleier legt (was mit einiger Sicherheit jeder Koch tut). Dazu bedarf es einiger Kenntnisse und Fähigkeiten, die nicht notwendig jeder mitbringt, der glaubt, vom Kochen oder vom Schreiben etwas zu verstehen, bloß weil er es *tut*. Man nenne diese Prämissen Besessenheit oder *déformation professionelle*, Leidenschaft, Genialität oder einfach Blindheit gegenüber dem Rest der Welt; Dispositionen wie die eben genannten – und andere mehr – kommen den Werken, die entstehen sollen, zweifellos zugute. Das gute Gelingen eines Romans hängt ebenso davon ab wie die Herstellung eines Menüs, das diesen Namen wirklich verdient. Jemanden, der keinerlei Umsicht auf das verwendet, was er gerade zubereitet, einen Koch zu nennen, ist genauso unzulässig wie den als einen Schriftsteller zu bezeichnen, der seine Worte nicht nach Belieben, sondern beliebig verwendet.

Ähnliches trifft übrigens auch auf den bereits erwähnten Rezipienten zu, den man nie aus den Augen verlieren sollte: Wer wahllos liest, was ihm in die Hände kommt, verhält sich zum idealen Leser, der seine Wahl mit Bedacht und unter Ausschluß dessen trifft, was keine Spuren in ihm hinterläßt, wie der Schnellfraßkonsument zum Feinschmecker.

Die Tatsache, daß die Tätigkeit des Schriftstellers in der stillen Einsamkeit, diejenige des Kochs jedoch innerhalb einer straff organisierten, von Befehlen widerhallenden Hierarchie ausgeübt wird, spricht keineswegs gegen einen Vergleich zwischen Küche und Literatur. Denn auch der an der Spitze der Küchenbrigade stehende Koch trifft seine Entscheidungen letztlich allein, sei es am Schreibtisch, beim Essen oder an seinem Herd. Daß ihm das Salz gereicht, das Gemüse geputzt, das Filet angebraten oder gar ausschließlich nach seinen Anweisungen gekocht wird, ohne daß er noch einen Finger krümmt, kann nicht darüber hinwegtäuschen, daß er die Entscheidung, *wie* und *was* und *mit welchen Zutaten* gekocht wird, allein trifft. Nicht anders als der Schriftsteller, trägt er mit seinem Namen und dem Namen seines Restaurants die alleinige Verantwortung für das, was auf den Tisch bzw. unter die Leute kommt.

Literatur und Küche miteinander in Beziehung zu bringen ist weder neu noch sonderlich originell. Ungewohnt hingegen ist es, sie mit gleichen Rechten ausgestattet auf engstem Raum, zwischen zwei Buchdeckeln zu vereinen, wobei die Kochkunst gegenüber der bereits vollendeten Literatur insofern im Nachteil ist, als Rezepte, die noch gekocht werden müssen, um ganz zu werden, nur einen kleinen Teil ihres Wesens enthüllen können. Sie lesend zu erschaffen, bedarf es einiger Einbildungskraft.

Literarische Texte sind spätestens zum Zeitpunkt ihrer Veröffentlichung abgeschlossen; um aufgenommen werden zu können, genügt es, sie zu lesen. Die Lektüre von Rezepten hingegen vermag nicht mehr als einen Vorgeschmack auf den Genuß zu geben, den sie dereinst – gegart, gebraten, gedünstet oder gedämpft – bereiten werden. Dem Koch kann nicht genügen, was den Dichter schon glücklich macht: gelesen und verstanden werden. Da es leider kaum jemandem vergönnt sein wird, die hier zu einem Menü zusammengestellten Speisen von Eckart Witzigmann persönlich vorgesetzt zu bekommen, wird man sich damit begnügen müssen, sie sich in Gedanken auszumalen oder – wenn man die Fähigkeit dazu besitzt – ihren Düften durch eigenes Handeln am heimischen Herd nachzuspüren.

Da sowohl die Küche wie die Literatur heftig umstrittene Gebiete sind, wird man auch in diesen von Küchendünsten durchwehten und von Richtungskämpfen aufgeheizten Räumen nicht alle Geschmäcker befriedigen können. Den einen wird es an literarischen Süßspeisen mangeln (über welche die Dichter sich seltsamerweise zurückhaltender geäußert haben als über andere kulinarische Genüsse), den anderen wird die Verwendung von Trüffeln und *foie gras* als eine viel zu kostspielige oder gar moralisch verwerfliche Angelegenheit erscheinen. Da aber nicht Einigkeit und Eintracht, sondern Vielfalt und Abwechslung angestrebt wurden, richte man sein Augenmerk auf das, was sämtlichen hier versammelten Rezepten und Texten gemeinsam ist: Sie alle erzählen laut oder leise, ernst oder ironisch, distanziert oder emphatisch vom ersten Genuß des Menschen: der Nahrung.

Man muß nicht alles essen; was auf den Tisch kommt, doch lohnt es sich gewiß, von allem zumindest zu naschen.

Alain Claude Sulzer

Nachweise

Joseph Berchoux, *Die Feinschmeckerei*, deutsch von Alain Claude Sulzer nach der 4. korrigierten und erweiterten Auflage, Paris 1805.

Küche, aus: Das Universalkochbuch des 18. Jahrhunderts. Aus dem »Zedler« gezogen, Bargfeld 1992.

Sperone Speroni, *Der Koch*, aus: Hans Melchers, Vom Geist der Kochkunst, München 1954.

essen – Zuckerfresser, aus: Allgemeines Deutsches Reimlexikon, hg. v. Peregrinus Syntax, Frankfurt/Main 1993.

Poggio Bracciolini, *Verlegenheit eines jungen Mannes, der bei einem Gastmahl auf die Tafel pinkelte*, aus: Poggio Bracciolini, Die Facezien, übersetzt von H. Floerke und A. Wesselski, o. O. 1905.

Paul Reboux, *Silvestermahl des Intellektuellen*, aus: Paul Reboux, Der neue Gourmet, München 1928.

Kurt Guggenheim, *Skala der Gefühle* (Titel vom Hg.), aus: Kurt Guggenheim, Sandkorn für Sandkorn, Zürich/Stuttgart 1959, zitiert nach Werke II, Riedland, Sandkorn für Sandkorn, Huber-Verlag, Frauenfeld 1992.

Hans W. Fischer, *Vom gewaltigen Essen*, aus: Hans W. Fischer, Das Schlemmerparadies. Ein Taschenbuch für Lebenskünstler, München 1921.

Bartolomeo Scappi, *Der ideale Koch – ein Wunschtraum*, zitiert nach: Martha von Zobeltitz, Das Kasserol, München 1923.

Der Hund und die Katze, aus: Märchen vom Essen und Trinken, hg. v. Hans-Jörg Uther, Frankfurt/Main 1993. Nach Löwis of Menar, Finnische und estnische Märchen, Diederich, Jena 1922 Nr. 78.

Ernst Barlach, *Das Kochbuch*, aus: Ernst Barlach, Das dichterische Werk in drei Bänden, Prosa I, München 1958. Abdruck mit freundlicher Genehmigung der Ernst und Hans Barlach Lizenzverwaltung Ratzeburg.

Wilhelm Busch, *Widmung in einem Kochbuch*, aus: Wilhelm Busch, Werke in drei Bänden, Zürich 1974.

Marcel X. Boulestin, *Hors d'œuvre*, aus: Marcel X. Boulestin, Almanach der feinen Küche, Düsseldorf 1954.

Alfred Polgar, *Das gute Essen*, aus: Alfred Polgar, Kleine Schriften II, Copyright © 1983 by Rowohlt Verlag GmbH, Reinbek.

Johann Wolfgang Goethe, *Markt in Neapel*, aus: Johann Wolfgang Goethe, Italienische Reise II, in: Goethes Werke, I. Abt. Bd. 31, Weimar 1904.

Wilhelm Busch, *Geschmacksache*, aus: Wilhelm Busch, Werke in drei Bänden, Zürich 1974.

Peter Altenberg, *Der Junggeselle*, aus: Peter Altenberg, Gesammelte Werke in fünf Bänden, Bd. II, Wien/Frankfurt 1987.

Paul Reboux, *Eine Dichterin ist zum Frühstück geladen*, aus: Paul Reboux, Der neue Gourmet, München 1928.

N. O. Scarpi, *Aus der Literatur der Küche*, aus: N. O. Scarpi, Der beseelte Karpfen, München 1980.

Hermann Fürst von Pückler-Muskau, *Vierter Brief*, aus: Hermann Fürst von Pückler-Muskau, Briefe eines Verstorbenen. Ein fragmentarisches Tagebuch aus Deutschland, Holland und England, 3. Teil, Stuttgart 1936.

Wolfgang Hildesheimer, *In Siena*, aus: Wolfgang Hildesheimer, Marbot, Frankfurt/Main 1981.

Friedrich Sieburg, *Die eßbare Landkarte*, aus: Friedrich Sieburg, Unsere schönsten Jahre, © 1950 by Rainer Wunderlich Verlag Hermann Leins Tübingen und Stuttgart.

H. C. Artmann, *wann im herd kein lustig feuer*, aus: H. C. Artmann, allerleirausch, München 1993, © Verlag Klaus G. Renner.

Charles Baudelaire, *Die Suppe und die Wolken*, aus: Charles Baudelaire, Kleine Gedichte in Prosa, übersetzt von Bassermann, Berlin/Buxtehude o. J.

Julien Green, *April 1938*, aus: Julien Green, Letzte schöne Tage. Tagebücher 1935-1939, aus dem Französischen von Alain Claude Sulzer, © Paul List Verlag München 1991.

Karl Valentin, *Der Hasenbraten*, aus: Karl Valentins Gesammelte Werke, © Piper Verlag GmbH München 1961.

Hermann Fürst von Pückler-Muskau, *Scarborough, den 21sten*, aus: Hermann Fürst von Pückler-Muskau, Briefe eines Verstorbenen. Ein fragmentarisches Tagebuch aus Deutschland, Holland und England, Band 4, Achtzehnter Brief, Stuttgart 1936.

Leo N. Tolstoi, *Mittagessen* (Titel vom Hg.), aus: Leo N. Tolstoi, Kindheit, Knabenalter, Jünglingsjahre, hg. v. Gisela Drohla, Frankfurt/Main 1963.

Lewis Carroll, *Schildkrötensuppe* (Titel vom Hg.), aus: Lewis Carroll, Alice im Wunderland, aus dem Englischen von Christian Enzensberger, Frankfurt/Main 1963.

Luigi Malerba, *Mozziconi und der Hunger*, aus: Luigi Malerba, Geschichten vom Ufer des Tibers. Aus dem Italienischen von Alice Vollenweider, Frankfurt/Main 1988.

Christian Morgenstern, *Fisches Nachtgesang*, aus: Christian Morgenstern, Alle Galgenlieder, Frankfurt/Main 1972.

Marcel Proust, *Wir gehen zu Tisch*, in: Marcel Proust, Die wiedergefundene Zeit, aus: Auf der Suche nach der verlorenen Zeit. Siebter Teil, Frankfurt/Main 1984.

Helene von Nostitz, *Bei Borchardt*, aus: Helene von Nostitz, Aus dem alten Europa. Menschen und Städte, Frankfurt/Main 1993.

N. O. Scarpi, *Der beseelte Karpfen*, aus: N. O. Scarpi, Der beseelte Karpfen, München 1980.

Anton Tschechow, *Austern*, aus: Anton Tschechow, Das Glück der Frauen, übersetzt von Ada Knipper und Gerhard Dick, © 1968/1997 Artemis & Winkler Verlag, Düsseldorf und Zürich.

Heinrich Heine, *Der tugendhafte Hund*, aus: Heinrich Heine, Sämtliche Werke, Bd. I, München 1969.

Der Mann, der zum Essen kam, aus: Pinchas Sadeh, König Salomons Honigurteil, Märchen und Legenden der Juden, aus dem Hebräischen von Wolfgang Lotz, München/Wien 1989.

George Grosz, *Hunger* (Titel vom Hg.), aus: George Grosz, Ein kleines Ja und ein großes Nein. Sein Leben von ihm selbst erzählt, Copyright © 1955 by Rowohlt Verlag GmbH, Hamburg.

Daniel Defoe, *Robinson Crusoes Speisekarte* (Titel vom Hg.), aus: Daniel Defoe, Robinson Crusoe, übersetzt von Ludwig Friedrich Vischer, Leipzig 1912.

Walter Benjamin, *Essen*, aus: Walter Benjamin, Denkbilder, Frankfurt/Main 1972.

N. O. Scarpi, *Mittagessen bei Rosenkavaliers*, aus: N. O. Scarpi, Der beseelte Karpfen, München 1980.

Washington Irving, *Das Weihnachtsessen*, aus: Washington Irving, Das Skizzenbuch, deutsch von Siegfried Schmitz, © 1968/1997, Artemis & Winkler Verlag, Düsseldorf und Zürich.

Heinrich Heine, Küche und Weiblichkeiten (Titel vom Hg.), aus: Heinrich Heine, Aus dem Memoiren des Herren von Schnabelewopski, in: Sämtliche Werke Bd. II, München 1969.

Émile Zola, *Die schöne Lisa* (Titel vom Hg.), aus: Émile Zola, Der Bauch von Paris, aus dem Französischen von Felix Loesach und Hans Balzer, Gesammelte Werke in Einzelbänden, Verlag © Rütten & Loening, Berlin 1957.

Hans W. Fischer, *Vom Essen nach dem Programm*, aus: Hans W. Fischer, Das Schlemmerparadies. Ein Taschenbuch für Lebenskünstler, München 1921.

Ernst Lößnitzer, *Mahnruf an die deutschen Köche*, aus: Ernst Lößnitzer, Verdeutschungs-Wörterbuch für Speisekarte und Küche, Leipzig/Nordhausen 1888.

Francis Ponge, *Die Kartoffel*, aus: Francis Ponge, Stücke, Methoden, deutsch von Gert Henninger, Frankfurt/Main 1968.

Mascha Kaléko, *Ansprache eines Bücherwurms*, aus: Mascha Kaléko, Heute ist morgen schon gestern, Berlin 1980.

Karl Valentin, *Semmelnknödeln*, in: Karl Valentins Gesammelte Werke, Piper Verlag GmbH München 1981.

Heinz Behrend, *Radieschen*, aus: Die zehnte Muse, hg. v. Vera Bern, Elsner Verlag Berlin/Dieburg 1964.

Friedrich Georg Jünger, *Spargelzeit*, aus: Friedrich Georg Jünger, Gesammelte Erzählungen, München/Wien 1967.

Frank Wedekind, *Marys Kochschule*, aus: Frank Wedekind Gesammelte Werke Bd. I, München 1920.

Jürg Federspiel, *Das Zeugnis* (Titel vom Hg.), aus: Jürg Federspiel, Die Ballade von der Typhoid Mary, Frankfurt/Main 1982.

Franz Hessel, *Frau Menschenfresser*, aus: Franz Hessel, Teigwaren, leicht gefärbt, Berlin 1986.

Wilhelm Busch, *Das Brot*, aus: Wilhelm Busch, Gesammelte Werke in drei Bänden, Bd. III, Zürich 1974.

Friedrich Rückert, *Das Surrogat*, aus: Friedrich Rückert, Ausgewählte Werke in sechs Bänden, Leipzig o. J.

Carl Zuckmayer, *Ratschlag für gutes Trinken*, aus: Carl Zuckmayer, Gedichte, Frankfurt/Main 1977.

Peter Altenberg, *Alkohol*, aus: Peter Altenberg, Gesammelte Werke in fünf Bänden, Bd. II, Wien/Frankfurt 1987.

Jeremias Gotthelf, *Die Wirte im Keller* (Titel vom Hg.), aus: Jeremias Gotthelf, Die Käserei in der Vehfreude, Erlenbach/Zürich 1956.

Adelbert von Chamisso, *Mäßigung und Mäßigkeit*, aus: Adelbert von Chamisso, Werke, Berlin o. J.

Peter Altenberg, *Champagner im Film*, aus: Peter Altenberg, Gesammelte Werke in fünf Bänden, Bd. II, Wien/Frankfurt 1987.

Hans W. Fischer, *Vom starken Getränk*, aus: Hans W. Fischer, Das Schlemmerparadies. Ein Taschenbuch für Lebenskünstler, München 1921.

Johann Peter Hebel, *Der geschlossene Magen*, aus: Johann Peter Hebel, Werke und Briefe, Leipzig 1943.

Hoffmann von Fallersleben, *Café National*, aus: Hoffmann von Fallersleben, Gesammelte Werke in acht Bänden, o. O. 1890-1893.

Guy de Maupassant, *Der Kuchen*, aus: Guy de Maupassant, Weitere fünfzig Novellen, Manesse Verlag, Zürich 1967.

Johann Wolfgang Goethe, *An den Kuchenbäcker Händel*, aus: Johann Wolfgang Goethe, Dichtung und Wahrheit, in: Goethes Werke, 1. Abt. Bd. 27, Weimar 1889.

Heinrich Heine, *Die Heimkehr*, aus: Heinrich Heine, Sämtliche Werke Bd. I, München 1969.

Robert Neumann, *Mehlspeis* (Titel vom Hg.), aus: Robert Neumann, Deutschland, deine Österreicher, Hamburg 1970.

N. O. Scarpi, *Dreimal Plumpudding*, aus: N. O. Scarpi, Der beseelte Karpfen, München 1980.

Alfred Kerr, *Das Bäckermädchen*, aus: Alfred Kerr, Die Welt im Licht, Köln 1961. Alle Rechte vorbehalten S. Fischer Verlag GmbH, Frankfurt am Main.

August Wilhelm Wohlbrück, *Wahrhaftigen Gott, ich kann nicht mehr!*, aus: Die zehnte Muse, hg. v. Vera Bern, Elsner Verlag Berlin/Dieburg 1964.

Verlag und Herausgeber haben sich bemüht, die Inhaber der Rechte an den abgedruckten Texten ausfindig zu machen. Dies ist nicht in allen Fällen gelungen. Der Verlag erklärt sich deshalb nach den üblichen Regularien zur Abgeltung solcher Rechte bereit, falls diese nachgewiesen werden können.

Die Gerichte hat Eckart Witzigmann eigens für dieses Buch zusammengestellt.

Ausstattung und Vignetten sind von Werner Zegarzewski entworfen.

Inhaltsverzeichnis